以厚積薄發四字篆印一方
贈高等教育出版社

厚積薄發

李嵐清
二〇〇七年初秋

生也有涯
学無止境

任继愈

教育部哲学社会科学研究后期资助项目

电子政务信息资源共享模式选择与优化

Dianzi Zhengwu Xinxi Ziyuan Gongxiang Moshi Xuanze Yu Youhua

◯ 何 振 邓春林 等著

高等教育出版社·北京

图书在版编目（CIP）数据

电子政务信息资源共享 ：模式选择与优化 / 何振等著. -- 北京 ：高等教育出版社，2014.9
ISBN 978-7-04-040421-0

Ⅰ. ①电… Ⅱ. ①何… Ⅲ. ①电子政务－信息资源－资源共享－研究 Ⅳ. ①D035.1-39

中国版本图书馆CIP数据核字(2014)第147413号

策划编辑 蒋忠秀　责任编辑 蒋忠秀　封面设计 张 志　版式设计 王 莹
插图绘制 黄建英　责任校对 李大鹏　责任印制 刘思涵

出版发行 高等教育出版社
社　　址 北京市西城区德外大街4号
邮政编码 100120
印　　刷 北京人卫印刷厂
开　　本 787 mm×1092 mm 1/16
印　　张 17.75
字　　数 310千字
插　　页 2
购书热线 010-58581118
咨询电话 400-810-0598
网　　址 http://www.hep.edu.cn
http://www.hep.com.cn
网上订购 http://www.landraco.com
http://www.landraco.com.cn
版　　次 2014年9月第1版
印　　次 2014年9月第1次印刷
定　　价 56.00元

物 料 号 40421-00

总　序

哲学社会科学是探索人类社会和精神世界奥秘、揭示其发展规律的科学，是我们认识世界、改造世界的有力武器。哲学社会科学的发展水平，体现着一个国家和民族的思维能力、精神状态和文明素质，其研究能力和科研成果是综合国力的重要组成部分。没有繁荣发展的哲学社会科学，就没有文化的影响力和凝聚力，就没有真正强大的国家。

党中央高度重视哲学社会科学事业。改革开放以来，特别是党的十六大以来，以胡锦涛同志为总书记的党中央就繁荣发展哲学社会科学作出了一系列重大决策，党的十七大报告明确提出："繁荣发展哲学社会科学，推进学科体系、学术观点、科研方法创新，鼓励哲学社会科学界为党和人民事业发挥思想库作用，推动我国哲学社会科学优秀成果和优秀人才走向世界。"党中央在新时期对繁荣发展哲学社会科学提出的新任务、新要求，为哲学社会科学的进一步繁荣发展指明了方向，开辟了广阔前景。在全面建设小康社会的关键时期，进一步繁荣发展哲学社会科学，大力提高哲学社会科学研究质量，努力构建以马克思主义为指导，具有中国特色、中国风格、中国气派的哲学社会科学，推动社会主义文化大发展大繁荣，具有十分重大的意义。

高等学校哲学社会科学人才密集，力量雄厚，学科齐全，是我国哲学社会科学事业的主力军。长期以来，广大高校哲学社会科学工作者献身科学，甘于寂寞，刻苦钻研，无私奉献，开拓创新，为推进马克思主义中国化，为服务党和政府的决策，为弘扬优秀传统文化、培育民族精神，为培养社会主义合格建设者和可靠接班人作出了重要贡献。21世纪头20年，是我国经济社会发展的重要战略机遇期，高校哲学社会科学面临着难得的发展机遇。我们要以高度的责任感和使命感、强烈的忧患意识和宽广的世界眼光，深入学习贯彻党的十七大精神，始终坚持马克思主义在哲学社会科学的指导地位，认清形势，明确任务，振奋精神，锐意创新，为全面建设小康社会、构建社会主义和谐社会发挥思想库作用，进一步推进高校哲学社会科学全面协调可持续发展。

哲学社会科学研究是一项光荣而神圣的社会事业，是一种繁重而复杂的创造性劳动。精品源于艰辛，质量在于创新。高质量的学术成果离不开严谨的科学态度，离不开辛勤的劳动，离不开创新。树立严谨而不保守、活跃而不轻浮、锐意创新而不哗众取宠、追求真理而不追名逐利的良好学风，是繁荣发展高校哲学社会科学的重要保障。建设具有中国特色的哲学社会科学，必须营造有利于学者潜心学问、勇于创新的学术氛围，必须树立良好的学风。为此，自 2006 年始，教育部实施了高校哲学社会科学研究后期资助项目计划，旨在鼓励高校教师潜心学术，厚积薄发，勇于理论创新，推出精品力作。原中央政治局常委、国务院副总理李岚清同志欣然为后期资助项目题字“厚积薄发”，并篆刻同名印章一枚，国家图书馆名誉馆长任继愈先生亦为此题字“生也有涯，学无止境”，此举充分体现了他们对繁荣发展高校哲学社会科学事业的高度重视、深切勉励和由衷期望。

展望未来，夺取全面建设小康社会新胜利、谱写人民美好生活新篇章的宏伟目标和崇高使命，呼唤着每一位高校哲学社会科学工作者的热情和智慧。让我们坚持以马克思主义为指导，深入贯彻落实科学发展观，求真务实，与时俱进，以优异成绩开创哲学社会科学繁荣发展的新局面。

教育部社会科学司

前　言

21 世纪以来，信息化对全球经济社会发展的影响日益深刻，信息资源逐渐成为重要的生产要素、无形资产和社会财富，电子政务以及信息资源建设已成为世界各国抢占网络经济的制高点。各国政府相继提出国家层面的政务信息化发展战略和实施计划，这些战略和计划在促进经济增长及转型中发挥着重要的作用。顺应时代发展的要求，我国政府也十分重视政务信息化的建设。近年来，为实现全方位、多层次、高效益的电子政务信息资源建设的崭新格局，我国政府提出了一系列电子政务建设的战略规划。

2005 年 7 月，国务院信息化办公室发布的《中国信息化发展报告（2005）》指出“深化行政体制改革，打破信息资源垄断，逐步提高政务信息资源的共享水平”。①2006 年 5 月，中共中央办公厅、国务院办公厅印发了《2006—2020 年国家信息化发展战略》，指出“要以需求为主导，充分发挥市场机制配置资源的基础性作用，探索成本低、实效好的信息化发展模式”，同时强调“电子政务在提高行政效率、改善政府效能、扩大民主参与等方面的作用日益显著”，提出了以“信息共享”和“互联互通”为重点，大力推进国家电子政务网络建设，整合提升政府公共服务和管理能力的总体要求②。同年 6 月，全国电子政务工作座谈会提出电子政务建设要促进五个转变，其中第三个转变即电子政务信息系统从独立运行向互联互通和资源共享转变。2012 年 5 月 5 日，国家发展改革委印发《“十二五”

① 国务院信息化工作办公室，中国信息化发展报告 2005［M］. 北京：电子工业出版社，2005：11.

② 人民网，中办、国办印发《2006—2020 年国家信息化发展战略》［EB/OL］.［2006-05-08］. http://politics.people.com.cn/GB/1026/4353762.html.

国家政务信息化工程建设规划》，指出“加快国家信息化建设是党中央、国务院顺应世界信息化发展趋势作出的重大战略决策，政务信息化建设是国家信息化建设的重要组成部分”，强调“信息共享、业务协同和服务应用程度需进一步提高”，要“加强顶层设计，坚持需求主导，强化信息共享、业务协同和互联互通”，坚持“协同共享”，“支持跨部门、跨区域的业务协同和信息资源共享”，“坚决避免重复投资、重复建设”[①]。2012年11月8日，胡锦涛在十八大报告《坚定不移沿着中国特色社会主义道路前进 为全面建成小康社会而奋斗》中指出，“以扩大有序参与、推进信息公开”，“完善党务公开、政务公开、司法公开和各领域办事公开制度，”具有重大战略意义[②]。

从我国政府一系列信息化的发展战略中可以看出，电子政务在推动信息化发展、推进服务型政府建设中发挥着重要的作用。加快我国电子政务发展需要社会各个方面的努力，需要破解一切阻碍电子政务健康发展的“困局”和障碍。众所周知，电子政务旨在建设一个高度整合与共享的虚拟政府，其目的是整合各级政府及其相关职能部门的政务资源，发挥这些资源的最大效应。如何促进政务信息资源的整合与共享就成为理论界和实践界面临的一道难题，这需要从管理保障、技术支撑及其方法创新等方面进行深入探究。电子政务信息资源共享是电子政务建设的重点内容，是一项复杂的系统工程，涉及政府、企业、公众等各个领域和部门，依赖政府全局性的统筹规划，需要共享主体、客体之间的相互协作。围绕着电子政务信息资源的共建共享这个理论课题，笔者和课题组做了多年的研究，有着一定的学术积淀，发表了多篇论文及一些相关成果。其中《网络环境下政府信息资源共享机制研究》一书获湖南省第十届哲学社会科学优秀成果奖二等奖；2003年笔者申报的国家社科基金项目“电子政务信息资源共建与共享”（03BTQ015）成功立项，其结项成果《电子政务信息资源的共建与共享》一书，荣获教育部第六届高等学校科学研究优秀成果奖（人文社会科学）三等奖、湖南省第十一届哲学社会科学优秀成果奖二等奖。

在这些研究中，课题组认识到电子政务信息资源共享建设集技术、管理、服务于一体，是一个电子政务共享主体和客体相互制约、相互影响的过程。而电子政务信息资源建设各个主体以怎样的方式进行合作共建而达到共享，则涉及电子政务信息资源的共

① 中央政府门户网站，国家发展改革委关于印发“十二五”国家政务信息化工程建设规划的通知［EB/OL］.［2012-05-16］. http://www.gov.cn/gzdt/2012-05/16/content_2138308.htm.

② 坚定不移沿着中国特色社会主义道路前进 为全面建成小康社会而奋斗［EB/OL］.［2012-11-19］. http://baike.baidu.com/link?url=qs3EmdM5oeNeWXDGlWFttRaT91YihtNhZEx8URpcKr13s7bpT9zVuCYqrzetMfLMpXsYuE9N1KcaA6bwLiL78K.

享模式问题。长期以来，我国各级地方政府对电子政务信息资源共享的建设缺乏较合理的规划、预算及监管，造成了电子政务信息资源的重复建设、使用率低下等现象，共享的效率得不到实质性的提高。各地电子政务信息资源共享模式不一，标准不一，各自为政，因而导致各地方政府有网络却无信息，或者有网络有信息但社会、公众却得不到有用的信息。因而，探讨有效的电子政务信息资源共享模式，成为学术界研究的重点、难点、焦点，是学术界一块难啃的硬骨头，是电子政务研究领域中的一个重要组成部分。因此，在前期研究完成之后，课题组对电子政务信息资源共建共享的研究并未就此停止，而是在原有的理论及应用上进一步拓展，重点对电子政务信息资源共享模式的构建与优化进行研究。经过不断修改完善，课题组形成了书稿的雏形，并于2010年以“电子政务信息资源共享模式研究”为选题成功申报了教育部哲学社会科学研究“后期资助”项目（10JHQ019）。

课题组在前期的研究中，从组织结构形式的差异性这一视角构建了电子政务信息资源的共建与共享的集中型模式、水平型模式、交叉型模式。本书主要从另外两个视角系统展开研究：依据电子政务信息资源共享的价值取向和侧重点的不同，提出电子政务信息资源共享的目标模式，包括便民型电子政务信息资源共享模式、集成型电子政务信息资源共享模式、远程型电子政务信息资源共享模式及动态型电子政务信息资源共享模式；以共享的电子政务信息资源的组成要素及实践形式为基础，从电子政务信息资源共享模式的构建主体出发，提出电子政务信息资源共享的实践模式，包括电子政务信息资源共享的政府主导模式、电子政务信息资源共享的市场导向模式和电子政务信息资源共享的社会化模式，并从公共物品的视角对电子政务信息资源共享的实践模式进行优化，最终形成了一个有着严密逻辑层次的立体框架体系和可资借鉴的实践模式。

本书的成稿，主要采用了传统的文献分析、定性分析、定量分析和实证分析等方法。电子政务信息资源共享实践中具体问题的研究需要用较多的数据和图表进行论证，特别是在对电子政务信息资源共享的实践模式和模式优化进行详细探讨时引用了多个案例进行辅证分析，有效地揭示了电子政务信息资源共享模式形成的规律。

本书从电子政务信息资源共享的价值取向及构建主体两个不同的视角对共享模式展开研究，其成果对推动我国电子政务信息资源的建设具有一定的参考、借鉴和指导作用。本书主要有以下几点创新性：

1. 本书以电子政务信息资源共享的服务目标和技术目标为导向，构建了电子政务信息资源共享的目标模式。本书系统地分析了便民型服务模式、远程型服务模式、集成型技术模式、动态型技术模式的内涵、特点和关键要素，形成了电子政务信息资源共享目标模式的框架体系，这是本成果一个重要的创新点。

2. 本书指出电子政务信息资源共享的政府主导模式、市场导向模式、社会运作模式是电子政务信息资源共享的三种重要的实践模式。本书依据电子政务信息资源的组成要素及构成主体对这三种实践模式展开逐层分析，认为电子政务信息资源共享政府主导模式、市场导向模式、社会运作模式之间是相互联系，互为补充的三位一体的辩证关系，各模式可以单独运行亦可交叉集成运行，这也是本成果重要的创新点。

3. 本书从公共物品的角度对电子政务信息资源的经济特性及电子政务信息资源共享的经济活动进行了分析，对纯公共信息与准公共信息的提供方式加以区别，进而对电子政务信息资源共享的内容加以界定，并对实践模式的内容形式进行了深入挖掘，这也是本成果的创新点。

4. 本书基于电子政务信息资源共享的优化原则、实现策略等视角对共享模式进行了优化设计，重点分析了电子政务信息资源共享模式优化中应注意的问题及实践途径，从经验总结层面提升到了原理抽象层面，提出了一些实践操作的思路，这是本成果的又一个创新之处。

本书从项目的申报、立项、研究、结项，到书稿的撰写、修改、出版，得到了各方面的支持和帮助。感谢教育部社科司领导以及规划处、成果处对项目的关心，感谢教育部“后期资助”项目评审专家提出的宝贵意见。感谢湘潭大学社科处同仁与湘潭大学公共管理学院同仁的鼎力支持。也感谢高等教育出版社编辑团队对此作出的艰辛努力。

本书是教育部新世纪优秀人才支持计划（NCET-10-0167）和教育部哲学社会科学研究后期资助项目（10JHQ019）的资助成果，同时也是湖南省“十二五”重点学科——公共管理、图书情报与档案管理的建设成果。全书主要由何振策划、组织撰写并负责统稿。参加本课题研究的成员还有湘潭大学公共管理学院博士研究生邓春林、易臣何、贺佐成、熊先兰、谢振华等。其中，邓春林参与第一章第四节、第五章的撰写，并参与了统稿；谢振华、贺佐成参与第四章的撰写，熊先兰、易臣何参与第六章的撰写；硕士研究生余强、曹丹参与第五章、第七章的撰写；张卓、杨志伟、曾音支、李泉浩、尹帮锋、陈君君、宋娟、徐雪萍、吕冰玉、彭亮、伍夏、陈扬芳、杨洋、唐昊等做了大量的资料搜集、文字校对与书稿修订工作。

电子政务信息资源的共享是一个动态的发展过程，随着社会的发展、技术的进步，必定会衍生出新的模式。因此，本书所涉及的研究内容也需要不断更新，期盼本书能起到一个抛砖引玉的作用。由于笔者水平有限，本书的研究内容难免有不妥之处，真诚地欢迎读者批评指正。

何振于湘潭大学

2014 年 3 月 26 日

目　录

第1章　电子政务信息资源共享的实质与内容界定

第1节　电子政务信息资源共享的实质及其特征

一、电子政务信息资源的内涵

“电子政务信息资源”这个名词由“电子政务”和“信息资源”组成，因而必须先正确理解“电子政务”和“信息资源”这两个名词的内涵。

电子政务，英文译为“Electronic–Government”，是随着信息网络技术在政府工作中的广泛应用而在20世纪90年代出现的一个概念。英语国家更多地使用E–Governance代表电子政务，而用E–Government表示电子政府。我国没有严格划分电子政务与电子政府的界限，目前，将E–Governance译为“电子治理”，而将E–Government译为“电子政务”[①]。目前，国内外对电子政务有着不同的解释，国外以加拿大联邦电子政务中心主任托马斯·B.若尔利为代表，认为“电子政务是公民、政府机构、社团和政府官员间的交互，它主要涉及民主过程、开放型的政府、透明的决策过程”[②]。国内以汪玉凯、赵国俊为代表，认为电子政务是随着网络信息技术发展的一个新概念，是政府为社会提供服务的一种治理

---

① 刘家真．电子政务述语汇释［M］．北京：高等教育出版社，2007：141.

② E–Government vs. E–Governance：Examining the Difference in a Changing Publication. Climate，http：//www.rileyis.com//publications/research_papers/racking03/IntlTrackRptMay03nof.pdf.

方式[①]。电子政务是国家管理机构在社会事务及政务活动中，运用先进的政府管理理论及发达的信息网络技术，不断发展创新，提高自身工作效率，为社会提供高速度、高质量、高效率、高透明度的管理和服务的一种全新的政府范式。电子政务的意义在于，它能最大程度转变政府职能，不断优化共享政务信息资源，减少政务处理环节，节约政务开支，增强政务廉政等。

信息资源，英文译为"Information Resources"。美国著名信息管理学家霍顿（F.W. Horton，Jr.）认为信息资源可以从两个层次去理解：如果资源（resource）为单数，则意指公文和文件中的某种具体的信息内容；如果资源（resources）为复数，则意指在社会活动中一切有关供给、设备、环境、人员、资金等支持工具[②]。1991 年，我国学者孟广均曾指出信息资源不仅包括所有的文件记录、设施设备、人员供给，还应包括用于搜集、存储、处理、传递信息的其他机器等因素[③]。从国内外对信息资源的研究成果看，主要有两种代表性观点：第一种是广义理解，认为信息资源是信息技术、设备设施、信息生产者等要素的集合，这类要素主要以信息为核心构成[④]。除了信息内容外，信息资源还包括用于开发信息内容的各种信息技术资源，如各种开发工具、应用软件系统以及各种信息设备等。这里的信息活动包括围绕信息的搜集、整理、提供和利用而开展的一系列社会经济活动。另一种就是信息资源的狭义理解，指政府活动中经过加工处理有序化并大量积累后的有用信息的集合。狭义的信息资源主要是指记录在载体上的文献信息和数据信息等内容，这一类记录型信息是信息资源的核心内容。同传统的文献信息相比，由网络信息技术衍生出来当今社会随处可见的计算机硬盘存储、U 盘存储、光盘存储等电子虚拟信息，其记录的容量比文献信息更多更广，是经过加工处理有序化并大量累积起来的各种有用信息的集合。

电子政务信息资源（E-Government Information Resource，EGIR）即指电子政务活动中所涉及的一切信息资源之和。相对于信息资源的含义，电子政务信息资源也有狭义广义之说。狭义上理解，我们认为电子政务信息资源是社会公共管理中一切有用信息的集合，这类信息资源主要以数字代码形式存在，在特定介质上存储与传输。这种理解认为电子政务信息资源即政府信息资源电子化，它通过数字化技术、信息存储技术、数据库技术、

① 汪玉凯，赵国俊. 电子政务基础［M］. 北京：北京中软电子出版社，2002：4~6.

② D.A.Marchand，F.W.Horton.Infotrends：Profiting from Your Information Resources［M］.New York：Wiley Press，1986：27~28.

③ 孟广均，霍国庆，罗曼. 信息资源管理导论［M］北京：科学出版社，2003：28.

④ 马费成，赖茂生. 信息资源管理［M］. 北京：高等教育出版社，2006：5.

网络通信技术等作为支撑，以文字、声音、图像和视频等为载体。广义上理解，电子政务信息资源指政务信息、信息生产者、信息技术设施及经费等以政务信息为核心的一切信息资源及其信息活动要素的统称。整个政务信息资源的生产、处理、传输与流通中包含的一切要素是相互依存的，所以政务信息、信息技术、信息生产者、信息设备设施、信息活动经费等都应纳入电子政务信息资源的范畴。从广义上对电子政务信息资源进行界定，不仅包括信息内容与信息载体、对信息内容进行加工处理的数据库系统、储存信息内容的标准与获取信息内容的技术，还应该包括网络通信设施以及信息人才、资金费用等。电子政务局域网、专网以及互联网上储存、传递着大量的数字化信息资源，这类电子政务信息资源实际上都是各种信息要素有效运行的成果。在本书中，主要从狭义上把握电子政务信息资源。

对电子政务信息资源的内涵进行界定，必须考虑两个方面的内容。首先，其形成主体应该进行界定。电子政务信息资源的形成主体应是党委、政协、人大、司法机关等公共管理部门，这些部门所产生的信息资源都属于政务信息资源。而在我国电子政务具体规划实践中，也主要是指国家权力机关、政协及司法机关等公共部门所产生的信息资源。其次，电子政务信息资源的传输和存储载体有其特殊性。同传统介质（纸张、木材等）相比，电子政务信息资源的介质有多种，如磁盘、磁带、光盘、拷贝、胶片等。这些介质与现代信息技术密切相关，如办公自动化技术、网络技术及和其他新媒体技术，依靠这些技术进行数据的读取及存储。因而，受其特殊介质的影响，电子政务信息资源主要以数据库的形式存在，通常是以数字编码形式进行记录。

由此可见，电子政务信息资源比信息和信息资源涵盖内容更广泛，内涵更丰富。电子政务信息资源首先是一种资源；其次，它是一种信息资源；再次，它是一种政务信息资源。故而，电子政务信息资源包含这三个层次的特性。电子政务信息资源具有资源的“自然”特性，它是人类活动中自然形成的各种记录的集合，不仅具有共享性、时效性、稀缺性、知识性等特点，更重要的是其具备公共服务性、权威性、决策性等核心属性。先进的网络信息技术的运用，使电子政务信息资源多维性、集成性、开放性、虚拟性、交互性、不安全性等内在特点更广泛。因此，电子政务信息资源是上述三个逻辑层次上所具特性的交叉与集成[①]。

① 何振．电子政务信息资源的共建与共享研究［M］．北京：社会科学出版社，2009：26~32.

二、电子政务信息资源共享的实质

电子政务信息资源共享主要是指在政务创新中，对信息资源进行开发和建设的活动总和。目前我国电子政务信息资源共建共享中，由于资金缺乏，技术瓶颈及其政策等因素，导致政府管理部门一般倾向于对电子政务信息资源进行合作开发和协调使用。

究其实质，电子政务信息资源共享主要有三个方面的含义：

第一，电子政务信息资源共享的目的是为了充分实现电子政务信息资源的价值，推进政务协同，提高政府公共服务的能力，有效推动政府职能转变。显然，这是对政府管理理念、管理方式、管理职能以及管理文化等方面提出的重要挑战①。这要求政府部门充分运用现代信息技术对信息资源进行获取、加工、整合、传输，打破信息资源在时间、空间以及条块分割上的制约，为公众提供高效、优质的一体化管理和服务。

第二，电子政务信息资源共享的前提是进行资源配置，优化电子政务信息资源的数量及质量，提高政府对电子政务信息资源的可获知、可获取以及可利用的能力。这既对政府信息资源的建设本身提出了量和质上合理布局的要求，也对电子政务信息资源的存储媒介、流通渠道与获取途径以及个人的信息素质提出了更高的技术要求。

第三，电子政务信息资源共享的关键是要有一套科学有效的共享机制，提高各共享主体参与资源共建和资源共享的主动性和积极性，建立一体化的共享管理体系及共享保障机制，提高电子政务信息资源的被利用率，从而实现互利互惠。这对理顺政府系统各部门之间以及政府部门与企业、个人之间的关系提出了要求，特别是对政府的统筹协调与科学规划提出了更高的要求；对以往存在的各地各部门之间相互扯皮、资源割据、低水平重复建设的“信息孤岛”问题提出了严重警告。

显而易见，政府信息资源能共享，并且应当在更大程度和范围内共享，因为它本来就是社会所共有的，在社会信息资源总量中占绝对优势，约占70%~80%，它是对社会现状最全面、最准确、最权威的反映。社会各方面对政府信息资源有最广泛的共享需求，具体表现为政府与政府之间、政府与企业之间、政府与公众之间的共享，而共享的焦点、难点则主要集中于政府系统内部的共享问题。比如，在全国企业基础信息交换最初的试点示范工作中，对北京、杭州、深圳三个城市进行了第一次工商部门和税务部门之间的企业基础信息交换，据相关统计，发现未按规定办理税务登记的企业中北京有17 648户，杭州有11 718户，深圳有8 427户。这些数据表明，许多企业利用工商税务系统不健全

① 何振，钟瑛，杨畅．浅论网络环境下的政府管理创新［J］．档案学通讯，2004（4）：30.

的漏洞长期偷税漏税，仅北京、深圳和杭州三个城市就有 37 838 户企业。如果平均每户企业每月漏税 5 000元,那么这些偷税漏税的总额可使国家年税收损失达22.7亿元[①]。显然，如果政府电子政务内部的共享问题解决了，这些问题都可迎刃而解。

三、电子政务信息资源共享的特征

在现代网络技术高速发展的背景下，电子政务信息资源共享是一种全新的信息资源共享模式，相对于传统政务信息资源共享而言，其具有显著的自身内在特征。

（一）多维式共享

电子政务信息资源共享是一种**多维式共享**，从信息学角度理解，政务信息资源在信息技术环境下以多维立体的形式表现出来，“多维”主要包括标量、矢量与张量等维度；从管理学角度理解，可从多种方位渠道、多种角度形式对电子政务信息资源进行读取、传输、加工、管理和利用[②]。总而言之，我们认为电子政务信息资源共享的多维性，主要表现在共享主体（包括各级政府部门及其内部组织机构与工作人员）的多维性、共享客体（电子政务信息资源）的多维性以及共享过程（管理机制、运作模式）的多维性。

1. 电子政务信息资源共享主体的多维性

电子政务信息资源共享主体的多维性主要体现在三个方面：

第一，主体参与的多样化。参与电子政务信息资源共享的有相同行业部门与不同行业部门，有上级部门和下级部门，也有一般政府职员与部门领导，各个共享主体对电子政务信息资源的用途与需求程度也不完全一样。第二，需求范围的广域性。电子政务信息资源共享所包含的信息资源涉及天文、历史、地理、政治、经济等各个领域，无所不包。第三，共享途径的多维性。我们可以从多种方位渠道、多种角度形式对电子政务信息资源进行读取、传输、加工、管理和利用。

2. 电子政务信息资源共享客体的多维性

电子政务信息资源共享客体的多维性，主要可以从以下两个方面进行理解：

第一，电子政务信息资源的海量存取，从而使得电子政务信息资源在形式和内容上产生变化。第二，信息内容的多维立体显示。电子政务信息资源不仅包括空间数据与非空间数据，还包括显性信息与隐性信息等，因而所显示出来的特征比较复杂，涉及各种

① 金善尉．政企信息共享建设中的政府职能研究——以温州机场边检站与航空公司联网为例［D］．浙江师范大学硕士论文，2010：12~13.

② 何振．网络环境下政府信息资源共享机制研究［M］．北京：新华出版社，2007：42.

不同类型、多个维度的数据信息，如矢量、张量、标量等变量。举个简单的例子，某个工程项目的招标信息，包括项目级别、质量指标要求、工程进度安排等信息，可以从不同维度对该招标信息进行分类。项目的名称、级别可以组成一个集合形成一个信息维度，项目的时间进度安排也形成一个信息维度，项目的各项质量指标又是一个信息维度。可见，电子政务信息资源遵循不同维度进行分类排序及组合显示。因而电子政务信息资源共享，实质上就是电子政务信息资源多维主体对多维客体进行多维共享。

3. 电子政务信息资源共享过程的多维性

电子政务信息资源共享过程的多维性是指电子政务信息资源共享的实质进程中管理机制、运作模式的多维性。电子政务信息资源作为一种特殊的公共物品，衍生出电子政务准公共信息资源和纯公共信息资源。因而在电子政务信息资源共享过程中，对于不同性质的电子政务信息资源，其提供电子政务信息资源共享模式的主体也有所区别，在共享的过程机制、运作模式中自然也呈现出多维性的特征。这种共享过程的多维性，体现在不同共享主体，如政府、企业、社会团体、非营利性组织及市场机制对电子政务信息资源共享多维性的过程驱动。例如，可以根据电子政务信息资源公共物品性质的不同，采取不同维度的共享过程模式。对于电子政务纯信息资源的共享，主张采用政府主导模式，对于电子政务准信息资源的共享，强调采用市场导向模式，而对于混合电子政务信息资源的共享，可相应倡导社会化运作模式。

（二）交互式共享

“交互”即“互相”，即某种双向互动的性质，这种双向互动、双向交流是一种被强调控制的互动交流。电子政务信息资源共享实际上也是一种**交互式共享**，通过发达的网络信息技术，各信息用户能随意传输、接收所需的信息资源，实现了电子政务不同主体与客体之间无缝隙的“交互”，即时互动的沟通与交流。

电子政务信息资源共享是一项系统工程，系统内部各要素之间都存在相互影响，甚至有时这种影响还是直接的、重大的。美国社会学家巴克莱（Buckley）认为系统内部的结构及其流程不能孤立、分割，倘若系统内部“交互”停止则系统也将消失①。可见，交互性是电子政务信息资源共享的一个显著特点。这种交互性表现在四个方面：

1. 对电子政务共享信息的控制性

电子政务信息资源用户根据信息需求，能获取接收、加工利用、传输反馈各类信息，

---

①［德］克劳斯·迈因策尔．复杂性中的思维——物质、精神和人类的复杂动力学［M］．曾国屏译．北京：中央编译出版社，1999：13.

信息用户对共享具有较强的控制性。这种控制性不同于传统的政务信息资源单向流动，在单向信息流动中信息内容、接收时间地点、接收形式都不能自由选择，是一种被动的接收，不容易发送反馈信息。而在现代网络信息技术环境下，电子政务信息资源共享突破了传统信息单向流动的瓶颈，改变了用户被动接收信息的现状，实现了用户对信息的任意选择、接收和反馈。

2. 电子政务信息资源共享过程的互动性

电子政务信息资源的这种“交互性”，一方面实现了电子政务信息资源共享主体之间便捷、频繁的双向及时互动。如政府和社会公众之间电子政务信息资源共享的互动性，公众可以在网络上主动找到自己所需的信息，并且随时可以表达公众的信息获取意愿，通过电子邮件、BBS等手段对政府及社会进行反馈监督。政府根据社会公众的需要，及时收集反馈政务信息，对电子政务信息资源进行优化以及改善各项政务服务，并随时向公众反馈信息处理状况，这种互动性大部分是通过政府门户网站来实现的。另一方面，电子政务信息资源共享的“交互性”，可以使信息用户通过服务引擎、各类链接、信息导航等任一信息节点，由此及彼、由表及里，层层深入，获取相关信息资源，由多维数据库深入挖掘隐藏信息,起到了“信息直通车”的作用。正因为“交互性”的重要机理作用，决定了目前我国政务信息化建设工作重心要着眼于对共享过程方式的设计。只有深入思考、构建政务信息资源的不同“交互”方式，才能使公众挖掘多维数据，提高信息资源利用率。

3. 电子政务信息资源共享结果的互惠性

电子政务信息资源共享的目的就是通过充分实现电子政务信息资源的价值来推进政务协同，从而提高政府公共服务的能力，这本身就是一种“双赢”、“多赢”的共享结果。政府要允许企业通过合理收费的方式获得投资经营和受托服务收入，引导企业对政府依法开放的信息资源进行增值共享和开发，允许其利用所得来回收投资、补偿成本并获得回报。因此，政府应有意识创建电子政务信息资源共享的双赢模式。由于在共享结果上互惠，社会团体、各企业组织有着更高的积极性，而政府本身也不断营造利好环境，让各社会团体组织有利可图，促进电子政务信息资源共享的良性循环。

4. 电子政务信息资源共享内容的动态性

第一，通过共享平台保持信息资源内容的及时更新。电子政务信息资源共享主要采用实时更新和批量更新两种方式，前者主要是将数据中心和业务部门的业务数据库相联，强调日常业务数据的随时更新；后者则由业务部门定期把数据打包发送到数据中心，更新、维护数据。比如，厦门市政府建设了统一准确的市民基础数据库和跨部门的市民服务信息管理系统，实现了公安、社保、公积金、计生等部门的数据交换和更新使用机制，形成了一个包含340万常住人口、暂住人口及历史数据等信息的市民基础数据库。第二，电子政务信息资源共享内容的动态性表现为可以通过技术支撑对信息资源内容进行跟踪与反馈。电子政务信息资源共享是不断提供更新、反馈电子政务信息，不断生成、替代原有过时、老化信息的过程。在政府实施电子化行政管理过程中，对信息资源内容的跟踪和反馈，特别是政务监督、业务建议、政务监控的实现，通过一些技术支撑可落到实处。第三，根据用户个性化需求，借助电子政务信息资源共享内容的动态性能提供个性化信息服务。由于信息资源用户的工作性质、兴趣爱好及其信息需求的复杂性和差异性等特性，使得电子政务信息资源的建设不能面面俱到，否则会出现信息过载的局面。这种情况下，政府为不同用户提供不同的信息，提供有针对性的、个性化的信息推荐服务，有利于解决电子政务信息资源共享中海量信息与用户特定需求的矛盾。

（三）集成式共享

集成（Integration）可解释为综合、结合、融合及一体化等，一般指某个系统的各个部分彼此之间进行协调运作，获取整体效益，达到全局最优的目的。电子政务信息资源共享是电子政务信息资源管理的一种优化，更是一种创新，它的“集成性”主要体现在以下三个方面。

1. 对信息资源的集成

电子政务信息资源共享的“集成性”，集合了文字、二维图形、三维体、曲线、动画、声音及视频等，借助现代网络信息技术，从静态的、孤立的、单一的信息变成开放的、大范围的信息。电子政务信息资源的集成式共享能交融、集成、整合各类媒介信息资源。这种有效集成，决定了电子政务信息资源不仅内容丰富，而且可视性强，加快了信息资源的处理速度。

2. 对信息时空的集成

电子政务信息资源共享的“集成性”使各级政府部门能有效集成共享各类信息资源，突破了不同时间、不同地域、不同部门及不同信息层级的限制，在网络信息平台上办公，从而可以提供无缝隙的政务服务以及零距离的信息共享。乌家培先生认为信息资源优化分配及科学管理是现代社会的重要特征之一。要选择合适的时机对合适的对象提供所需信息，必须处理好集中与分散的关系，既重视节约同时也需注重效率，从而达到信息资源的优化共享、辅助支持决策的目的。[①] 显然，电子政务信息资源的集成共享，就是这种优化机制的实践反映。

3. 对信息服务部门的集成

电子政务信息资源共享的“集成性”不仅仅局限于政府内部信息的集成，而且它更加注重电子政务信息资源与其他社会资源的集成。政务信息资源存在于各政务活动中，其来源多元化、分散化。要实现提供有效政务服务，优化政府决策的目的，必须发挥整体优势，对多元化、分散化的政务信息资源进行协同开发。发达国家在政务信息化进程中，非常重视政府不同部门的纵向和横向联合作用，强调多元政务信息资源的集成与共享，为公众提供更优质、更有效、更全面的政务服务。

4. 对信息系统的集成

随着我国政务信息化进程的推进，各级政府基本都建立了电子政务系统并存储了大量政务信息资源。这些系统分散在不同的物理服务器上，并且系统数据模式各不相同。有些政府门户网站提供了多个同类政务信息系统的链接形式，但一般只提供离散型的访问，而不能协同工作，无法为用户提供统一的访问接口。信息系统集成旨在将多个信息源进行整合，并为用户提供统一的数据视图和访问接口，促使电子政务向着整合性、协调性、集成性发展。特别是一些区域性经济城市，如武汉城市群、长株潭城市群，要实现政务一体化，各级政务信息系统的集成是关键。它为一些异构性、分散性以及自治性的信息资源共享指明了发展方向。

第2节　电子政务信息资源共享的内容界定

电子政务信息资源共享主体呈现多元化的表现形式，各级政府部门、企业组织、公众个体、第三方机构等都发挥着重要的作用，同时，电子政务信息资源共享涉及政治、经济、文化、法律等各个重要领域，故而电子政务信息资源共享所包含的信息形式多样，内容丰富。本节主要从经济特性、共享层次、形成方式、应用主体等视角对电子政务信息资源的内容进行界定。

① 乌家培．经济信息与信息经济［M］．北京：中国经济出版社，1991：157.

一、基于电子政务信息资源的经济特性视角

电子政务信息资源具有经济特性，因而我们可将其界定为特殊的公共物品，其共享的内容包括电子政务纯公共信息资源和电子政务准公共信息资源两种。

（一）电子政务纯公共信息资源共享

电子政务纯公共信息资源共享依托于电子政务信息资源的纯公共物品特性。在电子政务信息资源共享中，一部分电子政务信息资源具有完全非排他性和完全非竞争性的特性，在这种共享状态下，政府、社会公众、企事业单位等信息用户均能免费共享该信息资源，且边际成本为零。电子政务纯公共信息资源的共享主要由两部分组成，一是政府内部系统之间的信息业务处理，二是政府广泛服务于社会公众的信息共享。电子政务纯信息资源共享主要包括政府向社会发布的政策法规、政府工作报告、政府公告、政策信息、工作规划、政府部门的职能设置、办事指南、办公文档等政务信息共享以及各种税收征管、社情民意动态、市场供求、热点透视等公益服务信息共享①；还包括政府无偿提供给社会公众的人文、教育、体育、卫生等一切有关人民群众生活和社会规划发展的纯公益性信息资源共享，而且，政府鼓励社会公众及非正式组织等第三方实体协同开展非营利性的信息资源服务。

（二）电子政务准公共信息资源共享

电子政务准公共信息资源共享依托于电子政务信息资源的准公共物品特性。在电子政务信息资源共享中，一部分电子政务信息资源具有非排他性和（或）非竞争性的特性。这说明电子政务信息资源具有纯公共物品和私人物品的性质，两种性质兼而有之，但从整体看主要还是公共性居多。电子政务准公共信息资源的共享，一般是指对政府信息资源的增值服务的共享，这些政府信息产品或服务通常具有直接或间接商业价值，或者具有较大的市场潜力，使用方需支付一定的费用。例如某些专利信息、金融数据统计资料、增值商务服务信息，一些投资经营决策、人才科技、企业经济等方面的信息资源共享。这类电子政务信息资源共享有待政府、企业与社会三方力量通力合作，才能充分开发和利用这类信息，提高政府信息资源增值服务的巨大规模效益。

从表 1.1 可以看出，从电子政务纯公共信息资源与电子政务准公共信息资源来看，电子政务信息资源的公共物品性决定着信息资源可以共享，也应当共享。对于纯公共信息部分可以进行无限共享，对于准公共信息部分，则要求有限共享。关于电子政务信息资源的经济特性，本书将在后续章节作详细的探讨。

---

① 龚花萍，刘帅．关于政府信息资源规划的研究和思考［J］．图书馆学研究，2013（5）：57~61．

表 1.1　基于经济特性视角电子政务信息资源共享的内容界定

分类	电子政务纯公共信息共享	电子政务准公共信息共享
特点	完全非竞争性和完全非排他性	非排他性和非竞争性（有强弱之分）
边际成本	零	较低或较高
举例	政府政策法规、政府事权公务信息、政府公益服务信息、决策信息	增值信息如金融统计资料、单位招聘信息、投资决策、企业经济信息及尖端科技信息等
消费方式	无偿	收取一定比例的成本费或市场定价
共享形式	无限共享	有限共享

二、基于电子政务信息资源的共享层次视角

电子政务信息资源共享是有层次的，这是与政府开展不同层次、不同级别的管理相适应。一般来看，政府机构有高层、中层和基层之分，根据不同层次所需的信息资源，电子政务信息资源共享可分为基础事务信息资源共享、中层业务信息资源共享和高层决策信息资源共享。

（一）基础事务信息资源共享

基础事务信息资源共享包括所在地区地理信息（国土、市政、交通、地理地貌）、经济信息（产业结构、经济运行报告、市场供求、物价信息、社会与经济预测信息、经济总量、金融产业信息）、教育科技医疗卫生信息、其他基本信息（人口状况、税收征管、民生信息、城市发展及政府行政历史沿革、城市应急管理、城市软硬资源要素储备、重大新闻、升学就业）等信息共享。可以看出，基础事务信息资源共享主要由所在地区人口、法人单位、空间地理和自然资源、宏观经济等四个基础数据库的信息共享为主。2002 年《国家信息化领导小组关于我国电子政务建设指导意见》对“四个基础数据库”的建设也做了重点批示。

（二）中层业务信息资源共享

中层业务信息资源共享，亦称管理级信息资源共享，涉及政府在电子政务环境下管理工作产生和所需要的信息集合，主要由政府部门基本信息组成，如政府部门机构设置、各科室工作人员职责职能、成员分工、公众办事指南、联络方式、重要办公文档、办公业务或会议记录、机关行政管理信息、总结报告、经验交流、电子信访反馈信息、承诺办理的事项及完成情况等信息。另外，还包括政府部门内部管理工作的相关信息，例如政府部门内部财务收支情况、领导干部人事管理情况、廉洁自律及内部审计结果、干部

职工收入分配、福利待遇情况、继续教育与培训等信息资源。

（三）高层决策信息资源共享

高层决策信息资源共享包括本行政区域制定的中长期发展战略规划、重大决策以及出台的重要政策法规的信息资源共享；地域经济的发展规划、预期目标、运行状况信息资源共享；主要财政情况如政府年度预算、重要专项经费分配、重要物资招标、基建、采购信息共享；政府行政执行情况如行政审批项目信息、行政监督信息、程序的执行情况信息及其影响公民、法人或其他组织权益的行政执法信息共享；重大突发事件的处理情况信息共享；政府投资建设的公益事业情况等信息资源的共享。

三、基于电子政务信息资源的形成方式视角

电子政务信息资源的形成不同于传统信息资源，它不仅与社会实践活动本身有关，而且与实践活动的技术环境有关，故从形成方式看，电子政务信息资源更具复杂多样性。

（一）电子政务活动中直接形成的信息资源共享

在电子政务共享活动中直接形成的信息资源共享主要包括对电子公文、电子邮件、电子会议、电子讲话、在线投稿、在线登记、在线注册、在线审批等信息资源的共享。南京市政府自启用电子政务统一办公平台以来，已不再使用一纸文件发会议通知，市政府会议通知均从网上传送。由于电子文件、网上图章的投入使用，南京市各级政府每年可以减少纸质文件 30 多万件，减少印刷、用纸等办公费用千万元[①]。自《中华人民共和国政府信息公开条例》于 2008 年 5 月 1 日正式实施以来，我国 80% 以上的省市级部门建立了核心办公类应用系统，95% 以上的部门建立了辅助业务管理信息系统，30% 左右的部门建立了领导决策支持类应用系统[②]。可见，这部分信息资源是在电子政务活动中直接形成的，呈现出日益增长之势，其存在及利用不仅大大节约了印刷、用纸等办公费用的成本，而且正在逐渐成为电子政务信息资源的主要表现形式，在电子政务信息资源共享中将占据主导地位。

（二）电子技术环境下形成的信息资源共享

电子技术环境下形成的信息资源共享，主要包括对数码照相、视听新闻、电子签名、电子签章、电子地图、电子法规、电子档案、电子图书等信息资源的共享，这部分信息

① 石成．无纸化办公——南京市政府启动电子政务办公平台［EB/OL］．［2004-3-1］．http：//news.xinhuanet.com/newscenter/2004-03/01/content_1337515.htm.

② 贺恒信，王冰．我国政府网站服务能力初探［J］．生产力研究，2008（4）：89~92.

资源的形成主要与政务活动中使用的电子技术有关。从载体看，政务信息资源从过去的纸张、缩微胶片、磁带发展到现在的硬盘、光盘和网络；从媒体看，政务信息资源从单一媒体发展到了多媒体和超媒体；从系统看，政务信息资源从过去的电子数据处理系统提高到办公自动化，更进一步达到支持协同工作的计算机系统和决策支持系统。美国早在 1998 年就通过了《文书工作消失法》，英国则是在 2000 年通过了《电子通讯法案》，这些发达国家政府以电子技术的应用为基础来开展所有工作和服务。2005 年中国电子政务技术与应用大会在北京召开，从电子政务战略规划、电子政务平台技术、电子政务应用案例与解决方案三个层面探讨中央、地方、行业等电子政务技术和应用，极大促进了电子技术在电子政务中的应用①。可见，随着电子技术的推广应用，这部分信息资源也呈不断增长之势，而且这种依托技术支撑环境衍生出的信息资源不仅内容越来越广泛，且形式也越来越规范。

（三）文献电子化形成的信息资源共享

文献电子化形成的信息资源共享，即将以往政务活动中形成的纸质文献、实物材料等进行电子化处理或数字化处理而形成的政务信息资源共享，如文件扫描、缩微胶片、光盘、磁盘、磁带等。这种情况主要受库存量压力的影响，而不得不将堆积如山的纸质文献电子化，从而方便地保管在海量的存储介质中。据美国文书协会统计，用于生产纸质文件的纸板总数量惊人，资源浪费严重，在 1960 年至 1990 年三十年间纸板数量增加了 6 倍②，到 2002 年时美国印刷用纸已经达到 420 万吨，2004 年攀升至 550 万吨③；我国 2011 年出版的图书、期刊、报纸三类出版物的用纸量也达到了 717.01 万吨，较 2010 年增长 5.58%。显然，对纸质文献和实物材料进行电子化处理或数字化处理是目前信息资源共享中的当务之急。

四、基于电子政务信息资源的应用主体视角

在政务活动中，80% 以上的社会信息资源均由政府形成。政府是电子政务信息资源的形成主体，但是，电子政务信息资源的应用却并不局限于政府，还涉及企业与公众两大主体。故电子政务信息资源共享通常是在政府、企业与公众三者之间进行的，具体表现形式如表 1.2 所示。

① 第四届中国电子政务技术与应用大会．[EB/OL]．[2005-9-30].http：//it.sohu.com/s2005/zhwjshyyy.shtml.

② 刘丹等．信息资源管理的演进［J］．国外情报科学，1994（2）：39.

③ 杨生．全国新闻出版业用纸量知多少［J］．印刷工业，2006（4）：36 ~37.

表 1.2　基于应用主体视角的电子政务信息资源共享的内容界定

政府—政府	基础信息共享	人口信息、环境信息、地理气象信息等
	业务信息共享	经济管理、计划管理、社会经济、统计、公安、国防、国家安全信息
	办公通信信息共享	各职能部门之间的工作精神、总结报告、经验介绍等方面信息的通报、处理和通信
	管理信息共享	财务管理、人事管理、公文管理、档案管理等信息
	决策支持信息共享	政府及其部门的重大决策背景分析与应对策略选择、重大科技项目攻关及其有关数据采集信息
政府—企业	宏观调控信息共享	国民经济规划、地区经济发展、经济调控与发展战略、财政金融等信息，产业信息
	工商行政信息共享	企业营业执照的申请、受理、审核、发放、年检、登记项目变更信息
	从业信息共享	网上公布的就业岗位、待遇薪酬、工作环境、工作内容、就业前景等信息
	电子采购、招标信息共享	政府采购商品与服务信息，项目招标公告及中标结果等信息
	电子税收信息共享	税收公报、税收政策信息，企业完成的税收登记、收税申请、税款划拨等税收业务信息
	综合服务信息共享	假冒伪劣的产品和企业名录信息，政策数据库、政府经济白皮书等信息
政府—公民	公告型信息共享	国家的法律法规、政策信息，政府公告，各种法律、司法解释、规章、制度、统计数据、政府工作报告、工作规划等信息
	服务型信息共享	教育培训、电子医疗、电子纳税、社会保障、招生就业、工商登记等信息
	透明型信息共享	政府工作流程、工作进度、决策过程、经费的使用状况等方面信息

（一）政府—政府的电子政务信息资源共享

政府间的电子政务信息资源共享是指首脑机关与中央和地方组成部门之间、中央政府与各级地方政府之间、政府的各个部门之间、政府部门内部公务员和其他政府工作人员间共享的电子政务信息资源。这类信息资源主要来源于直接处理政务的政府各职能部门及其各类政务程序。政府部门在处理政务过程中所需的大量信息主要来自政府内部的各职能部门，而每一个部门在利用其他部门传递来的信息的同时也不断产生新的信息。这些政府所属的信息部门、经济发展研究中心、计委系统的各级信息中心，统计、物价以及各级部委、办、厅、局的信息机构，各省市委、省市政府的信息处、政策研究室等在政府日常工作、通信交流、管理决策等过程中形成了大量的政府间电子政务信息资源，对这些政府间流程信息的共享，能大幅度提高政府间职能部门的办事效率。

这些政府职能部门之间形成的电子政务信息资源共享，主要包括政府间的基础业务信息、办公通信信息、经验交流信息、决策支持信息及内部管理信息等信息资源的共享①。

（二）政府—企业的电子政务信息资源共享

政府对企业间的电子政务信息资源共享主要是指政府向企事业所发布的各种方针、政策、法规、行政规定等方面的电子政务信息，以及各级政府部门为企业提供各种高效快捷的政策法律信息、商业服务信息的共享，以及对政府收集、经过加工处理并系统化的政府自身部门与相关企业的数据信息进行共享等。

政府对企业的电子政务信息资源共享，主要包括电子政务宏观调控信息、电子工商行政信息、企业的从业信息、政府电子化采购与招标信息、电子税收信息、综合服务信息等信息资源的共享。

（三）政府—公众的电子政务信息资源共享

政府与公众的电子政务信息资源共享即政府向公众所提供的电子政务信息资源共享形式。这类电子政务信息资源的共建与共享能增强政府的透明度，改进公共政策的质量和决策的科学性，建立良好的政府与社区以及政府与公民之间的关系，提高公共服务的质量，赢得广泛的社会参与度，向公民提供更有效率的政府服务。公民可以非常方便地利用这些电子政务信息资源，更好地提高政府的服务效率。

政府对公民的电子政务信息资源共享主要包括政府对公民的公告型信息、服务型信息以及透明型信息等信息资源的共享②。

第3节　电子政务信息资源共享的必要性和可行性

一、电子政务信息资源共享的必要性

电子政务信息资源共享充分且流畅是电子政务运行之根本，是电子政务建设成功的

① 刘永祥，汤俊．电子政务［M］．武汉：武汉大学出版社，2007：19.

② 胡小明．电子政务信息资源共享的经济学研究之一——四种不同的信息资源共享模式［J］．中国信息界，2004（18）：14.

关键要素。电子政务信息资源共享能够有效利用政府的网络系统和外界进行沟通交流，实现政府信息网络化和社会公众的互动性，进而对社会信息化进程产生全面、彻底的推动作用。由此可知，电子政务信息资源共享是非常必要的，具体体现在以下三个方面。

（一）是适应电子政务建设内在要求的需要

网络利用通信电缆设备能将地理位置不同、功能独立的多个计算机系统、服务器互联起来，是现代计算机技术与通信技术高速发展的产物，可以实现信息资源传递与共享。借助现代电子信息技术，公众能打破现有行政机关的组织界限，通过电子化渠道获取政府的行政信息和服务，而且政府组织间以及各种组织和政府间都可以通过电子化渠道畅通无阻地实现沟通与交流，这是电子政务最重要的功能[①]。要使电子政务得到高速发展，政府必须通过网络实现电子政务信息资源的有效共享[②]。电子政务的实施和完善，其中心目标也是实现政务信息资源共享。在信息资源共享的基础上，应该创造政务信息的使用价值，提升政务信息的服务质量和服务功能。

信息共享包括两个方面，一是共享信息资源库建设；二是信息资源共享交换平台模块标准化的研发。共享信息资源库是指国家基础信息系统，包括人口信息系统（包括电子身份证和居民登记系统）、企业管理信息系统、地理信息系统和全球定位系统等。这些是整个电子政务系统工程的基础，但目前尚未完全建立起来。共享信息资源库建立后，还要实现信息共享，这就需要信息交互平台。然而现有各级政府及其各部门使用的信息系统互不兼容，条块分割严重，造成很多信息孤岛，难以实现共享。因此，需要由国家授权相关政府部门，规范各个应用模块的业务流程，建立标准化的业务模型和数据模型，实现信息资源共享。只有实现信息共享，各部门才能更便捷地为公众提供优质的公共服务[③]。

20 世纪 90 年代以来，信息技术的高速发展以及互联网的迅速普及，使信息资源的存储格式、传输形式和使用方式发生了巨大的变化，同时也赋予了电子政务信息资源共享新的内涵。由美国开始的电子政府建设及其信息资源共享的高潮在全球范围内掀起。与此同时，我国电子政府的建设也取得了骄人的成绩，从 1999 年“政府上网年”的开辟，到 2006 年 1 月 1 日中国政府网的开通，这期间积累的理论和实践，为我国电子政务信息资源共享的快速发展产生了巨大的推动效应。从多年的建设经验看，电子政务的建设和发展必须在中央的统一指挥和部署下，结合各地区、各部门的特点，具体情况具体分析，

① 刘飞宇，王从虎．多维视角下的行政信息公开研究［M］．北京：中国人民大学出版社，2005：95.
② 何振，姚志勇．我国电子政务信息资源共建共享的必要性和可行性［J］．情报杂志，2004（11）：33.
③ 俞可平．中国地方政府创新案例研究报告（2005—2006）［M］．北京：北京大学出版社，2007：224.

利用网络将信息资源整合，并实现有效共享，才能真正消除各自为政、互不相通的“信息孤岛”、“信息资源独占”现象。《中华人民共和国行政许可法》第三十三条指出，要发展电子政务，必须建立和完善相关制度，特别应在各级行政机关的门户网站上公布行政许可事项，为社会公众提供各类政务服务，而且应当与其他部门共享有关行政许可信息，从而大幅度提高政务办事效率。

（二）是促进政府管理科学化、民主化和高效化的需要

1. 行政决策的科学化需要电子政务信息资源共享

传统的政府决策组织形式是金字塔型的组织结构，它压制了组织成员的积极性，并且减缓了政策信息传递的速度，造成信息的严重失真，最终导致政府决策失败。而利用现代信息技术，实现电子政务信息资源共享，不仅可以加快信息传递的速度，使不同层级的政府部门几乎在同一时间获取相关的政策信息，而且还可以保证信息传递的准确性。此外，信息技术使决策层及其下属可以及时了解彼此的状况和意图，这样可以省去大量的时间和精力，使得决策人员可以在既定的时间内指导更多的下属，从而使管理幅度增宽，有利于决策人员更好地把握决策信息，依据实际情况，做出更科学有效的决策。总之，随着信息技术的发展，电子政务信息资源共享使政府决策机构人员得到了精简，组织更加精干，一定程度上也限制了政府决策机构的膨胀，提高了决策质量，减少了决策失效现象的发生。利用电子政务信息资源共享，有序、有效地整合各部门资源，科学、合理地做好统筹协调工作，将会产生决策的“共振”效应，提高政府组织整体的公共决策能力，从而可能最大限度地提高政府管理的成效。

2. 行政执行的高效化需要电子政务信息资源共享

借助电子信息技术，政府还可以使行政流程实现标准化和规范化，使大量的常规性、例行性的事务电子化，如会议通知、信息传达、政策宣传、法规颁布、意见调查等，都能以电子邮件方式处理，以加快信息的流通。这样既能减轻工作人员的劳动强度，又能减少主观因素对业务流程的干扰，从而提高办事效率。比如，中国电子口岸就是将海关、国检、外贸、外汇、工商、税务、银行等机构分别管理的进出口业务信息流、资金流、物流电子底账数据集中存放到公共数据中心，在统一的计算机物理平台上实现数据共享和数据交换的平台。政府机构可进行跨部门、跨行业的联网数据核查，企业可以“一点接入”，获得各相关政府的“一站式”服务[①]。

① 中国电子口岸数据中心简介.［EB/OL］.［2011-04-16］.http://www.chinaport.gov.cn/gywm/hzyfw/index.htm

政府部门之间的信息共享，实际上涉及对应用软件进行支撑的中间层软件即软件平台技术的开发和应用，涉及政府流程再造。只有实行行政管理体制改革，进行政府流程再造，打破行政信息壁垒，实现不同业务部门之间、不同政府机构之间的信息资源的交互及其协同应用，才能把电子政务建设向纵深推进，全面提升政府的社会服务能力。

3. 行政监督的广泛化需要电子政务信息资源共享

政府机构是社会重要的行为主体，具有法律赋予的管理国内各项资源的权力。政府是公共信息的最大拥有者，拥有很大一部分社会信息资源，如国家自然资源信息、国家法律信息、社会环境信息，还有各种关乎国计民生的信息等，从某种意义上说，政府是最大权力的拥有者和最大财富的使用者。现阶段我国政府的信息资源最多，在一定程度上控制着社会信息资源的分配，如果缺乏有效的监督，必然成为滋生腐败的沃土。实际上，政府不过是人民权利的委托行使者，所以从根本上说，社会公众才是政府信息资源的真正所有者。因此，社会公众有权力也必须对政府使用行政信息的行为进行有效的监督，只有这样才能保证其行为符合基本的道德要求和法律规范。政府信息资源是体现和反映政府行为的基本途径，只有实现共享，才能更好地为公众提供对政府行为进行有效监督的平台，使得政府工作人员在面对公众监督时更加严格地要求自己，廉洁从政，进一步推进廉洁政府建设。

政府的基本社会职责就是建立和维护社会的公平，推动社会的发展和进步。政府是公共管理活动的一个重要主体，其目的不是营利，而是有效地增进、公平地分配社会公共利益。电子政务信息资源共享就是政府实现这一目标的基本方式。从这点来说，电子政务信息资源共享是架构在政府与公众之间的桥梁，是确保政府更好地履行职责，保障公众更好地享受公平权益，最终实现政府最优化管理的重要条件。

4. 行政成本的低碳化需要电子政务信息资源共享

电子政务使信息资源数据化、信息交换网络化，并且通过现代信息技术尤其是互联网来传递、交换和共享各种信息资源，这不但加快了信息传递的速度，还提高了信息利用率，降低了成本。温家宝曾多次指出节约行政成本的重要性，认为电子政务建设要与行政管理体制改革结合起来，要从实际出发，讲求实效，节省开支，不搞花架子和形象工程。由于我国现行的政府层次是五层制，即中央、省、市（地区）、县（市）、乡（镇），管理层次多，机构林立，人浮于事，大大降低了行政效率并增加了管理成本。加强计算机网络技术建设，加快电子政务信息资源共享，使得信息几乎可以在同一时间下达到不同层级的人员。各级政府通过政府网站，向大众提供政府所拥有的可供公开的信息资源资料库，从而实现公共信息资源的增值利用，节约了大量的社会资金。

（三）是推进我国信息化、促进国民经济发展的需要

对信息的获取是人类的一项基本人权[①]，电子政务可以为人们提供更多可获取的信息资源及技术支撑，但不可能像网络一样向全世界开放，其获取权的拥有主体是某一地域、国度内的组织和公民，其客体是除我国《国家保密法》规定之外的所有政府信息资源，其内容包括有权获得法律不禁止公开的信息和有权通过法律规定的方式获得这些信息[②]。

政府信息资源中包含社会经济发展的信息要素部分，无论是政府的经济发展政策、经济发展数据，还是政府掌握的自然资源信息、科技信息等，都是竞争、发展的基本推动要素。只有这些信息资源充分共享，才能够推动和促进社会的快速、健康发展[③]。我国政府部门发展电子政务，目的就是加强政务信息资源的流动与畅通，提高政府行政效率，促进政府组织改革、加强公共管理。电子政务信息资源的共享有利于降低政府成本，达到以信息化促经济化的目的。

北京是我国政治、文化中心，在电子政务的发展方面也表现出非常强劲的势头。1999年底，时任北京市市长刘淇提出了数字北京的概念，其含义是指信息化的北京。数字北京工程将通过宽带多媒体信息网络、地理信息系统等基础设施平台，整合首都信息资源，建设电子政府、社会保障新系统、社区服务信息系统、科教信息系统、电子商务等众多工程，从而逐步实现数字北京的规划。大力推进电子政务的建设，实现电子政务信息资源共享，进而拉动信息产业发展，推动我国信息化投资与消费需求，为信息产业的发展带来巨大的市场空间。2001—2006年，我国电子政务的信息化建设主要着眼于电子政务网络建设，主要包括电子政务专网、电子政务内网、电子政务外网以及电子政务办公系统等网络建设。到2008年，我国大部分省市县政府及下属单位，相应的电子政务网络已经建设成型，各个网络纵横交错，信息资源共享初具成效。从2002年到2009年这7年间，我国电子政务建设取得了一系列成果，以“12”金为基础拓展为涉及国计民生的更多“金字”工程和大项目不断涌现，各级政府电子政务网站建设、法律法规、人才培训等都取得前所未有的进步[④]。

我们现在处在一个全球化和信息化的时代，政府管理面临着许多来自内部和外部的

① 陈传夫．国家信息化与知识产权［M］．武汉：湖北人民版社，2003：106.

② 李运才．关于国家秘密确认机制的思考——对修订后的《保密法》的再思考［J］．东南司法评论，2012（8）：139~146.

③ 侯卫真．电子政务的建设与发展［M］．北京：中国人民大学出版社，2006：244.

④ 2009年电子政务建设突出三重点．［EB/OL］．［2009-03-05］．http：//www.powereasy.net/HelpYou/Knowledge/CMS/6828.html.

新挑战。在经济全球化条件下，世界各国的政治生活、经济生活和文化生活已经不可分割地联系在一起，这就迫切要求对政府的信息管理体制进行改革创新，逐步确立和完善开放式的动态信息管理体制，变“以堵为主”为“以疏为主”。这样一种经济发展形式，需要共享电子政务信息资源。

二、电子政务信息资源共享的可行性

目前我国政府管理体制正处在转型时期，强调效能型、透明型、责任型的政府服务方式。在这种背景下，我国电子政务信息资源共享具备一定的可行性，具体可从以下四个方面阐述。

（一）中央政府的政策扶持提供了统一的领导和强大的推动力

电子政务的共建共享是一项复杂的系统工程，涉及社会的方方面面。发达国家电子政务的成功建设经验表明，电子政务信息资源共享建设，必须要由中央政府对电子政务建设进行统筹规划。2002 年 2 月，国务院信息化工作办公室和国家标准化管理委员会组建了“电子政务标准化总体组”，颁布了《关于〈电子政务标准化指南〉和六项电子政务标准试用和征求意见的通知》，对网络基础设施、信息安全、支撑技术等方面的标准进行试用和验证，为我国电子政务信息资源共建共享设定宏观的标准和框架。2006 年 6 月，时任国务院总理、国家信息化领导小组组长温家宝同志在全国电子政务工作座谈会上，对电子政务信息资源建设作重要批示，指出要加快电子政务建设，推进行政管理体制改革，提高政府为社会公众服务的质量，提升工作效率，为公众参与经济社会活动创造条件。2012 年 5 月 5 日，国家发展改革委印发《“十二五”国家政务信息化工程建设规划》，指出“加快国家信息化建设是党中央、国务院顺应世界信息化发展趋势作出的重大战略决策，政务信息化建设是国家信息化建设的重要组成部分”，强调“信息共享、业务协同和服务应用程度需进一步提高”，要“加强顶层设计，坚持需求主导，强化信息共享、业务协同和互联互通，坚持协同共享”，“支持跨部门、跨区域的业务协同和信息资源共享，坚决避免重复投资、重复建设”。①

电子政务信息资源共享是一项以资金和信息技术为依托的新兴系统工程，这必然要求中央政府给予政策扶持，特别要在资金资助上予以支持，释放电子政务管理体制活力，营造电子政务信息资源共享良好的外部环境，形成强大的推动力。要支持新兴的网络信

① “十二五”国家政务信息化工程建设规划［EB/OL］. 中华人民共和国国家发展和改革委员会网站 .http://www.ndrc.gov.cn/.

息产业发展，解决电子政务发展中的实际困难，从投资、工商、税务、价格、财政上给予扶持，从而进一步加强政府信息化网络建设，推进政务服务。

近几年以来，国家培养了各类信息技术的优秀人才，积累了良好的人力资源，为科研开发，技术升级，网络维护，信息推广提供了人才储备。国家推出信息技术紧缺人才培养工程（NITE），在全国范围内将会建立起80个信息技术紧缺人才培养与储备基地，150个远程继续教育站点，选定200所高等及职业院校进行定向专业共建教学，力争在2006年至2010年培养并向企业提供定向专业毕业生10万人，短期技能提高培训人才达到50万人。随着改革开放的发展，中国经济的腾飞，政府部门已有足够的财力支持电子政务信息资源共享和共建。据统计，2007年，我国电子政务建设走向务实，政府行业IT投入仍然保持了10.6%的增长率，总规模达到408.9亿元；2008年，中央财政和地方财政，尤其是经济发达地区地方财政的IT投入在平稳中略有增长，电子政务工程的投资管理更加规范，2008年政府行业IT投资保持了8.8%的增长率。根据计世资讯的相关研究成果统计，我国政府行业2011—2013年IT投资的变化趋势表明，我国政府2012年的IT投资明显增快，许多政府信息化项目陆续上台，2013年政府的IT投资将达到589.9亿元，增幅13.7%。（如图1.1所示）

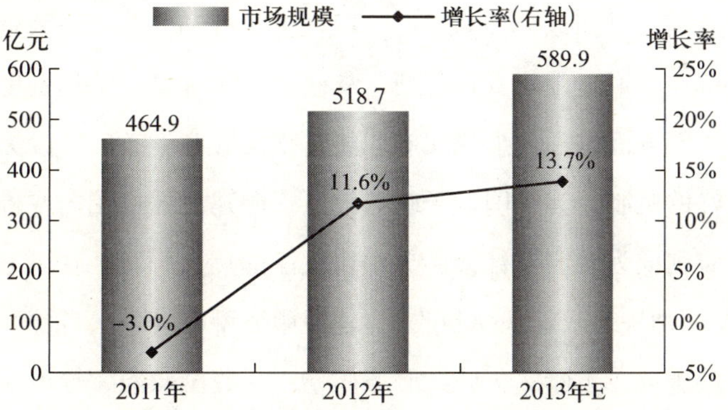

图1.1　2011—2013年我国政府行业IT投资变化趋势

注：E表示预测值。

这一系列数据表明：电子政务建设在经费上已经得到我国政府的政策倾斜，这是良好创造电子政务信息资源共建与共享的基本条件。

同时，中央一系列政策的出台为电子政务信息资源共建共享提供了强有力的支撑。中共中央办公厅、国务院办公厅2006年印发了《2006—2020年国家信息化发展战略》，在我国信息化发展的战略行动中制定了电子政务行动计划，建立健全政务信息资源目录体系，进一步规范政务基础信息的采集和应用，整合电子政务网络，推动政府信息公开，建设政务信息资源的交换体系。其中指出“要以需求为主导，充分发挥市场机制配置资源的基础性作用，探索成本低、实效好的信息化发展模式”，提出了“以信息共享，互联互通”为重点，发挥电子政务经济调节、市场监管、社会管理和公共服务等方面职能。2006年，为了进一步推动电子政务的建设，国家信息化领导小组召开了全国电子政务工作会议，正式下发了《国家电子政务总体框架》这一意义深远的文件。这一框架从战略高度明确了电子政务发展的思路、目标和重点，为加快我国电子政务建设打下了重要基础。2007年，国家发展和改革委员会主任办公室正式公布《国家电子政务工程建设项目管理暂行办法》，自2007年9月1日起施行，该办法旨在全面加强国家电子政务工程建设项目管理，保证工程建设质量，提高投资效益。这一系列政策法规为我国电子政务信息资源共建共享提供了政策支撑，营造了活力。在行政体制方面，目前我国已确立了系统的行政管理体制的改革目标，以进一步提高行政效率，改进管理方式，转变政府职能，降低行政成本，逐步形成运转协调、廉洁高效、公正透明的行政管理体制。行政管理体制的改革为我国电子政务信息资源的共建共享消除了体制上的束缚，从长远方向适应了发展电子政务的要求。

（二）服务型政府的建设提供了良好的发展机遇

所谓服务型政府，是指以公民为中心，以社会管理和公共服务为重点的政府。服务型政府建设的关键在于通过政府管理创新，从政府管理理念、管理制度、管理职能、管理手段和行为方式等方面进一步加快政府职能转变。服务型政府建设为电子政务信息资源共享提供了良好的机制，为我国电子政务信息资源建设提供了内在推动力。而究竟如何建设服务型政府则成为政府及社会各界密切关注的焦点问题。在十七大报告中胡锦涛同志明确指出，要“加快行政管理体制改革，建设服务型政府”①。推行电子政务，大力强化社会管理和公共服务，不断完善公共服务体系。从我国政府领导的讲话及出台的政策可以看出，建设电子政务，必须以社会化导向，而服务型政府建设，则必须加强电子政务信息资源共建共享。只有实现电子政务信息资源的高效共享，才能促进政务信息服务的发展，进一步提高我国服务型政府的管理水平，提升政府行政效率②。

通过信息技术创新与政府管理创新的一系列整合，电子政务将为政府管理方式、管理理念带来深刻的变革。电子政务建设是实现服务型政府的有效途径和重要保障，而服务型政府建设本身又是电子政务实施的内在驱动力。2010年6月，工业和信息化部推进

① 十七大以来重要文献选编（上）[M]. 北京：中央文献出版社，2009：25.

② 张蓝艺，赵晖. 服务型政府视阈下的电子政务信息资源共享[J]. 南京工业大学学报（社会科学版），2009（6）：76.

司发布了《转型与调整——中国信息化发展报告 2010》。在这最新的一份年度报告中，报告以“转型与调整”为主题，以实现服务型政府经济信息化为理念，力图对后金融危机时期全球信息化发展的新形势、新特点、新趋势和新问题做出宏观性描述，对信息基础设施、信息产业、互联网信息资源开发、社会信息化、农村信息化、电子政务、信息安全、信息化发展环境等主要领域的发展状况进行详尽分析，用大量的数据和案例阐释了 2009 年中国信息化的新进展和对中国信息化的展望，指出了中国政府推进信息化的新思路，同时也为电子政务信息资源共建共享提供了良好的机遇。

（三）现代信息技术和网络的高度发展提供了有力保障

当前，现代信息技术突飞猛进，信息产业已经成为知识经济的“支柱产业”，信息技术对传统的工业部门进行了合理有效的强化升级，极大提高了工业部门生产过程的自动化水平和控制精度，使产品的信息化、数字化、智能化程度不断提高，提高了产品的竞争力。网络时代在改变着商业模式的同时，也以其极大的技术支撑推动着政府运作机制改革的进程，同时暴露出信息管理机制的大量不合理成分，这正是电子政务发展的重要空间和机遇。现在的信息技术发展总体趋势是：开始逐渐转向基于高速宽带和互联网应用的、以共享为主要方式的信息资源的应用上。

现代信息科学的研究与发展为电子政务信息资源的共建共享提供了多种技术支持：

1. 数字签名技术

数字签名技术要求必须确定信息发送者的身份，并且确认信息从发出到接收这个流通过程没有作过任何修改，确保信息的完整、保密及防篡改。RSA 签名、DSS 签名和 Hash 签名是目前应用广泛的三种数字签名方法，这三种算法可以单独使用，也可以综合在一起使用。

2. 信息加密技术

信息加密技术是将信息明文变换成密文进行发送，从而使信息截取者无法完成破译。德国捷德公司在 2002 年中国国际金融技术设备展上，展出了数字签名卡。这种数字签名卡是该公司根据 PKI 技术（公钥基础设施）和数字签名技术研制开发的，可以实现在数字签名卡内生成密钥对进行加密、解密运算，并安全存放数字证书等多种功能[①]。

3. 防火墙技术

防火墙技术是可以确定哪些内部服务允许外部访问，哪些外部服务可由内部人员访

① 数字签名技术和 PKI 亮相国内银行[EB/OL].[2002-04-10]. http://tech.sina.com.cn/i/c/2002-10-14/0741143391.s.html.

问的技术，由一组程序构成，运行在网络的服务器或专门的网关中，可以保护网络的资源不被来自其他网络的非授权用户侵犯。得益于防火墙技术的保护，北京奥运会运营中心网络信息系统从未发生过开闭幕式有关方案等各种信息泄密事件。

4. 防病毒技术

在我国电子政务信息资源共建与共享的过程中，将已有嵌入式内核技术、监控病毒源技术、数字免疫系统、分布式处理技术、安全网管技术等多种集成技术付诸实践，取得了良好的成效。同时，网络操作系统和应用程序集成防病毒技术、网络开放式等防病毒技术的发展使防病毒技术能力不断增强。

信息技术的高速发展带来了信息网络的加速发展。信息网络是电子政务的基础设施，主要指与电子政务有关的通信网络等硬件配置。正是通过信息网络，电子政务的信息资源才得以流转，才得以形成不同于传统政务模式的新政务模式。20 世纪 90 年代以前，我国的网络基础设施比较薄弱，国家和有关部门首先将网络基础设施作为建设重点。目前国家网络基础设施已经基本能够满足电子政务骨干网的需求。与此同时，国内比较发达地区的政务部门也已普遍建立起支持业务和办公的信息网络[①]。由此可见，信息技术的不断进步为电子政务信息资源共享提供了现实的可能性，为政府信息资源的网络化共享提供了强有力的保障。

由此可见，我国政府对电子政务的高度重视及信息技术的迅猛发展等一系列因素，为我国电子政务信息资源共享的健康、快速、有序发展提供了良好的平台，从而也为电子政务信息资源共享的实现和稳步发展提供强有力的保障。

第 4 节　国外电子政务信息资源共享模式经验分析及借鉴意义

国外发达国家如美国、英国等在电子政务信息资源共享的建设中起步较早，已形成了较合理、稳定的共享发展模式。相对而言，我国的电子政务信息资源共享在理论方法、技术形式、保障机制等方面存在不足。因此，可以借鉴国外电子政务建设成功经验，优化我国的电子政务信息资源共享模式。

① 北京大学课题组．中国电子政务工程推广应用指南 2005 年［M］．北京：解放军出版社，2005：4.

一、国外几种典型的电子政务信息资源共享模式分析

（一）“自上而下”以及“自下而上”的共享模式

“自上而下”以及“自下而上”两种共享模式源于信息系统开发的两种模式。“自上而下”的模式强调由整体到局部，由长远规划到近期规划，从全局进行通盘考虑，从上到下，合理规划信息流，设计出适合于这种信息流的信息系统。“自下而上”的模式从系统需求分析出发，详细了解每一业务信息流状况，然后逐步实现系统模块的具体的功能，由低级到高级规划整个信息系统。“自上而下”模式更容易把握整体性，但难度更大，成本也相对高；而“自下而上”的模式更重视系统分析与技术协调，进而能获得更好的经济性。

国外采取了不同的管理模式来加强电子政务项目自身的管理，从而保证电子政务信息资源的有效共享，以推进电子政务信息资源的建设工作。而“自上而下”以及“自下而上”这两种模式能合理规划电子政务项目，有效理顺电子政务信息资源建设的整体思路，因此获得了广泛应用。

1. 美国的电子政务信息资源 FEA 共享模式

美国电子政务信息资源 FEA（Federal Enterprise Architecture）共享模式是典型的“自上而下”的模式。FEA 即指联邦企业体系架构，若采用这样的电子政务信息资源共享模式，需要一开始就从全局考虑，对电子政务信息流清晰的设计及描述，能让建设者准确快速地了解电子政务规划的全局需求，从而可以减少重复投资。FEA 是一种集成业务战略规划和信息规划的方法，项目建设者不必过多地关注网络信息技术本身，而应该更多地关注政府组织和政务实施的经过，和政府管理部门之间信息技术的应用。美国电子政务信息资源 FEA 共享模式构建了一个基于整个联邦政府的统一的、集成化的电子政务信息体系，将联邦政府看作一个有机的整体，使其转换为一个以客户为中心，面向结果，以市场需求为导向的电子政府，从而使整个联邦政府各部门之间的交互、共享能力得以大大加强[①]。FEA 由 5 个参考模型构成，要求电子政务管理者从一开始就要明确电子政务信息资源共享的主体，界定好各系统模块的交互功能。各层次政府和政府部门之间构造战略联盟是电子政务信息资源共建共享的基础，电子政务管理者必须从宏观领域处理信息资源建设工作，确定数据与信息交换、共享的标准，以确保政府机构的系统间数据信息交互、共享。

FEA 提供了通用的业务、绩效的技术定义及其结构形式，其主要特点是以业务和绩

① 张蓝艺，赵晖．服务型政府视阈下的电子政务信息资源共享［J］．南京工业大学学报（社会科学版），2009（6）：76.

效为驱动力，以业务需求为中心，以绩效评估为导向，以技术导向为辅构建电子政务的信息资源共享模式。具体结构如图 1.2[①] 所示。FEA 本身是一个政府设计、实施各类电子政务项目的基础参考架构，强调沟通与交流，是政府整体战略的最终体现，而并非一个具体的信息系统架构。按照 FEA 模式建设电子政务，能够真正实现政务一体化的目标。

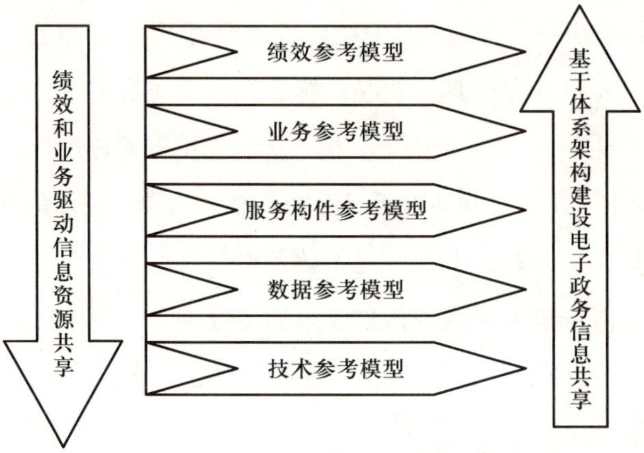

图 1.2　美国电子政务信息资源 FEA 共享模式

自上而下的电子政务信息资源共享模式从全局出发，进行整体规划，但中央和地方的关系、地区间发展水平的不同都会影响计划的实施进度。所以，电子政务建设的指挥者要注意数字鸿沟问题，及时发现那些容易被忽视的地区，包括城郊和农村及相应的弱势群体，并且在推行一段时间后接受公众的反馈，展开互动，才能真正推动电子政务信息资源共建共享的进行。

2. 英国的 E-GIF 共享模式

英国电子政府信息资源交互框架 E-GIF（E-Government Interoperability Framework）模式与美国的 FEA 则完全不同，该模式主要是基于政府资源的信息管理。E-GIF 优先考虑的是底层数据交换能力和系统的互操作能力，可以增强政府各部门之间的资源共享和快速决策的功能，“自下而上”对电子政务信息资源进行共建共享。这种模式强调技术协调、管理服务和遵从机制，对全局把控能力的要求减少，因此对政府信息化规划者的要求相对低一些[②]。E-GIF 能建立一种在公共部门间以一种无缝隙的、前后一致的方式进行相互操作的电子政务体系，有助于向公民和企业提供更好的、量身定制的服务，有助于推动电子政务信息资源畅通无阻地在公众与公共部门之间传递、交互、共享，并且能够

① 杨吉江，刑春晓 . 美国电子政务通用模型研究［J］. 电子政务，2006（4）：13.

② 杨吉江，刑春晓 . 国外典型电子政务顶层设计的比较研究［J］. 电子政务，2006（3）：9.

兼顾隐私和安全，能够让电子政务信息资源发挥最大的价值。

英国 E-GIF 模式的特点主要表现在对技术标准的高度关注，要求确定电子政务业务系统的互操作性、数据共享、数据整合、电子服务访问渠道的相关标准，对电子政务信息资源的共享性、互操作性提出较高的要求，以促进不同系统之间信息的交互，进一步开发电子政府信息服务，提高用户访问的质量等。E-GIF 包括了电子政务的相关政策、技术实施标准和应用开发指南，主要有互连性、内容管理、数据集成及其可访问性四个方面的内容[①]。强调电子政务系统数据设计和标准化，强调政府与公民用户之间的互联互通。E-GIF 数据之间的互通性和互释性主要利用元数据技术予以加强。

E-GIF 在支持信息资源的共建共享方面提供了可扩展性的平台，特点如下：①面向市场，对 E-GIF 的应用和技术不断更新，提供更广泛支持，因而能够降低政府信息系统的成本和风险；②具有可扩展性，所选择的这些系统能够作相应的调整，以满足电子政务信息环境变化的需求，如数据容量、业务处理数量或用户数量的变化；③开放性，这些标准都有相应的政府文件，并被放到网上供公众查阅[②]。

E-GIF 规定了有关政府和公共部门之间信息流动、信息共享的底层技术政策和规范。政府承诺确保这些政策和规范能够满足公共部门不断变化的需求。这些基本规范的遵循规则应用到所有的公共部门，任何专业数据的交换都必须以 E-GIF 互操作性、共享性为标准，不能与之相抵触，因而能减少数字鸿沟，消除部门机构间交换信息的障碍。

（二）政府—企业电子政务信息资源共享互动模式

电子政务信息资源共享需要政府牵头，也需要企业及其他组织的参与互动。政府的角色正从“无所不包”型向“无为而治”型转变，国外许多国家在实施电子政务信息资源共享时，明确政府自身的角色及职责，将各个企业实体成功引入电子政务信息资源共享的互动模式中。

电子政务信息资源的建设周期长，需要政府从宏观进行掌控，将其纳入正轨。从宏观规划看，以美国为例，各地方政府是电子政务建设主要主体，为电子政务建设指明战略性目标、制定战略性规划，颁布一系列的电子政务政策法规，如《政府文书工作削减法案》、《信息技术管理改革法案》、《电子政府法》、《电子政务实施指导法案》、《电子签名法案》等，并建立专门机构，统一规划领导。美国联邦政府专门成立了信息基础结构特别小组，主导一系列电子政务项目工程的建设。美国联邦政府非常重视电子政务信息

① 杨吉江，刑春晓．国外典型电子政务顶层设计的比较研究［J］．电子政务，2006（3）：10.

② 广乾译．英国政府电子政务互操作框架（E-GIF）．［EB/OL］．［2007-10-25］.http：//dianzigood.blog.sohu.com/68330410.html.

技术的建设，在21世纪初的五、六年间，美国联邦政府对电子政务信息技术的投资增幅达10%。此外美国政府设立了“电子政府专项基金”，2003年投入4 500万美元，2006年增到1.5亿美元[①]。2012年，美国联邦政府投入2亿美金，主要用于政府大数据分析，囊括了医疗、天气和国防等相关领域。苏联建成一个国家经济信息管理系统花了几百亿卢布，用了近10年的时间，其成功经验就是由政府全盘主导。与此相同，新加坡的政府信息建设每年都要投入大量的资金，特别是新加坡“Infocom21”计划的实施，仅在2001—2003年每年就要投入15亿新元，作为政府部门引进信息技术进行电子政务建设的专项经费[②]。新加坡政府非常重视政府信息化投资，特别是资讯通信行业已成为新加坡经济的主要驱动力，投资比率逐年上升，2012年度较之往年实现了23%的增长，信息化行业总收入达到1 020亿新加坡元。多年来新加坡政府积极投资于电子政务信息化建设，成效显著。日本早稻田大学近期的相关研究成果表明，2013年新加坡的政府信息化综合得分为94分，排名全球首位。

国外电子政务信息资源共建共享中，企业是主要参与者，在完善政府信息资源采购、电子政务外包制度中起着重要的作用。如美国电子政务发展的一个重要特色是鼓励私营企业参与电子政务系统的开发与应用，而不是政府部门全部包揽。美国各级政府都致力推进政府部门间IT服务外包，电子政务外包费用以年均18%的速度增长。从1993年开始美国教育部的IT系统外包给了ACS公司；美国运输安全局以1亿美元外包给了Unisys（优利）集团；EDS集团则以8.8亿美元的费用承包了海军舰队兵团内联网项目。英国政府与EDS公司建立长期战略合作伙伴关系，合作开发出了基于网络的税务应用系统，建设了完备的所得税自核自缴系统、呼叫中心系统、数据仓库系统，减少了6个数据处理中心，解决了千年虫等问题，节省资金约2.5亿英镑，开发成本降低了约15 %。新加坡政府大力扶持IT服务企业的发展，非常重视政府与私营企业的紧密伙伴关系。墨西哥政府建立了良好的政府部门与私营电信企业的战略伙伴关系，解决了电子政务建设中政府联网以及资金短缺的问题。南非政府税务总局与私营企业合资建设的南非电子税务系统是近年来南非较成功的政企合作项目，取得了良好的成果[③]。

提高电子政务信息资源共享的效率、效果，节约建设资金，是企业及其他非政府组织参与电子政务信息资源共建与共享的重要原因。电子政务信息资源的自建模式只能通

① 戴昌桥．美国电子政务建设模式探析［J］．中国行政管理，2010（6）：100.
② 娄策群，刘光容．国外电子政务发展的经验及其对我国电子政务发展的启示［J］．图书情报工作，2006（6）：52.
③ 卢娜．国外电子政务外包的经验与启示［J］．时代经贸，2008（3）：50.

过政府自有的资金、力量来建设、维护、管理和更新，虽然其硬件、软件的最终成果属于政府，但这种固有的模式还是束缚着电子政务的发展。形成政府—企业的互动模式，推行电子政务外包制度，可以扩大电子政务成功实施的范围和提高其运行效率。美国企业是美国电子政务建设主体，政府和企业互动形成了三种模式：合作模式、外协外包模式以及整合模式①。在合作模式中，政府提供电子政务项目规划蓝图，全程监控企业的电子政务信息资源建设，却没有要求任何资金的注入，企业负责电子政务项目的系统分析、系统设计、系统运行甚至系统评价，利润从建成后的电子政务系统的使用费和创造的收益中获取。在外协外包模式中，政府拥有电子政务系统的控制权、所有权和对企业的监控权。政府作为项目建设的组织管理者的同时，负责对电子政务项目进行招标、投标，合同的制定、签署及管理工作，直接向每个外包商分配任务，同时对项目的建设质量、资金投入的进度进行全面监督和控制。企业则需要完成政府委托的电子政务系统的设计、开发、建设乃至系统的运行、维护等任务，并从投资中获取收入。在整合模式中，政府出资负责一些内部保密性较强的电子政务信息资源的建设，而企业则对电子政务项目的一些扩展功能、对外接口、资源整合的相关项目进行投资建设，最后将两者进行整合对接。公民和企业可以利用这个可扩展的电子政务系统办理相关业务，而企业则从某些收费项目中获取利益。

（三）基于知识管理的电子政务信息资源共享模式

知识管理是对社会知识捕获的一种过程。基于知识管理的电子政务信息资源共享模式就是要充分利用知识管理的思想和方法，致力于基于系统自身的学习能力和社会公众的思维方式，按照知识概念体系来组织和提供电子政务信息资源，并对电子政务信息资源内容进行深层次的探索、管理和利用，以实现电子政务信息资源的共享②。具体共享模式框架如图 1.3③ 所示。国外发达国家在建设电子政务信息资源时注重知识管理思想的应用，并取得了较好的实践应用效果。

1. 知识管理思想在美国电子政务信息资源共享中的应用

（1）政府信息门户“一站式”的协同服务。基于知识管理的思想对各政府门户进行系统集成，对电子政府的各种服务功能进行整合，实现资源共享，并提供统一的服务入口。

① 戴昌桥．美国电子政务建设模式探析［J］．中国行政管理，2010（6）：101.

② 李伟．电子政务与知识管理［J］．科技信息（学术版），2006（9）：401.

③ Zhitian Zhou，Feipeng Gao.E-government and Knowledge Management［J］.International Journal of Computer Science and Network Security，2007，7（6）：286.

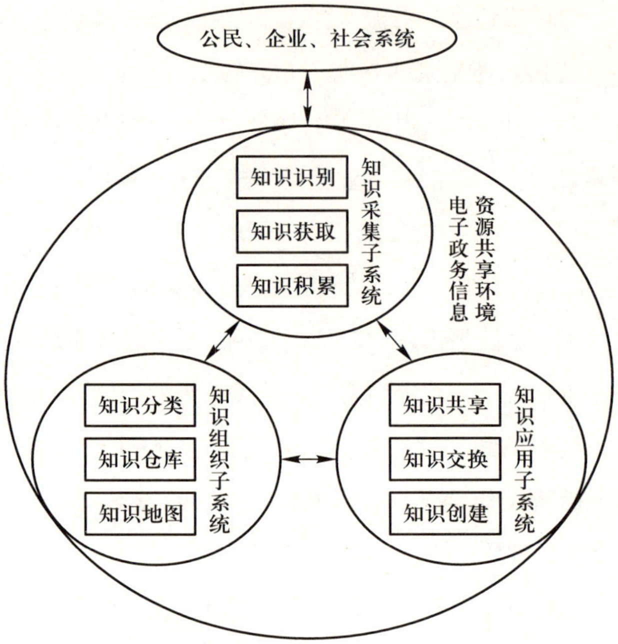

图 1.3　基于知识管理的电子政务信息资源共享模式

基于政府信息门户推出“一站式”（one stop）服务，使企业、公民、各社会团体对一些政务信息、便民信息可以方便地跨库联机查询，例如缴纳税费、投票选举、驾照申请等各种服务。

（2）建立电子政务信息资源共享的知识中心。知识中心包括知识获取、知识规划、知识精炼、知识库整理的一系列工具。美国通过近年的努力已建立了较为统一有序的电子政务信息资源共享知识中心，采用了一系列技术标准对跨地域电子政务信息资源实现了分类、共享、集成，确保了政府数据库文档的兼容性和可靠性，为信息的市场化和增值服务的开发提供了良好的环境。美国电子政务建设注意以公众为核心，着重于提高公众满意度、提高政府工作效率及服务效能，注重建立健全电子政务信息资源共享的底层技术构成①。美国电子政务的发展实践表明，检索语言在电子政务信息资源共享中的应用处于非常关键的位置，一些受控语言诸如主题词表在政府网站检索和浏览中发挥了重要的作用。例如通过电子政务主题词表 ANSI/NISO Z39.19 严格的语义内涵和位属关联，创建全部电子政务信息资源在主题层的映射关系，以实现组织信息和检索信息的功能，达到电子政务信息资源有序化的目的。对电子政务信息资源的使用者采取了主题、逻辑分类，

① Whitson T.L.，Davis L.Best practices in electronic government：Comprehensive electronic information dissemination for science and technology [J] . Government Information Quarterly，2001（18）：80.

体现了以用户需求为导向的建设目标，从而使用户在进行电子政务主题词表查询时能够通过多种检索途径方便快捷地进行查找，满足了用户的需要[①]。值得一提的是，美国部分州政府网上主页提供了一些特殊软件，专门供盲人、聋人和不以英语为母语的网民使用，很大程度上提高了政务查询的便捷性。

2. 英国政府的知识管理系统

在政府内部信息资源共享上，英国走在了世界的前列。英国政府于 2001 年 2 月正式开通“英国在线”（www.Ukonline.gov.uk），同年 12 月 13 日成功组建 LEARN 网（Levering External Advice and Relations Network）[②]，正式实施知识管理战略。知识管理系统实现了知识网络系统的发布，构建了政府各部门间的安全内域网，确保政府及用户对所需数据、信息进行联机检索和查阅；注重政府知识网络平台的交互性和兼容性，并配以完善的管理措施保证各部门协同工作，实现“无缝隙政府”信息服务的共享、交流。英国政府还颁布了《政府机制改革：文件、信息与知识的移交指南》[③]，探讨了信息迁移在政府管理活动中的重要作用，分析了文件迁移所需要的步骤并拟定了操作规定及方法，明确了文件输入输出机构的角色、分工与责任，保证电子文件信息迁移过程的安全有效，保障知识和信息的有效利用。英国政府的知识管理系统推动了部门间的广泛合作，在更高层次上实现了政府信息的资源共享。

3. 新加坡的“电子公民中心”

新加坡“电子公民中心”（e-Citizen）体现了知识管理的思想。它是一个三维虚拟社区，政府、企业、公众拥有一体化整合、一站式办公、一站式体验等强大功能，从知识集成、服务集成、体验集成三方面实现了真正的人性化的一站式服务。新加坡“电子公民中心”这种创新式的电子政务体现出鲜明的特点，主要可以归纳为以下四个方面：①以生命周期为基础，以公民和企业为导向进行整合；②公众对电子政务服务提供者和服务获取方式具有选择性；③注重政府内部各部门之间的政务服务整合；④推广电子政府外包形式，在系统构建和提供系统服务时倡导与私营企业密切合作。新加坡“电子公民中心”的这种“许多机构，一个政府”的形式，以极低成本实现了政府与社会资源的无缝整合，实现了具有高度交互性、时效性、个性化的全方位服务的“虚拟政府”。

① 高洁，张辉，宋丽萍，张庆一 . 基于知识管理思想的电子政务信息资源共享模式研究——天津市电子政务信息资源共享体系建设对策思考［J］. 电子政务，2008（11）: 66.

② 张少锋，万春蓉 . 电子政务环境下政府知识管理探析［J］. 情报探索，2010（2）: 45.

③ 杨扬等 . 英国政府信息化战略变化分析——文件、知识与信息管理的相关战略及实施［J］. 北京档案，2010（6）: 36.

新加坡“电子公民中心”有两大模块，电子公民中心和政府电子商务中心，为公民和企业提供相应的政务服务。电子公民中心根据地域属性和权域属性的不同，将每一个人的人生过程划分为许多阶段，公民只用一个用户名和密码即可在每一个阶段里得到相应的政务服务。特色分明的各种电子政务服务在所有的政府服务驿站里都有提供，可以找到一组与客户相互关联的服务包。例如，在就业模块里，可以找到诸如专为雇主设计的如何雇佣员工的服务包，专为求职者设计的寻找工作服务包，以及为退休人员、外国人提供的各种服务包①。

（四）基于服务流管理的电子政务信息资源共享模式

服务流管理（Service flow management，SFM）泛指所有服务业对其所提供的服务活动的规划、设计与执行活动。电子政务信息资源管理共享中涉及的服务流管理，应该是政府为了提高信息资源交互、共享率，为了提高电子政务实施的社会满意度，基于服务流程的原理，对电子政务服务系统进行规划、设计、维护的一系列活动，包括政府和企业、政府和公民及其他社会团体之间信息资源的互动服务与协调共享等，其具体服务流程如图 1.4 所示。政府将服务流理念带给所有的电子政务参与者（政府官员、公共部门管理者、软件开发者、屏幕设计者、公民、企业等），由于是基于服务流程的管理，较之工作流而言可以更好地服务用户，所以起到了政府信息资源有效整合和共享的作用②。

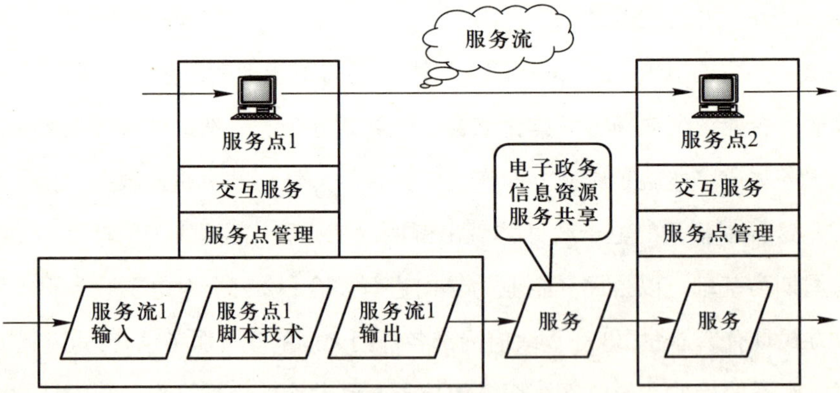

图 1.4　基于服务流管理的电子政务信息资源共享模式

2000 年 9 月，美国政府开通了“第一政府网站”（www.firstgov.gov），该网站包含了政府管理和服务的所有职能，变成了真正意义上的政府电子政务业务的大本营。美国政

① 新加坡电子公民中心 .［EB/OL］.［2010-11-01］.http：//blog.sina.com.cn/s/blog_67f26a870100n0s5.html.

② Klischewski R，Wetzel I . Service flow Management：caring for the Citizen's Concern in Designing E-government Transaction［C］. Proceedings of the 35th Hawaii International Conference on System Science，2002：1 637~1 646.

府在线服务流管理的基本思想是以公众为中心、以“一站式”电子公众政务为目标、以“服务链”为纽带[①]。主要体现在：首先，把政府内部的上下级和部门间的业务关系由原来的单纯行政机制转变成平等的相互服务关系，政府内部的每个部门和个人既是服务“提供商”，又是服务的接受者，即互为“服务点”；其次，把每一次服务请求当成是向政府下一次“订单”，把每一次政府提供服务的过程看成是一次执行“订单”的过程，从而形成以服务流为中心、上下级和岗位之间相互咬合、信息资源服务互为共享、自行调节的“服务链”。

电子政务信息资源服务流是在一定政务规则约束下的一套政务循环活动，通过接口与其他服务流程相链接，这类似于电子商务信息活动。电子商务信息服务流程通过一些电子链的组合，被分包给网络上的各个实体以及企业的内部业务部门。其中的关键要素包括商务规则、循环、接口和分包等，因而现实中的企业商务服务流越来越非线性化，形成一种弹性的、互动的、在整个价值网络上交错流动的模式。亚马逊作为全球 B2C 模式的代表，一直在信息服务经营模式上有诸多创新，但其关键核心因素还是在于“以顾客为中心”，以服务为导向，如设计个性化服务的选书系统，建立顾客电子邮箱数据库，建立顾客服务部，并时刻保证各个服务点数据、信息的交互、畅通及共享；搜索巨头雅虎从搜索引擎起家，很快发展到建立门户网站，通过网络广告获得现金流，进而通过收购战略，谋取内容提供服务商的资源，成为“多频道服务”提供商，联合网上和网下的同业者，实现商务信息服务集成、共享，进而拓展网络服务，取得了巨大的成功[②]。借鉴电子商务信息资源的服务流管理模式，对促进电子政务服务建设有着较强的现实意义。

近年来，国外学者非常重视电子政务信息服务管理研究，从服务共享、服务定价、服务策略、服务定制与个性化以及从政府之间服务的合作与协作、服务的安全以及服务效果的评价等角度开展电子政务信息服务研究。众多学者纷纷从管理视角研究怎样保证电子政务信息服务的顺利整合、共享和实施，以便公民能够享受高质量服务，自由选择他们的学校、医院、医生、社会住房，以及由公共捐款提供的任何服务，摒弃低质量的服务，实现个性化的电子政务服务，推进电子政务服务节点的资源整合与共享，使得电子政务信息服务更为高效，甚至能预测公民行为[③]。

① 覃正，李艳红，黄骁嘉．中美电子政务发展报告［M］．北京：科学出版社，2008：91，95.

② 荆林波．信息服务与经营模式［M］．北京：经济科学出版社，2005：9，91，113.

③ 李阳晖，罗贤春．国外电子政务服务研究综述［J］．公共管理学报，2008（4）：119.

二、国外电子政务信息资源共享模式的启发

欧美发达国家电子政务的建设在时间上早于我国，而且电子政务信息资源的共享程度、居民的电子政务满意度指数也高于我国。由于我国的国情及其政体和国外一些国家有所区别，不能照搬照用，但国外电子政务建设的一些技术层次、共享模式甚至于发展规划等给我国电子政务的建设提供了较好的模板，一些成熟的经验值得我国借鉴。

（一）从全局规划电子政务信息资源共享

电子政务信息资源共享的理念是全局性的、全方位的、系统整合的创新性理念，要求从国家的角度考虑各个地区与各个部门的电子政务信息资源的需求，进一步进行优化配置，促进全国各地方政府、各部门的政府信息资源的互联互通，树立共享、共赢的理念，消除数字鸿沟。这些工作需要国家从人力、物力、财力等方面给予大力支持，特别是应从宏观层面协调处理各地信息资源需求，建立和电子政务信息资源共享相关的保障机制，促进电子政务信息资源在多层次、多渠道实现共享，因而政府的角色定位尤为重要。美国电子政务工作起步较早，始于20世纪80年代末90年代初。因为当时财政预算赤字很大，国会和选民都要求政府提高行政效率，特别是要大力削减财政预算。克林顿总统在1992年就任时就推行电子化的“少纸”政府。1993年，美国政府在政府服务方面的弊端日益明显，因而更加明确与网络技术结合的“电子政府”是政府改革的一个重要方向。到2001年，美国总统布什确定从“以信息技术为中心”转变为“以公民为中心”，作为美国电子政务发展的战略规划和目标，这是美国政府电子政务发展中划时代的标志。所以，实现美国各地方政府间政务信息资源共享，大力推行电子政务信息资源建设，提高公民的电子政务信息资源利用率一直是美国总统管理议程的重要组成部分①。1994年起，英国开始电子政务建设，先后颁布了《政府现代化白皮书》、《信息时代公共服务战略框架》和《21世纪政府电子服务》等一系列规划。2001年1月，英国政府建立了政府网关，它不仅推出了全年365天、全天24小时的“无缝”服务，还把公民网站、商业和部门网站与政府的办公室系统等安全便捷地连接在一起，从而完成了电子政务信息资源的共享②。

（二）继续完善政府门户网站建设

政府门户网站是政府对社会公开发布政府信息资源、提供信息服务、实现信息资源共享的重要模式。建设功能强大的政府门户网站，毫无疑问能带动其他电子政务信息资

---

① 覃正，李艳红，黄骁嘉．中美电子政务发展报告［M］．北京：科学出版社，2008：7.

② 董礼胜，雷婷．国外电子政务发展概况及发展前景分析［J］．电子政务，2009（11）：103.

源共享模式的发展，取得更大的社会经济效益。政府网站建设是美国地方政府电子政务建设的重要内容。2008年美国政府在人口30 000人以上的地方，实现了100%的政府网站开通率。美国政府网站的电子公告板功能，是政府信息公开、共享的主要渠道，所有居民都可以通过网站查询到任何法律规定应该公开的政府业务流程和政府文件信息资源。另外，美国政府门户网站大都实现了信息资源的集成，将政府网站前台和后台业务系统的数据进行整理集成。美国居民使用政府网站能够随时查阅自己财产税的评估情况并进行在线缴纳，还可以随时调阅房屋的地图和丈量、评估数据，财产税的缴纳历史记录等①。这种功能强大的政府门户网站能够将个性化服务提供给不同群体，比如，用户要求制作的主页能够显示标题链接、应用和特定的政府信息，网站可以依据每个用户的爱好和需要，制定相对应的动态信息内容。美国许多政府门户网站可扩展性功能较强，服务项目拓展到多种电子商务应用、电子业务中心等。因而完善的政府门户网站为实现政府与政府、政府与企业、政府与公民间的信息资源共享提供了统一的平台，强化了政府与民众的联系，提高了政府的运营效率。

（三）注重信息技术在电子政务信息资源共享中的应用

欧美发达国家在建设电子政务信息资源时特别看重信息技术的实践应用，以实现各种异构信息资源的访问及交互，建立纵横交错的政府信息资源共享平台。美国第一政府网站的建设、web服务及数据库建设中大量运用了XML技术和方法。XML（extensible mark up language，可扩展标记语言）是一种能够为特定文档和领域创建标记语言的源语言，在电子政务信息资源交互中具有开放性、自描述性、跨平台及数据共享的强大能力。国外一些电子政务信息资源建设中为了提高了政府网站浏览和检索的功能，采用了主题词表等受控语言，建立电子政务主题词表。另外，结合一些知识管理软件如知识采集、知识编码、知识分类、知识挖掘等，创建电子政务知识库和知识地图、智能决策支持系统等知识管理技术，充分挖掘政府进行知识管理的潜力，从而进一步整合电子政务信息资源，促进政府服务经验和知识的充分共享和有效利用②。并且，国外电子政务的建设非常重视建立统一的数据采集和存储中心，大力提高信息的采集和存储服务③。电子政务数据采集中心的建立必须了解政府各部门的信息需求，详细分析政府各部门工作流程，针对政务

① 曾宇航．地方电子政务：美国的经验与启示［J］．特区经济，2010（9）：95.

② 高洁，张辉，宋丽萍，张庆一．基于知识管理思想的电子政务信息资源共享模式研究——天津市电子政务信息资源共享体系建设对策思考［J］．电子政务，2008（11）：66.

③ 董海欣．电子政务环境下政府信息资源共享模式与运行机制研究［D］．吉林大学 .2009：72.

信息规范化和标准化的要求，形成统一的政府信息采集计划。政府统一投资对采集的数据进行加工处理，建立面向政府不同业务部门的公共信息数据库。经过详尽的数据采集、共建工作，电子政务信息资源的数据交换与政府信息共享就基本实现了。

（四）电子政务信息资源共享中的外包模式

政府电子政务信息资源建设资金的有限性，政府自身信息资源管理能力的局限性，以及信息资源的广泛性和复杂性，使政府部门难以对遍布社会各行各业、各类主体的信息进行有效地收集、加工、整理、分析。随着 IT 企业近年来的迅速发展，国外政府通过外包模式建设电子政务信息资源的现象越来越普遍。经过多年的实践，电子政务信息资源外包模式已经成为政府提高效率、精简机构、减少开支、专业服务的发展方向。政府以各种形式将电子政务信息资源的维护和采集、处理等过程外包，费用由政府按约定付给应用服务提供商。美国电子政务尽管是为政府服务，但大部分由私人企业来承担，IBM、EDS、SAIC、CSC 等 IT 公司承揽了美国联邦政府多数项目，美国政府近年来大幅度增加 IT 外包预算。美国联邦政府 2002 年 IT 外包费用为 66 亿美元，2007 年则达到了 150 亿美元，外包费用年增长率直线上升[①]。我国香港特别行政区秉承“以客为本的一站式服务”宗旨大力发展电子政务，近十年推行了如“生活易”公共服务电子化计划（www.es-dlife.com）、计算机化社会保障服务、“香港教育城”计划（www.hkedcity.net）、土地注册服务、政府电子采购服务等重大政府资讯科技开发营运外包项目，信息资讯科技项目外包金额占香港政府资讯科技工程总开支的 84% 以上[②]。

（五）建立健全电子政务信息资源共享的保障机制

国外电子政务信息资源共享的实践证明，建立健全电子政务信息资源共享的保障机制，是完成电子政务信息资源互联互通及构建统一的信息协同服务平台的重要前提。美国联邦政府以立法形式对政府信息资源管理活动进行规范，在从传统信息资源向数字信息资源发展的过程中，对法规体系不断进行修订和完善，并落实到机构和制度等可操作层面，形成了完善的政府信息资源法规体系。美国联邦政府于 1993 年和 1998 年分别颁布了《绩效评估法》（Government Performance and Results Act）和《政府文书削减法》（Government Paperwork Elimination Act），进一步完善政府的信息资源管理法律制度。此外，《电子信息自由法案》（The Electronic Freedom of Information Act）、《隐私法》（Privacy Act）、《消费者与投资者获取信息法》（the Consumer and Investor Access to Information

① 程明光，徐立，金一．从美国电子政务运营模式看信息技术外包服务［J］．信息网络，2008（6）：29．

② 卢娜．国外电子政务外包的经验与启示［J］．时代经贸，2009（3）：50．

Act)、《电子政务法案》(The E-Government Act)、2002年通过的《联邦信息安全管理法案》和大量OMB发布的规则、政策分别从不同的角度和程度对信息管理相关问题做出规定，从整体上构成了政府信息资源管理的法律基础和框架[①]。此外，德国也推行了《信息和服务通讯规范法》，俄罗斯则有《联邦信息、信息化和信息保护法》，英国完善了《政府信息公开法》。另外，各国还制定了从网站建设到后台基础建设等一系列标准，这些都为电子政务信息资源的推广发展给予了有力的保障。

电子政务信息资源共享的真正目标是提高政府信息服务的效率，建立良好的政府与社会公众的关系。当前，国外电子政务信息资源共享模式主要“以公众为中心”为主线来展开电子政务信息资源的建设。我国电子政务信息资源共享的建设，不能完全照搬国外电子政务信息资源建设的模式，必须去其糟粕，取其精髓，改变观念，发挥政府主导的优势，让各社会团体、企业及公民参与到信息资源共享的建设中，逐渐形成具有中国特色的电子政务信息资源共享模式。

① 政府信息资源共享案例研究(3). 美国联邦政府[EB/OL].[2009-04-13].http: //blog.sina.com.cn/s/blog_3f6c69420100dik1.html.

第2章　电子政务信息资源共享的主要理论依据

第1节　信息流程与信息资源优化配置理论

一、信息流程的构成要素与信息流动特点

（一）信息流程的构成要素及其层次结构

信息流程，通常来说是指通过信息输入以及输出的过程来实现高效服务的数据流，目标主体是公民和社会，并由多方参与者共同协作。信息流程必须具备以下几个要素：①信息的输入与输出；②信息传播的中介；③信息传播的重点在于目标与结果而非行动与手段。

信息流程主要有三层含义。首先，信息与信息传递密不可分，信息发送者与某个信息接收者或某个信息通道载体之间相互依附，紧密联系。信息论的奠基人申农在其论文《通信的数学理论》中提出了信息传递的一般流程模型。该模型指出，从信源发出的消息，经过编码后通过信道传输给接收者，接收者通过译码器将收到的信号复原成信源发出的原消息。其次，信息之所以能传递，是因为信息能消除某些不确定性，增强其认知能力。从这个意义来说，信息就是对不确定性的消除，是两次不确定性之差，是有意义的消息序列集合。第三，信息与信息沟通紧密联系。信息沟通着重于信息传递的效果，而用信息反馈的形式来表现信息传递。信息的价值要通过传播才能实现，这就涉及信息流程的构成要素问题。

电子政务的信息流程的起点是政府有关部门输入各种信息和公民需求，终点是政府有关部门最终处理有关信息并提供让公民满意的一系列服务活动。它包含以下 4 个要素：①有特定的信息输入与输出；②多个政府部门进行组织是执行信息流程的必经程序；③重视目标与结果，而不是信息传输的行动与手段；④信息流程都与政务管理、服务流程紧密相关[①]。电子政务信息流程的构造结构是一个层次型结构。这种层次性结构，一方面针对政府各职能部门的地位，另一方面针对政务业务活动的内容。从理论上看，任何一个政府的信息流程目标，都可分解为层次型的树状结构，如图 2.1[②] 所示。

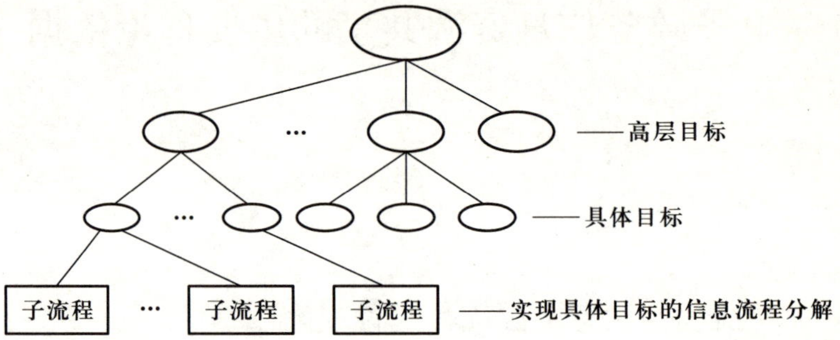

图 2.1　信息流程层次结构

（二）信息流程的理论模式

基于信息流程的理论模式是在概念分析的基础上，通过研究信息流程相关数据及运算方法，从而得出信息流的过程模式。一般情况下有四种信息流程模式：直流模式、分流模式、合流模式和回流模式，如图 2.2 所示。

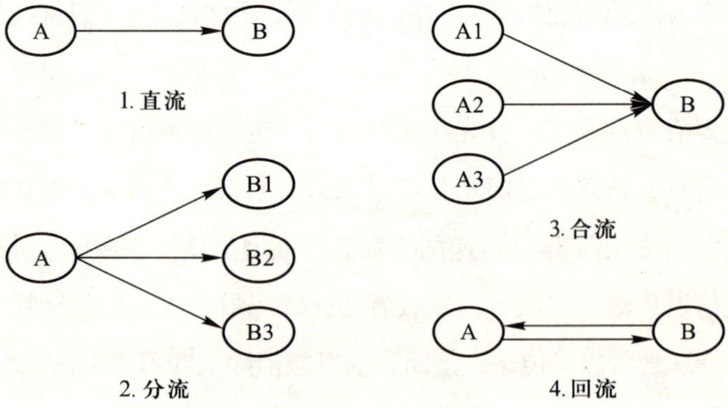

图 2.2　信息流程模式

① 曹学艳，韩婧等．基于成本计量的电子政务信息流程再造研究［J］．成都大学学报（社会科学版），2012（6）：26.

② 周毅．电子政务信息流程的构建研究［J］．图书情报工作，2004（3）：87.

在图 2.2 中，信息流程中的两个关键点表示为 A 与 B，箭头线表示两个点之间的信息传动与两点之间的内在意义。

1. 直流模式

信息流程中直流模式是最根本的形式，它主要是信息组织中信息节点之间单对单的信息传输。此模式常指信源与信宿间呈逐一对应，信息流动在两个节点之间。

2. 分流模式

分流模式表示信息组织中信息节点之间一对多的送达，即将一个信息点分享给多个信息点。这种模式具有两种形式：第一种形式——及时送达信息无需条件约束，比如一些通知报告等；第二种形式——及时送达信息需满足某些条件限制，如资料按行政系统、机要室所收文件和党政系统分别处理。但是，在整理过程中通常要与信息的发布相对应，整体来说比较容易偏向从一个信源传递到多个信宿。

3. 合流模式

这种多对一的送达通过信息节点之间完成，即将多个信息资源集合到一个信息点的模式。最典型的合流模式是机关之间的会签。合流模式一般是收集多种信息资源，多个信源向一个信宿提供相关信息。如各机关单位向统计局报送有关数据等。

4. 回流模式

如稿件的驳回等，就属于信息在机构中各信息点间形成有效的回流。信息的回流经常出现在各类信息资源的整合过程中，如反馈出错信息和应答请求等。

信息流转活动基于起始条件和终止条件可分为四种状态，即不活动状态、活动状态、暂停状态和完成状态，依据结果可分为信息流转的成功状态与失败状态。在信息流动程序中应对信息做出相应限制，以期能有效监测及控制信息资源的流通。对信息资源的重组与规划称为整合过程。一般而言，在信息的整合过程中，通过规定信息流转因素能有效控制信息资源的流转①。

（三）信息流动的主要特点

信息资源是一种客观存在的形态，具备“量”的累积效应，作为一种生产和生活资源，它可为社会创造财富。同时，在网络里，信息以计算机可识别的形式存储于网络的某一节点，在需要的时候可通过全球互联网传向任何一个合法互联网终端用户。随着信息流动的内容与形式越加丰富，信息流动的用途、形式、使用度和领域将步入一个崭新的高度。

① 秦琪．加强办公自动化建设 提升公文流转效能［J］．管理观察，2013（34）：190~192.

同时，由于信息流动在信息社会中所起的作用日益突出，信息流动已成为信息资源配置的重要方式。具体地说，信息流动主要表现出以下几个特点：

1. 信息流动的交互性

在当今网络环境下，信息流动往往呈现双向、互动的特点。信息流的输入与输出及信息传播的中介角色往往可以互换，以充分达到信息流动功效最优化的目的。信息传播中介多种多样，用户可以到网上数据库、电子图书馆中查询自己需要的信息，也可向互联网传输信息或通过电子邮件进行交流，信息流动的交互性较以往大大增强。

2. 信息流动中信息资源的共享程度增强

信息资源具有共享性，共享的时间和空间在网络环境下能最大程度地延伸和扩展。信息资源被传输到互联网后，不但能为本地用户提供便捷服务，而且其他用户也能通过互联网共享。由于网络环境的不断完善、网络用户数量的增加和用户信息消费需要强化，信息流动对信息资源共享的依托越来越明显，在网络环境下展开的信息流动已经不是单向的信息流动，而是多向扩散的信息流动；已经不是间断性的信息流动，而是已演化成为链式的信息流动。

3. 信息流动表现形式的多样性

在当前信息爆发的社会环境下，信息资源的流动引入了多媒体形式，如文本数据、图形、图像、声频和视频等。信息流动在网络环境下的复杂性和多样性大大增强，同时也是信息资源优化配置的重要前提。

4. 信息流动中的“分离化”倾向

网络信息流动过程中所显现的“分离化”倾向主要表现为：

（1）以单独形态发生流动。信息以物质化的信息资源要素（如信息人员、信息系统、信息设备等）形式出现，同时以知识或“软要素”等虚拟或概念性形态出现，通过互联网环境使其成为信息流动中的重要组成部分。信息可以变成商品进行交换，从而形成信息贸易。在整个流程中最应该关注的是，信息基于一种虚拟商品，可以像普通商品一样进行贸易交易，以单独形态发生流动。同时，互联网作为当今社会中主要的信息传递手段也为在更开阔区域内直接进行的信息贸易提供了便捷性。

（2）明确地规定信息使用权和信息所有权之间的关系。公民作为信息资源主体需求者，在需要搜寻某种信息资源时，完全可以依据所需求信息以及信息化目标，通过互联网媒介实现对网络信息的“搜寻与存取”，从而使其信息资源配置流程一直处于动态过程中。信息资源配置主体对网络信息的“存取与搜寻”并不以占有或拥有信息作为前提，而主要是通过无偿或有偿的方式获得信息的使用权，并在此基础上建立起自己的“虚拟馆藏”[①]。

二、信息资源优化配置的形式及其基本规律

（一）信息资源优化配置的主要形式

信息资源配置是在一定时间和空间中进行的，信息资源不仅具有时间、空间的分布特征，而且还具有类型特征。所以，信息资源的有效配置离不开信息资源空间和时间这两个矢量，这两方面相互紧密配合，形成不同的特征和要求。从这两者的特征进行讨论，信息资源优化配置主要有两种形式，相对于空间矢量，信息资源配置表现出信息资源流动的概念；而对于时间矢量，信息资源配置则表现出信息资源积累的概念。

1. 信息资源的时间配置形式

信息资源时间配置形式是信息资源在时间坐标轴上的显示方式，在时段上有大小之分和连续与不连续之分，这种配置在时态上又有过去、现在和将来之分。信息资源本身所含有的时效性决定信息资源在时间矢量上配置的商业价值。信息资源有效配置的难点在于如何让无规律的信息在时间矢量上进行有效配置。要达到最优化配置，除了要具备理论知识，还要有相关实际配置的操作经验。着眼于时间序列，在一定空间中信息资源要素随着时间推移而发生量的扩张和质的演进，这就是信息资源的积累。信息资源积累主要体现在三个方面：信息资源要素在量上的递增，在质上的飞跃，在结构上的完善[②]。

2. 信息资源的空间配置形式

信息资源的空间配置形式主要指的是信息资源分布在各种行业以及领域之间，实际上是指在不同使用方向上的分配形式。信息资源空间矢量配置的形成条件指各领域之间经济实力的阶梯性，以及信息资源内容本身的差异性，它们与互联网终端信息需求发生化学反应，产生区域间信息资源的交流，进而引起区域间信息资源结构上的不同。信息资源在空间矢量上有效配置的任务就是寻求一种最佳方式来影响权重及排列组合，以使信息网络中信息资源的开发利用取得最佳的效益[③]。而在信息资源空间配置上，主要通过集中、扩散、交换等方式来推动信息资源的流动。着眼于空间配置形式，在一定时间内

① 周毅．资源流动，信息资源配置的基本形式［J］．图书情报工作，2001（7）：37.

② 周毅．信息资源宏观配置管理研究［M］．北京：中国档案出版社，2002：80~84.

③ 贾晋．信息资源配置的理论研究［D］．华中师范大学硕士学位论文 .2010：12~13.

信息资源要素随着空间变迁而发生的量与质的转移、交换等现象，形成了信息资源的流动。信息资源的流动在整个过程中不可能独立完成，必须借助一定的形式才能实现，这些形式可分为社会性（组织性）形式和操作性（过程性）形式两个层面，而社会性形式又包括越境信息资源流动、国内区域间信息资源流动、产业间信息资源流动以及部门间信息资源流动等几个相关层次。

（二）信息资源优化配置的原则

信息资源的合理优化配置因流程繁琐，涉及要素过多导致信息资源管理成为一个庞大的系统管理工程。因此，要实现有限资源进行最优化配置的目标，就必须遵循一系列信息资源优化配置的原则。

1. 成本效益原则

企业所追求的目标始终是效益最大化，而极少有人去研究成本与效益之间的联系，这就造成了信息资源的流失。信息资源优化配置原则的重中之重就是加大信息资源的使用效益。因此，资源配置为了迎合社会经济和建设的需要，需注重满足社会需求，以满足用户为前提。在目前信息产业化的背景下，信息部门为了迎合社会的需求，提高信息资源的利用率，更应生产和调配出与之相适应的信息产品。在配置信息资源时，应对成本效益进行评估，力求将资金用在关键之处，使其发挥最大的社会效益与经济效益。

2. 集中与分散结合的原则

通常在信息资源建设中，经常会出现因各部门缺乏组织、领导以及协调而造成整体资源规划欠妥、资源流失等一系列问题。因此，集中布置信息资源是必不可少的。信息资源的集中布置反映经济规律的客观要求，保证每一项信息资源都能释放出最大效益。信息资源集中的目的是充分利用多个信息源之间信息资源的相互弥补及相互促进的特点，通过互联网技术从各数据库资源的大量数据中挖掘出有潜在价值的信息，提高信息检索的质量，并对信息进行总体布局，各守其位，开拓进取，同时又相互补充，防止对网络信息资源进行重复配置。这样既节省了物力、人力和财力，也使工作效率得到了一定提高。信息资源的分散，是相对于集中而言。我国整体网络信息资源正努力朝着“百花齐放”、“重点突出”的格局发展，并在全面建设信息资源的同时进行局部地区的重点优化配置，这样不仅能提高信息资源的利用率，还能防止政府对信息资源的垄断。

3. 质量优先原则

信息资源优化配置的质量与信息自身质量相关，应务必严格监测信息资源质量。信息资源配置中高质量信息资源的高利用率，能带来更多的经济效益和社会效益。随着社会对信息资源需求的重视程度不断加深，信息资源的优化配置应将信息资源的质量问题放在首位，保证信息具有实用、真实、可靠和适时等性质。高质量的信息获得社会的支持后才能降低成本、提高效益。受网络普及程度和信息制作、信息服务水平的限制，目前信息资源配置存在很多问题，包括分布不平均、品种欠缺、服务水平参差不齐和优势不能发挥等。在这种形势下，我国信息资源的配置应形成规模效应，创出优势品牌。具体办法可采用把信息，特别是高质量、高效率的信息优先配置到基础和普及率较高的网络中，同时引入激励机制，提高信息制作水平和信息服务水平[①]。

（三）信息资源合理化配置的基本规律

电子政务信息资源相对于人们的需求而言是非常稀缺的。由于人为等因素的影响，信息资源的配置总是难以达到最优化。根据库普曼的观点：资源优化配置理论主要研究在特定消费者偏好和给定的生产技术下，怎样将有限的资源分配给产品的生产者以最大限度地满足人们的需求。因此，在对信息资源进行宏观配置时，必须考虑均衡性和非均衡性两种特点。均衡性指的是合理考虑国家地区的信息需求，兼顾公平和效率的前提，有计划地对国家、部门、地区、组织的信息需求进行公平配置；非均衡性指信息资源在社会结构中或地区之间可以重新分布，使信息资源得到第二次分配。因此，从理论上来说信息分布不可能达到绝对均衡。从一个国家国情来解读，信息资源的占有及生产力受到地区差异直接影响，所以，非均衡性成为信息资源配置的另一个重要特征。当信息资源合理化配置时，不论均衡配置还是非均衡配置都应遵从以下几点规律。

1. 信息资源配置机制选择的最优化规律

一般来说，信息资源最优化配置，体现的是以最小的成本获得最大的产出，使得效益最大化。从该规律出发，人们在对信息资源进行优化配置的时候，首先会从节约财力、人力、物力的前提去寻求最优配置，当然这种状况一般只停留在理想的状态，现实中由于外界的干扰很难实现。尽管如此，人们在运用某一信息之前总要考虑两个要素：第一是效益与消耗的比重，第二是这种信息行为是否能得到有效实现。信息资源配置行为涉及信息资源生产者、服务者、信息用户以及有关宏观调控管理部门四个组成部分，各个组成部分在进行信息资源优化配置时必须考虑低成本、高效益的原则，要选择容易操作、效益明显和低成本的实现机制组合。

① 刘水养．网络信息资源优化配置原则与模式新论［J］．医学信息，2009（4）：588.

2. 信息资源配置的信息积聚与扩散规律

在信息资源配置中用统筹效益与公平的原则去理顺一般规律与特殊规律之间的关系是信息资源均衡合理配置的重要根据。但是，均衡配置信息资源不仅仅包括信息资源空间分布均衡化，而且更关键的是信息资源呈现出一种运动状态，并不断产生一些具有向心力和离心力的配置极点。只要系统地过滤信息资源配置中的极点，适当调控信息扩散与积聚过程，则信息积聚与扩散水平势必会得到充分提高。

3. 信息资源质量配置与数量配置相互促进的规律

在信息资源的配置调控中，务必重视信息资源的调查工作，掌握信息资源的数量构成、基本状态、经济效益、获取源头以及更新渠道等。从这一意义上看，更新信息资源与完善结构，实质上就是在信息资源配置管理过程中通过质量与数量来维护信息资源系统[①]。

4. 支持性与核心性信息资源同步配置规律

在采用各类配置信息资源和机制组织的实践流程中，必须在支持性与核心性信息资源之间形成有序的信息资源要素关联机制，对此进行同步配置，才能充分实现信息资源共享。

信息资源合理配置的作用在于能推动社会的发展和进步，而且对社会公平的建立和维护具有根本性的作用。若不能实现信息资源的优化配置，就不能消除社会各利益群体间的信息不对称，也就不能实现社会的公平。因此，要提升国民收入水平以及加快国家进步的步伐，就必须对信息资源实施高效、合理的优化配置。

三、电子政务信息资源共享是信息资源优化配置的实践表现

电子政务信息资源共享的主要目标是建立网络社会的“一站式”政府办公新模式，以提高政府监管与服务意识、提升行政办公效率、完善政务信息、提高政府决策的透明程度、加强社会监督及管理为目标，运用各种方式实现信息资源共享。电子政务信息资源的共享，实质上指的是政务信息之间的互动。电子政务信息资源的流动和沟通，是信息资源优化配置的一种实践表现。

（一）电子政务信息资源共享中信息流的具体内容

1. 数据流

电子政务信息化工程由机关办公系统、政务信息共享平台（专网、内网）、监管信息

① 周毅．信息资源宏观配置管理研究［M］．北京：中国档案出版社，2002：300~301.

系统和政务网站（外网）组成。整个信息系统需要系统、联动而又高效的工作才能实现电子政务信息资源的真正共享。各个系统都会产生数据资源，从而在系统之间会形成较为复杂的关系网数据交换过程，这就是数据流。数据流运用政务信息共享平台实现数据交换与数据管理功能，使系统各组成部分之间复杂数据及应用的网状关系更为简捷，进而形成一个以共享平台为核心的数据流关系结构，促使整个政务系统能系统、联动而又高效地进行数据交流。

2. 文件流

文件流是指一种文件流通的过程，即在政府专网和内网中，把以前的传统纸质文件以电子形式通过网络公文交换平台进行相互传递，实现无纸化办公。文件流的核心由办公自动化系统组成，参考工作流程设计程序，并提醒工作人员受理所收文件。处理完文件后，系统将会自动传输给下一级，直至整个流程处理成功，形成一个完整的文件流程。如代办事宜提醒，涉及较多模块，应将个人工作流中待办催办工作、收到邮件提醒、个人委托办理事务以及档案管理中的查询申请回执信息记录在系统页面上，并能以图像或声音形式进行提醒，这样就可以大大减少传统文件流失，降低在文件处理过程中所耗费的时间，从而进一步节约办公经费，提高办公效率等。

（二）电子政务信息资源共享中的信息流程模型分析

电子政务信息流模式在形成过程中会孕育出有规律的模型，充分了解信息流程模型有助于我们更深入地理解电子政务信息资源共享过程中信息流通的本质，从而有效实现电子政务信息资源共享。

1. 外部信息流程模型

外部信息流主要是以 EDI 等方式实现的，目的是实现政府与合作企业、组织之间，政府与其他政府部门之间交流而形成的信息流动。外部信息流的实质作用是建立一个“虚拟交换场所”。为使政务活动中涉及的政府部门、民众、参与组织以及合作企业相互交流并构建一个网状结构，政府必须利用信息技术来确保信息资源在各组成部分之间快速及高效的流动。EDI 的根基是先进的通信网络和完善的计算机处理技术，它不是单纯地通过计算机网络在两个简单的计算机系统中进行数据交换，它要求即使在没有人工干预的情况下，系统内计算机也能自动识别和处理所传输的信息。以下是以 EDI 方式实现两个政府或政府和合作组织间信息流动的演示图①，如图 2.3 所示。

① 何振，唐荣林．基于信息流视角的电子政务信息资源共享［J］．档案学通讯，2006（6）：25~26.

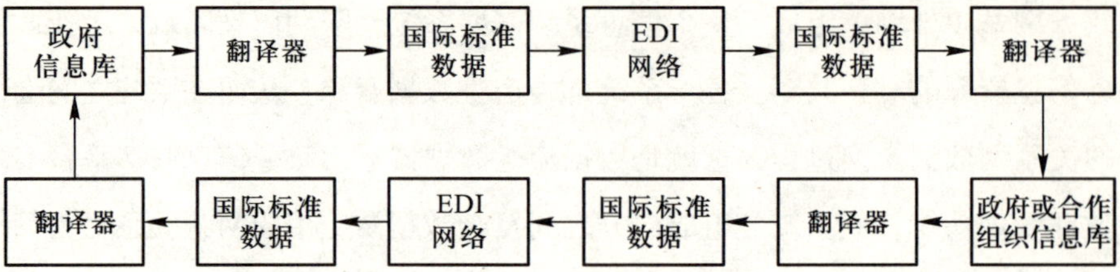

图 2.3　政府间及政府与其合作组织之间 EDI 方式的信息流程模型

2. 内部信息流程模型

在政府内部，利用 Intranet 可以产生出两种信息流模式，即横向模式和纵向模式。

纵向信息流模式包括自下而上和自上而下两种，表现形式有分组流、分节流。所谓分组流也称分批流，即在上级信息往下传送过程中，分组分批以点对面的方式将信息传送至下一级。自上而下流动的信息是一种点对面形式，主要是一些指导性和关于战略目标的政务信息，一般是从上级某一点向下级部门流动。所谓分节流即指信息流动按照传统组织科层结构一级一级向上递交，形成一种节状，是传统政府运行模式的电子化。自下而上流动的信息对政府内部建立的日常政务活动中的信息流程进行解释。日常的政务活动中的信息流程是由信息部门逐层向上传递搜集、整理所得的信息，为决策者提供决策所需的参考依据。横向信息流模式是在平级政府间或政府各职能部门间依据协作而产生的信息流动模式。

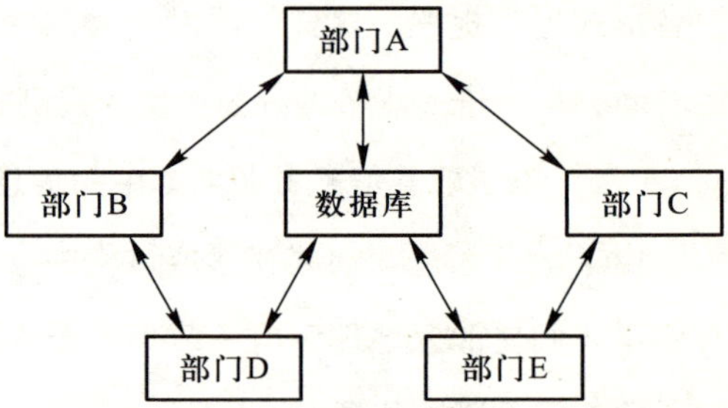

图 2.4　政府内部网络信息流程模型

政府内部信息流程模型如图 2.4 所示。

（三）电子政务信息资源共享是信息资源优化配置的实践表现

信息资源优化配置是电子政务信息资源共享的基础，也是电子政务深入发展的重要前提。电子政务信息资源共享是信息资源有效配置的一种重要实践表现形式。

1. 信息资源配置的层次

信息资源配置包含两种，即微观配置和宏观配置。信息资源的微观配置是指各信息机构对信息资源重新进行组合排列，从而为社会生产出更规范、更准确的信息商品，并产生经济效益。信息资源的宏观配置是指国家通过行政职权、行政机制、法律政策和行政方式对其拥有的信息资源加以组合和运用，从而增加国家的信息储备量。随着社会信息商品与服务数量以及质量的日益增长，国家越来越重视信息资源的配置。信息机构配置信息资源主要是在市场机制的引导或调节下进行[①]。一般来说，信息资源条件是通过价格机制起作用来影响信息资源配置。如果价格水平是规范性波动的，则信息资源配置形式也具备了一定的规范性。

信息资源的宏观配置与微观配置之间具有非常密切的关系。信息资源的宏观与数量配置为信息资源的微观与质量配置创造了“资源条件”的首要前提。而信息资源的微观与质量配置也为信息资源宏观与数量配置带来了第二次配置，是“有效”信息商品生产的前提条件。对信息资源进行宏观和微观配置都是为了发挥信息资源的优势条件，弱化信息资源的劣势条件，扬长避短，最终提供更为全面、更为准确的信息商品与信息服务，以满足用户的需要，加快我国信息经济进步的步伐。

2. 电子政务信息资源共享是信息资源优化配置的实践表现

从信息流程的角度来说，政府部门扮演信息传送者的角色。以互联网为媒介，企业和广大公众则扮演着信息接收者的角色。电子政务信息资源共建与共享，实质上就是信息传递和信息沟通的过程。由于网络的广泛普及以及其自身的统一性，使得传统的信息传送者与信息接收者之间“点对点”的模式转变成“点对面”、“面对点”的模式。建立网络环境政府信息资源共享机制，重点就是在“点对面”、“面对点”的信息流程模式中确保信息的优化配置，使其更为流畅。

从信息资源配置的层次看，电子政务信息资源共享更能体现信息资源宏观配置和微观配置相结合的特点。电子政务信息资源由于是由政府产生的或者是被政府使用的信息资源，与普通信息资源有着本质上的区别，因此，电子政务信息资源的配置除与其他一般信息拥有共同点之外，还有一些特殊的地方。电子政府信息资源有一部分是具有保密性质的，它们更多的还是要靠政府来配置。因为这些政府信息具有很强的个体性，不具有共性，没有市场价格，与其他的信息资源不具有可比性，所以，市场配置显然是无法实现的。这一部分电子政务信息资源的配置应主要靠政府宏观配置模式来实现。对于一些公开的电子政务信息资源，如一些政府工作动态，政府公告，网上办公信息及一些电子政务信息资源数据库等，政务公开性较好，可考虑采用信息资源微观配置，靠市场调节进行配置。

电子政务信息资源共享是信息资源优化配置的一种具体实践形式，能降低信息资源配置的成本，实现信息的增值服务。用户可以在世界上的任何地方任何时间查询多个分

① 贾晋．信息资源配置的理论研究［D］．华中师范大学硕士学位论文：12~13.

布式电子政务信息资源，大大缩短了信息传递时间，拉近了信息提供者和用户的距离，加快了电子政务信息资源交流与反馈的速度，提高了电子政务信息资源的利用率，实现了信息的增值服务，创造了规模化经济收益和社会收益。

第 2 节　公共物品与公共选择理论

一、公共物品及其特性

信息资源具有公共物品属性。电子政务信息资源作为一种新型的信息资源，具有共享性和开放性两个重要特征，其本身也存在着内在的动力机制。

“公共物品”是与“私人物品”相对的概念,这一概念来源于西方经济学中的英文“public goods”。如果某种物品同时具有消费的非竞争性和非排他性，这种物品无疑就是纯公共物品，很容易与私人物品区别开来。可是，在很多情况下，这两个特征不一定同时存在。如果某种物品只存在一个特征，可称其为准公共物品或准私人物品，即混合物品。因此，整个社会的物品可以划分为三大类，即纯私人物品、纯公共物品和混合物品。国防、灯塔等是纯公共物品的典型例子。

（一）公共物品的特性

萨缪尔森在论文《公共支出的纯粹理论》中指出，公共物品具有两个本质特征，即非排他性和消费上的非竞争性。这两个特征导致了公共物品消费上的“搭便车”现象，也决定了政府提供是最理想的制度安排①。萨缪尔森认为，公共物品的最佳数量应该使生产它的边际成本和边际收益在全社会范围内实现平衡。

1. 非排他性

所谓非排他性，指的是受商品性质的影响，任何人在消费此类产品中不能阻止其他人对此类产品的消费，或者说是很难对使用这类商品的其他人进行收费。与公共物品相对，私人物品在确定产权归属的情况下，它的所有权、控制权、收益权也就随着产权的归属而确定下来。作为具有公共属性的公共物品，不能阻止、妨碍其他人通过正当渠道消费这类产品，也不能阻碍其他人享受利益。比如国道，一旦一个国家修建了国道，那么这

① 杨兰品，任昭．公共物品理论研究新进展［J］．经济学动态，2007（4）：72.

个国家所有的公民都能享受国道给公民带来道路畅通的好处。

2. 非竞争性

所谓非竞争性，指的是在社会生产力水平一定的前提下，增加一个消费者，消费某个商品的边际成本并不会增加。萨缪尔森在其《经济学》一书中多次对公共物品的特点做了相应的补充，强调了公共物品的非竞争性，指出“与来自纯粹私有物品的效益不同，来自公共物品的效益涉及对一个以上的不可分割的外部消费效果。”[①] 私人物品具有消费上的竞争性，与此相反，公共物品的非竞争性是指任何人对此类产品的消费并不会影响其他人的消费，更不用说阻碍别人对此类物品的获得。并且某一公共物品能在同一时间被许多人消费，这种消费并不会影响消费的质量和数量。而对于私人物品，只具有被一人消费的性质，即某人消费了一个私人物品，其他人消费此物品的可能性几乎为零。同时，从增加对私人物品消费的人数角度来说，还需要支付一定的边际成本。而公共物品，消费者在一定范围和条件下消费一个物品时，多增加一个消费者消费的边际成本为零，也就是说增加消费者的同时却不需要增加相应的成本，而这类消费也并不会对其他消费者的消费过程产生任何的影响。例如，搭乘公交车时，并不会因为车上人多或人少影响你消费时所需要支付的车费。又如路灯一旦建成并起作用，额外的人或车辆对它的使用是不需要增加任何成本的。

经济学家在萨谬尔森公共物品的理论基础上，概括了公共物品与私人物品相比最主要的经济特性[②]，具体分析如下：

（1）效用的不可分割性。公共物品是向整个社会共同提供的，覆盖全体消费者，由整个社会的人们共同享有。公共物品的消费只能在保持其完整性的前提下，由众多的消费者共同享受，而不能将其分割为可以计价的单位供市场销售。

（2）受益的不可阻止性。受益的不可阻止性即任何人，包括公共物品的提供者都不可能阻止他人享用公共物品，任何成员也不能拒绝公共物品提供的效用。不论个人、家庭或企业是否为公共物品支付费用，都能从公共物品服务的提供中得到利益。也就是说，所有家庭、个人或企业都应列入公共物品服务的受益范围。

（3）消费的非排他性。消费的非排他性即在公共物品的效用覆盖范围内，任何社会成员或企业都可以享用，并不影响或阻碍、排斥其他人对它的消费，也不会减少其他社会成员或企业享用的数量或质量，即每增加一人享用公共物品的边际成本等于零。换句

① 保罗·A. 萨缪尔森，威廉·D. 诺德豪，胡代光译. 经济学（十四版）[M]. 北京：北京经济学院出版社，1996：1194.

② 何峥嵘. 公物供给中的市场与政府.［EB/OL］.［2009-02-27］.http：//www.studa.net/jingji/090227/10461911.html.

话说，一定量的公共物品是按零边际成本来增加消费利益的，消费者愈多，它所提供的利益愈大，但边际成本始终不变。而且，人们不能根据某人是否支付了费用来决定他的消费资格，即公共物品一旦被生产出来，则任何人都可以自由地消费，而不必经过其他人或组织的许可，即出现所谓“搭便车”现象。

（4）管理的地域性。公共物品的生产和消费在地域上存在较大的差异，如公用事业产品的供应受多种条件所限制，表现形式也有所不同，有的充裕，有的却存在较大缺口。同样，大城市与中、小城市对公共物品的需求也不尽相同[①]。可见，公共物品的管理具有明显的地域性。公共物品的特征，会导致市场的失灵或低效，同时也决定了其供应方式应与私人物品有所不同，即公共物品的需求不能像私人物品那样可以通过市场机制予以满足。

（二）公共物品的分类

公共物品按照其表现出来的特征可以分为纯公共物品和准公共物品。纯公共物品（Pure Public Goods）是同时具有非竞争性和非排他性两种性质的公共物品，准公共物品（Quasi-Public Goods）是只具备其中一个特征的公共物品。具体可以将公共物品划分为三个类型：第一，纯粹的公共物品或集体物品，这类物品具有非排他性和非竞争性。第二，收费物品，它们有排他性但没有竞争性。第三，公用物品，它们不具排他性，但有竞争性。通常将第一种称为纯公共物品，如国防安全、行政管理、基础科学研究、环境保护等。由于纯公共物品的不可或缺性，“免费搭车”现象又不可避免，因此只能由政府采取强制性税收方式来提供此类公共物品。实际中，严格符合两个特性的公共物品不是太多。只具有非竞争性和非排他性两个特性中的一个或在不同程度上具有两个特性的物品，称为准公共物品或非纯粹公共物品。许多公共物品都具备正外部性（externality），也即当消费公共物品时会伴随着产生社会效益，并且所产生的社会效益比公共物品的市场直接效益高。比如传染病疫苗的接种，不仅接种者自身不会受到传染病的感染，且也大大降低了其他人受到感染的几率[②]。

二、公共选择的理论假设

公共选择理论在西方的英文文献中可被称为“公共选择”、“集体选择”、“公共选择经济学”、“新政治经济学”、“政治的经济学”和“政治经济理论”等，是一门介于经济

① 李义松，周小云．我国网络型公用事业民营化研究［J］．电子测试，2013（11）：250~251.

② 张月英，陆长民．民间资本介入图书馆服务——基于公共物品理论的视角［J］．图书馆杂志，2008（8）：7~12.

学和政治学之间的新兴交叉学科。对于什么是"公共选择理论"，布坎南的经典定义是：公共选择理论就是，"政治的经济学理论"或"新政治经济学"。布坎南认为，"公共选择可以作为对政治的一种见解和看法，它产生于把经济学家的方法与工具延伸运用到集体的或非市场的决策过程中"。[①] 美国公共选择理论代表人之一、马里兰大学教授丹尼斯·缪勒认为："公共选择理论可以定义为非市场的决策经济，或者简言之为经济学在政治科学中的应用。与政治学科相较，公共选择的主题可以说是与其一致的，如国家理论，投票规则，投票者行为，政党政治学，官员政治学等。公共选择的方法仍然是经济学的方法。像经济学一样，公共选择理论的基本行为假设是，人是一个自利的、理性的、追求效用最大化的人。"[②] 该观点被认为是对公共选择理论的经典定义，并被西方学者广泛引用。对公共选择理论的基本假定，可以从以下三方面来理解。

（一）"外部性"假设

1962年，布坎南（Buchanan）和斯塔布尔宾（Stubblebine）给外部性下了一个定义，此定义认为只要某厂商的生产函数或某人的效用函数所包含的某些变量受到另一厂商或个人的影响或控制，就可以说明此经济活动具有外部性。此定义用数学语言较为准确地描述了外部性行为的基本特征，因而也为后继经济学家对外部性的研究提供了一定的基础。它通常分为正外部性和负外部性。正外部性是指某个经济行为主体的行为使他人或社会受益。若某个经济体的行为使得其他行为主体或整个社会都受益那么它就具有正外部性，而受益者无须花费代价。负外部性是指某个经济行为主体的行为使他人或社会受损，而造成这种外部性的人或单位却没有为此承担成本。查尔斯（Charles）曾列举了外部性的十六种常见表现形式，其中有八种正外部性和八种负外部性。他所列举的负外部性现象包括工厂产生污染（水、气、噪音等），滥用森林、土地等自然资源，汽车排放废气、噪音、抢占人行道，车祸导致他人无辜受害，乱扔垃圾、吐痰等，麻将声或音乐声妨碍他人休息，公共场所高谈阔论，高楼影响较低建筑物的采光。正外部性现象包括：推行勤俭节约、礼貌用语等社会运动；自身主动注射疫苗而降低传染他人的几率；建设希望工程、养老福利机构等非营利事业；打扫美化自家住宅区并及时清理垃圾废弃物；教育子女遵守社会道德和举止文明；在工作区域放置时钟、温度计等便捷装置；举办免费的学术演讲或音乐会。

人们对于信息共享效益问题的探讨，一般着眼于经济效益角度。从这个角度出发的

① [美] 布坎南. 自由、市场与国家 [M]. 吴良健、桑伍、曾获，译. 北京：北京经济学院出版社，1988：68.

② S Dennis，C Mueller. Public Choice Ⅱ [M].Cambridge：Cambridge University Press，1989.

研究，往往只关注信息共享给政府带来的影响和效益。实际上，信息共享所产生的影响和效益不仅仅限于给政府带来货币收益或经济收益，还包括给政府以外的其他人带来某种利益或好处。这是因为信息一旦共享便具有了公共物品的特性即非排他性和非竞争性，信息使用人在利用政府信息时不能排除其他人对政府信息的利用，而且一个人对政府信息的消费并不会减少其他人对政府信息的消费，因此，信息共享具有外部性，而且一般表现为强的外部性。

（二）“经济人”假设

“经济人”假设是假定每个在经济过程中活动的个人都把追求个人经济利益作为动机，当进行抉择时一定会作出偏向，选择对自身产生效益最大化的机遇，采取对自身最有利的方式活动。公共选择理论认为每个人在政治市场和经济市场一样，都是理性的，都有自己的利益追求。在经济市场上，人们用货币形式选择能足够满足自己的私人物品。在政治市场上，人们通过对领导人的选票权来选择能给自身带来最大利益的政治家。经济和政治两种市场对供求双方力量都具有相互作用。与经济一样，政治作为相互交易的市场，正如亚当·斯密所说的“经济人”，他们追求的是自身利益的最大化。在交易活动中从自身喜好或利益出发以寻求利己机会。“经济人”所含的基本特征有两个：自利和理性。自利体现为人是自私的，将实现个人利益的最大化作为目的，获取较大的产出并期望较少的投入，或者说得到更大的效益而使用尽量少的花费。理性体现为人们在各种活动中总是要考虑成本与收益的平衡，在注重收益的同时兼顾成本的分析，最终让收益获得最大或者是成本达到最低。

电子政务信息共享可以说是与“经济人”理论相对的。如果政府要追求自身的利益、逃避责任或掩饰错误，那就会尽量封闭信息，而不是共享信息。信息的公开是以人民的利益为基础，它可以使公众发现政府做得不对或不够的一面，并且公众对信息的反馈还可以完善政府的各项举措。

（三）委托—代理理论

委托—代理理论作为公共选择理论的一个分支，近20年来发展迅速。根据詹森和迈克林的定义，委托—代理关系可以是这样一种鲜明或隐含的契约，依据此契约，一个或多个行为主体指定、雇佣另一个或一些行为主体为其提供服务，且前者授予后者一定的权利可用来决策，并根据所提供服务的数量、质量给予相应报酬。这样的一种关系，从本质上来说是一种非对称信息条件下所形成的契约关系。在这种契约关系中，代理人被委托人授予权限为委托人的利益进行某些活动，且代理人可以行使委托人所授予的一定权力，通过这样的代理行为代理人可以获得相应的报酬。委托—代理理论也就是将委托—代理关系作为研究对象，从信息不对称条件下契约的形成过程出发，探究代理人应该怎样完美地完成代理任务，使其花费的成本最低，而委托人获得的效益达到最高，并且又较少发生委托代理引发的一系列纠纷问题。

政府的权力来自人民，人民将公共权力委托给政府，这种做法的目的在于借助政府权威实现公民个体力量所无法实现的公共利益。同时，人民与政府之间便形成了一种类似于契约的模式，但是这种模式是以公共事务治理权限为对象的代理关系，并随之赋予政府维护社会秩序，保护公民权利，供给公共产品的公共服务责任①。这一责任不仅是非正式的道义责任，更是正式的法律责任和政治责任。它意味着政府必须及时回应民众的利益要求并积极采取有效措施，高效、公平地满足民众的需求，同时也意味着政府的行为偏离了公共利益的整体方向或者政府没能完成对社会的服务责任时，必须承受来自道义、政治以及法律制裁的后果。委托—代理理论对公共管理的许多方面都产生了重要影响，例如，选择代理人的观点影响到哪些公共服务可以让私营部门提供，哪些应由政府提供；政府的报酬制度、公共服务制度如何安排等。

三、电子政务信息资源共享也是公共物品选择的一种实践表现

（一）电子政务信息资源是一种特殊公共物品

电子政务信息资源是一种准公共物品，具有非竞争性和非排他性。信息资源的天然属性决定了其消费的非竞争性，而信息载体的成本较低导致了其具有非排他性，因为信息资源易被复制且不产生成本，在扩散传递过程中又非常迅速，因此对于信息产品的制造或生产，社会其他成员几乎不用花费成本就可以获得。电子政务信息资源这两个特性决定其主要提供者只能是政府，不可能是企业或个人，具体原因如下：第一，收取用户信息费用在客观上存在困难。西方经济学中普遍存在这样一种看法：受公共物品性质的影响，对其收费不是成本高，就是不可能，所以只能寻求另一条道路。受到用户多元化及主观偏好影响，电子政务信息服务定位较为困难，从而导致电子政府信息资源服务收费困难。而且信息资源不是具体的实体，无法像商品一样对单件进行定价。第二，电子政务信息资源服务的成本具有特殊性。政务信息服务过程需要大量资金的投入，如设备的一次性高额投入及信息资源服务维护费用，这些资金的回报具有长时间性和不确定性，

① 明燕飞，谭水平．公共服务外包中委托代理关系链面临的风险及其防范［J］．财经理论与实践，2012（3）：104~107.

这是个人、私营及小企业难以承担的。

政府是电子政务信息资源的主要建设者、维护者和提供者。政府作为国家机关，其活动的目的具有公共性，担负着提供公共产品服务，执行公共政策，维护社会正义等责任。在电子政务信息资源配置过程中，利用市场功能调节也有可能会提高效率，但却不能实现公平。所以，政府必须充当公共利益的维护者，而不是利用其优势为自身谋利而损害公共利益。政府作为信息资源的提供者，主要体现在政府为各组织和群众提供电子化信息交流服务，为企业和社会公众提供信息咨询、查询服务，为各级管理部门和社会公众提供信息共享，采取各种措施推进以上各项电子化服务在政府和广大公众之间的开展。

（二）纯公共信息与准公共信息的比较

1. 纯公共信息的内涵

在公共物品理论中，我们将同时具备非排他性和非竞争性的公共物品统称为纯公共物品，其对应的纯公共信息是指在政府信息资源中同时具备两种特性的信息产品及服务。在公共信息中，某一信息被提供且被消费者利用的同时不能排除其他人消费此类信息的性质是纯公共信息的非排他性。也就是说，将公共信息变为私有或将某些人排除在受益范围之外很难实现。

纯公共信息的非竞争性是指某一种纯公共信息一旦用既定的成本生产出来后，即使再增加一个公共信息消费者，公共信息供给者并不会再增加生产成本，即边际生产成本为零。而且，在公共信息的消费中，每个信息消费者的消费都不影响其他消费者消费信息的质量和数量，或者说，“这种产品是公共消费的，不存在消费中的拥挤现象，不存在消费者为获得公共服务需排除他人而付出代价[①]，”即信息的边际成本为零。

纯公共信息具有非排他性和非竞争性两个本质特征，从而带来了纯公共信息这种具有公共属性的资源所遇到的权利和义务的问题。例如，电视台信息网络建好之后，有人多接一台电视机接收器，并不会影响别人看电视，也不会增加边际成本。对于内部正效果来说，这种纯公共信息的共享会给社会每个成员带来便利和好处。对外部的负效果来说，会出现相互依赖，推诿责任的现象。这种信息消费属性，既不可能使每个信息消费者孤立，又不可能毫无代价地排斥其他信息消费者使用。这样一来，集体的代表者（政府）就要承担责任。

2. 准公共信息的内涵

准公共信息对应于准公共物品而言，是指具备非竞争性或非排他性某一种特性的公

① 崔运武．论当代公共产品的提供方式及其政府责任［J］．思想战线，2005（1）：3.

共信息，也是政府信息资源中不完全具备两种性质的政府信息资源服务及产品的总称。

有学者指出，公共物品的非排他性及非竞争性的特点是由信息无损耗性及信息资源共享性所决定的，并且他们还进一步指出大部分信息产品及服务具有排他性。对于公共物品的区分必须根据经验进行判断，根据信息分发体系及消费中的“非竞争性”可以判断其公共物品属性。非排他性和非竞争性的不完全性是准公共信息的重要特征。而公共信息与私人物品相比，并不具备排他性和竞争性。总体来说，准公共信息具备纯公共物品与私人物品的双重性质，但准公共信息较为偏向公共性而非私人性，正因如此才被称为准公共信息。

（三）公共物品理论与电子政务信息资源共享

1. 电子政务信息资源的公共物品属性分析

对于电子政务信息资源所具备的公共物品属性，可从以下两个角度加以论述。

第一，从电子政务信息资源自身方面看，电子政务信息资源收取用户费用在客观现实中存在很大的困难。对公共物品收费，因受到成本及现实条件影响，西方经济学家对此持否定态度；在现实中对电子政务信息的收费是件非常困难的事情，由于受到用户主观性的影响，即使政府部门考虑各种因素实行多方位定价方式，或统一或差别的定价，也很难摆脱仍有用户“搭便车”的现象。

第二，从电子政务信息资源用户角度看，电子政务信息资源服务具有非排他性，社会活动中一个人消费电子政务信息资源服务及产品，其他人从消费电子政务信息资源服务中获得的效益不会降低。从电子政务信息性质来说，它并不是纯粹的公共物品，仅仅就排他性而言，政务信息资源服务部门无法免费向所有公众开放一切信息和服务。政务信息资源服务提供的部门需要对消费产品及服务的用户收取少量费用（比如特殊统计数据查询等），对用户进行一定的约束，有利于用科学管理的模式对信息资源服务及提供产品过程进行管理。此外，电子政务信息资源稳定性很强，种类、数量在一段时间内不会发生很大的改变，而其对空间、时间、硬件设施及操作人员有一定的限制，用户超出现有的规模消费电子政务信息资源是不可能的，即电子政务信息资源的非竞争性也不是绝对的。因此，将电子政务信息资源的提供者绝对的限制为政府或市场都是不适宜的。

2. 公共物品性在电子政务信息资源共享中的表现

（1）资源共享体现电子政务信息资源的非竞争性。电子政务信息服务和产品按一定成本生产提供后，受到其非竞争性的影响，成本不会因消费者数量的增加而发生变化，简单来说无论是消费者数量降低还是升高，其信息服务和产品的边际成本为零。例如，国家的GDP统计数据和报告都会公布出来，这些数据和报告不仅是国家进行各类决策的基础，民众也可以通过它们了解国家经济发展情况，企业甚至可以根据它们调整生产计划。消费者的增加或减少不会影响信息服务产品生产的成本，与经济利益中的消费者不同，信息产品的消费者之间并不存在竞争关系。相反，限定电子政务信息资源的服务对象则违背了公众具有知情权的原则。从长远利益看，信息的不对称和不充分也会影响到国家经济发展。归根结底，不充分共享政务信息资源，对大多数公众的利益损害很大。所以，资源共享体现了电子政务信息资源的非竞争性。

（2）资源共享体现电子政务信息资源的非排他性。全社会所有的公共物品的属性都能在政务信息属性中得以体现。从经济学意义上来讲，电子政务资源具有"公共财产"的性质。所以，电子政务信息资源在原则上除政府及相关部门使用以外，社会成员有权利通过正当渠道获取和使用政府信息。公众借助政务信息平台了解政府办事程序及与政府与民意的契合程度，这是公民政治权益和民主权益的充分体现。通过政务信息平台让民众充分了解政策信息、政府业务从而行使社会监督权，真正的民主政治必须通过民众积极主动的参与到政府活动中才能实现。公民虽然不具备政府信息的所有权，但作为信息使用主体却拥有使用权和支配权。公众能通过电子政务信息的共享来保证财产权。

（3）资源共享体现电子政务信息资源的公益性。电子政务信息资源被生产出来后如果得不到共享及充分的利用，则会使得资源闲置，从经济成本上来说是极其不合理的。只有实现政务信息资源共享，充分利用其内中价值，才能发挥其各个方面的效益，让全体社会成员受益。从经济效益上来讲，信息作为社会的重要资源若能得到社会成员充分共享就能够节约各项行政费用，实现既定的经济效益，并能通过资源共享进一步满足公众的需求，促进行政效率的提升，从而获取更好的社会效应。

（四）公共选择理论和电子政务信息资源共享

1. 电子政务信息资源共享产生正外部效应

政府的基本社会功能就是建立和维护社会的公平，推动社会的发展和进步。信息资源共享则是实现以上目标的基本方式。政府是社会各种力量要素中的强力要素，产生和掌握着大量的政府信息、企业信息、社会信息资源，如国内外重大政治新闻、社情动态、金融财经信息、市场供求信息、税收征管信息、统计报表信息等。这些信息不只对政府有巨大作用，同时对公众、企业、组织也产生重大影响，即电子政务信息资源共享有正的外部效应。比如，政府对市场进行调查有助于其对市场进行宏观调控，而且如果将其结果公之于众，还可以让企业据此调整自己的生产，这样一来信息花费的成本是一样的，但它发挥的作用却极大地加强了。

为充分发挥电子政务资源共享的正外部效应，政府应从以下方面着手：

第一，加强政府间的沟通。政府信息化工作的目标之一，就是打破"条"和"块"的盲区，实现跨系统和跨地区的信息沟通，从而让信息在政府系统中更加全面、充分、自由的流通。要实现这一目标，政府各部门的信息必须协调一致，统一规划。要破除"信息孤岛"，消除各级部门、各个地区各自为政的现象，需要相关职能部门作出统一指示，布置好各项工作，针对电子政务信息资源优化具体部署，从而充分实现信息共享。

第二，将市场机制引入电子政务信息资源的提供中。用市场提供模式来改进政府提供模式，在政府活动中引入市场竞争机制，通过市场提供模式将政府置于竞争环境下，从而降低政府的垄断性，将政府的自由裁量权限制在合理范围内，把市场与政府两种提供模式融合在一起，建设市场增进型政府。将政府的公平优势与市场的效率优势结合在一起，实现电子政务信息资源的共建共享。

2. 电子政务信息资源共享有利于优化政府决策

所谓公共选择是指非市场的集体选择，"实际上就是政府选择。其实质就是政府通过具体的决策对各种各样的公共物品的供给问题做出决策……政府做出的决策未能有效地克服市场失效，甚至阻碍了市场机制的正常运作或加剧了市场失效的现象，造成了社会资源的浪费和社会福利的损失"①，因此必须优化政府决策。

电子政务信息资源共享对克服政府决策失效发挥着重要作用，具体表现为：

第一，加强了政府与公众的互动。网络技术作为可实现两个终端之间直接联系的重要途径，使社会成员通过网络终端随时了解决策执行情况。政府将信息公布出来，使公众都享有知情权，从而好的决策公众能予以支持，不好的决策公众就可以发表意见。政府决策通过资源共享实现信息化后，大量的决策信息及决策过程需要透明化并向公众公布。公众的知情权和参与权得以实现，公众由被动接收政府信息转变为主动参与政务，这有利于服务型政府的建设。

第二，加强公众对政府的监督。使公众及时了解政府各项活动，对于即将行使的决策，公众可以进行有效监督，还可以提供更多有效的信息资源。这些都对政府决策方案的修正与完善有着重要意义。

---

① 康宇航．从公共选择理论看政府决策优化的选择　"电子政务"［J］．前沿，2003（12）．76.

3. 政府是人民的代理人

从委托代理视角来看，电子政务信息资源共享客观上存在着政府式委托—代理关系。公众是电子政务信息的需求者，也是初始委托人。各级政府则是电子政务信息的主要提供者，承担着代理人的角色，公众和各级政府之间存在着委托—代理关系。委托人有权要求代理人对自己的利益负责，并了解相关的信息。作为代理人，政府有义务实现委托人的预期目标，在实现过程中，让委托人了解整个进程。

公民主动督促政府履行其应尽的公共服务责任的一个重要条件就是掌握足够充分的政务信息。在委托—代理理论中，避免代理人推卸责任的必要条件则是委托人与代理人拥有相对称信息，与此相类似的是在政府—社会的服务关系实践中，通畅的信息沟通机制也是确保政府能否完满履行公共服务义务的重要因素。政府虽然在政务公开方面已做出相当多的改进，如地方政府新闻发布制度的试行、地方政府网站的开通、人大旁听制度的完善等都对缓解地方政府与社会间信息沟通不足的问题具有很大的帮助，但是由于经费欠缺、政府认识不足等原因，公民获取政务信息仍受到较多限制，甚至需要花费高昂的成本，因此政府仍需做好代理工作，向公众共享更多政务信息方面努力。

总之，从公共选择理论方面来说，要使公众充分共享电子政务信息资源，政府需做的有以下几点：

第一，公开政务信息，让政府的政治生活更加透明化，并在公众的监督下运行。政府信息的公开与透明是政府管理机制的重要内容，可以反映政府工作的作风是否良好，也可以考量政府管理是否到位，同时也能体现电子政务这种新型的电子化工作方式是否有效[①]。政府信息公开是电子政务信息资源共享的基础，政府掌握着80%以上的有用信息，这些信息如果只是被“冷藏”起来，就不能发挥它们应有的作用。我国的改革开放已经取得了令世人瞩目的成就，广大社会公众也随着经济地位的提高，知政、参政、议政等方面的意愿日渐增强。能否切实满足社会公众的这些需要，直接关系到各项政令的施行、社会的稳定、民族凝聚力的增强[②]。因此，要制定相关的法律和规章制度，明确规定政府各环节的信息公开要求，以及政府应当公开的政务信息领域、政务公开的制度化程序、公民获取政务信息的途径等，并确保信息的合法、及时、有效、真实等。

第二，建立有效的公众需求表达机制，克服集体非理性的公共选择困境。在当前，公众的需求得不到表达是电子政务信息资源共享面临的一个重要问题。公众在现实中所

① 王德恒．电子政务信息资源共建共享问题研究［J］．科技信息，2007（29）：57.

② 冯惠玲．政府信息资源管理［M］．北京：中国人民大学出版社，2006：118.

享用的信息品质低、数量少，难以满足他们的需要，而且政府并没有建立一套合理有效的政治机制和社会保障机制来保证公民意愿的正常表达，这是政府必须面对的一个现实问题。公众的需求表达机制建设主要应包括两个层面：一是让公众了解关于政务信息共享的条件，形成需求表达的有效性基础；二是建立政务信息供给主体对公众需求的敏感反应度机制，使得公众的需求表达成为政务信息共享中的关键环节。

第三，在政府部门内部，设计出与激励机制相对应的契约安排制度。由委托代理理论可以得出，要最大限度实现委托人的利益，关键在于有效设计激励约束机制以促使代理人向委托人的目标而努力。一方面，赋予各级政府信息公开的自主权，规范信息共享范围，对某些特定信息服务可收取一定的费用。另一方面，一定程度地赋予政府"剩余索取权"。对于多层级的委托代理关系，引入一定程度激励竞争机制，通过"剩余索取权"建立起类似于私人部门代理人行为的约束机制，从而打破政府部门对信息服务的垄断地位。

第3节　网络环境与新时空理论

一、网络环境的特征

计算机和网络通信技术自问世以来飞速发展，极大地改变了人们的日常生活和工作环境，它将分布在不同地点的多个多媒体计算机进行物理上的互联，依据某种协议互相通信，实现软、硬件及其网络信息资源共享，给人类提供了一个不同于以往的环境。

网络环境主要包含三部分，首先是网络技术环境，主要指高速信息网本身；其次是网络信息环境，主要指在高速信息网上运载及通过高速信息网管理的信息资源，是网络环境的灵魂；最后即网络人文环境，是前两者作用于社会的必然，也是网络环境的保障[①]。

网络环境的特征分为技术特征和社会特征两个方面。前者主要包括开放性（无国界性）、虚拟性（非物质性）、数字化、技术性、无纸化、交互性和传播速度快等七个方面；后者包括国家权力的"弱化"、个人本位和自由主义的基本价值观念、经济全球化及网络环境具有自由和高效率等四大特征[②]。陈赞、陈晓强则把网络环境的特征概括为逼真性、

① 分类号 L1.［EB/OL］.［2003-06-28］.http://www.3edu.net/lw/13/lw_9591.html.

② 刘德良．网络时代物权原则的确立［J］．北京政法职业学院学报，2004（1）：25.

自治性、开放性、符号性①。根据网络环境与现实环境的不同本质，可将网络环境的特征归纳为虚实性、开放性、动态性、数字化。

（一）虚实性

网络环境的虚实性是指网络环境既具有虚拟性又具有现实性。作为非物理实体的存在，网络环境所展示的空间、事物及其效果有着与现实环境几乎相同的特点，但并非是真正的现实空间或物质空间，它独立于现实空间之外，是现实空间或物质空间在特定技术条件下的折射，具有虚拟性。然而，它又并非完全虚拟，它超越于现实之外，但又具有一定的真实性。作为物理现实的镜像或某种对比，虚拟是另类的、异在的和超越的存在，但它又具有幻想性和补偿性。网络所构建的虚拟空间实际上是将人置于由数字化技术构建的“虚拟社会”和“虚拟共同体”（virtual community）中。美国传播学者罗杰·菲德勒也说：“对于未来的计算机技术，可能不知道甚至不在乎我们正在与之进行交互的究竟是另一个人还是一个数字实体。”就是说，在网上物理真实的“是”与“非”既无法辨识，似乎也并不重要，只要交流的实际结果或效能相同即可②。虚拟是从现实环境中分化出来的，是应用虚拟技术加工的、抽象出来的一般理性，所以说网络环境是真与假、虚拟与现实的矛盾统一体。

（二）开放性

网络环境的开放性是指在网络环境中没有地域、没有国界。“疆域”和“界限”是现实环境的重要特点，以“疆域”来划分的国家不仅限制着人际交往，而且也阻隔了信息交流。但是，互联网的产生从根本上改变了因“疆域”划分而引发的人际交往障碍和信息环境的封闭状况，在网络环境中，人类首次实现了超时空的人际交往和全球化的信息共享③。网络环境对任何人、任何地区都是开放的，只要人们上网的计算机遵循相同的协议，如 TCP/IP 协议时，它们就可以成为网络环境中的一部分。只要进入网络环境中，就可以接触到大量的网络信息、各种各样的思想、多元化的观念及不同的生活方式；人们还可以突破现实中传统狭隘的生活圈子，同时使人际关系不再受局限，从而打破自身封闭的观念状态。“全球化的信息共享”是网络开放性的重要表现。互联网技术对信息的复制、传送及传播方式的创新在传播领域具有革命性作用，网络环境打破了传统媒体（报

① 陈赞，陈晓强．网络环境的特征及其道德治理策略［J］．江苏教育学院学报（社会科学版），2004（6）：35~36.

② 网络的虚拟性与现实性哲学命题．［EB/OL］．［2005-02-25］.http：//old.blog.edu.cn/user1/6688/archives/2005/79667.shtml.

③ 陈赞，陈晓强．网络环境的特征及其道德治理策略［J］．江苏教育学院学报（社会科学版），2004（6）：35~36.

纸、广播和电视）的地域限制，使得信息传播在时间、空间上呈现出多维性流动的特点，同时使得信息资源共享成为网络化、信息化、电子化的重要途径之一。以网络媒体为例，在网络环境中它凭借跨媒体、多平台、多终端、超链接的四个特点全面开放信息，用户获取网络环境中的信息资源也无需考虑时间地点的限制。可见，信息资源在网络环境中具有极强的开放性。

（三）动态性

网络环境的动态性主要表现为：网络环境的实时互动与网络的动态发展。网络环境是一个基于人机交互的过程。网络环境是一个虚拟的信息空间，它能将世界通信以网络、数据库、信息源连接到广大的、内联的、参差不齐的电子交流系统，并且信息空间有着将所有的人和所有的知识集中到一起的潜力。网络空间不仅仅包括由数量庞大的计算机和连接设备所构成的实体网络，而且还包括使用网络的人，以及在使用过程中所形成的虚拟的社会心理结构。在网络环境中，人们通过互联网保持联系和开展各项网络活动，特别在多媒体条件下，这些活动几乎是双方乃至多方同时进行的。基于自身的需要，网络主体可以随时随地选择合适对象进行信息交流并对对方的活动进行适当的反馈。总之，每个个体在网络环境中不仅是信息接收者，还是信息发布者，两者相互交流和影响。生活在网络环境中的每一个成员，既可以主动地发布信息，制作自己的网页，设计自己的网站，主动向外界出击；同时他们又能够被动接受外界的点击与外界的各种信息[①]，通过这种方式形成了网络环境的互动性。网络化这一完整的发展过程中，其网络环境也对应地呈现为一种非静态发展的客观存在，网络环境的产生是网络化的结果。在人们持续努力下，网络环境飞速发展，并将随着网络化程度不断深入而向更高层次发展。

（四）数字化

数字是构建网络环境软件的重要因素。在网络中，可以用二进制中的“0”和“1”来表示文字、数字、图像，甚至还能表示可视世界及虚拟现实的各类信息。数字化后的信息都能用“0”和“1”来进行其最基本和最简单的表达。因为“0”和“1”能表达多媒体的各种形象，所以不单单用于计算，计算机还能发出声音，用于打电话、放录像、发传真、看电影等，甚至还能产生虚拟的房子。因此，以数字媒体为代表的各种媒体可以用于描述各式各样的真实世界[②]。在网络环境中，信息不是以语言文字或者文本形式存在于网络中，而是通过组合若干个 0 和 1 以数字化状态表达，并且可以在任何需要的时

① 倪燕．健康信息的积极获取行为：一个基于网络空间的研究［J］．现代传播（中国传媒大学学报），2010（1）：159~160.

② 数字化．［EB/OL］．［2014-2-18］.http：//baike.baidu.com/view/32947.htm.

候通过四通八达的全球互联网络传向任意合法的网络终端用户。数字化不仅仅是指将信息变为数据及数字，更多的是强调建立将数据及数字变为数学化的模型使之成为二进制的代码，才能存储在计算机内部中进行处理。这样，二进制数字化就可以从地球的任何一个地方，无限量地向地球村的另一地方传递信息。抽象地说，整个网络环境是一个由无数部件、部分和无数信息构成的，是一个极为复杂、庞大的系统；实际上，它又是极为单一、简单的系统，即由数字 0、1 组成的系统。

二、新时空理论的提出

信息使用者与信息源受到网络信息虚实性及开放性特点的影响，其距离几乎缩短到零。这种距离的缩短并非单指网络机器的互相联通，实质上是机器的使用者——人的交流、互动的一种表现。传播学家麦克卢恩认为，所有的现存技术都是为了创造全新的人类世界。在如今的网络环境下，由于新时空的影响，人的信息器官功能得到完全的发挥，并为人的信息需要构建了一个焕然一新的空间。

（一）人的信息器官功能需求及其扩展与延伸

感觉器官、传导器官、思维器官、执行器官是人的信息器官的主要类型。人的这四类器官相互分工，并依次与外界信息进行信息交流，在人的内部对信息进行加工、执行并反馈从而达到改造世界的目的。人类对信息的获取与加工证明了人在本质上是一个信息处理的系统。但是，由于生理的局限性，人的信息加工器官及系统不能完全满足对外界信息的需要，对信息器官功能进行适当地扩展与延伸是很有必要的。

人的信息器官功能随着当代信息技术的发展得到一定的发挥。一定程度上，正是伴随着人类不断地认识并改造世界，各种信息搜集、整理、加工、处理、传递和反馈方式的进步，信息技术得以形成和发展[①]。比如，感测技术的应用使得人体在获取外部信息的同时获取信息的外部空间得到扩大和延伸；通信技术的应用也使得人体在传递外部信息的同时传递信息的外部空间得到扩大和延伸；计算机技术的应用使得人体加工处理信息同时再生信息的外部空间得到扩大和延伸；应用控制技术对人体鉴别、使用信息及扩大、延伸传递信息外部空间具有重要意义；总的来说，网络化的信息空间是由网络空间与物理空间相互交流而形成的虚拟空间，如图 2.5 所示。

在这个网络化的信息空间里，无论你在任何时间、任何地点，只需要具备相应的硬

① 丁宁. 信息技术革命与企业组织创新［M］. 北京：经济管理出版社，2001：5~6.

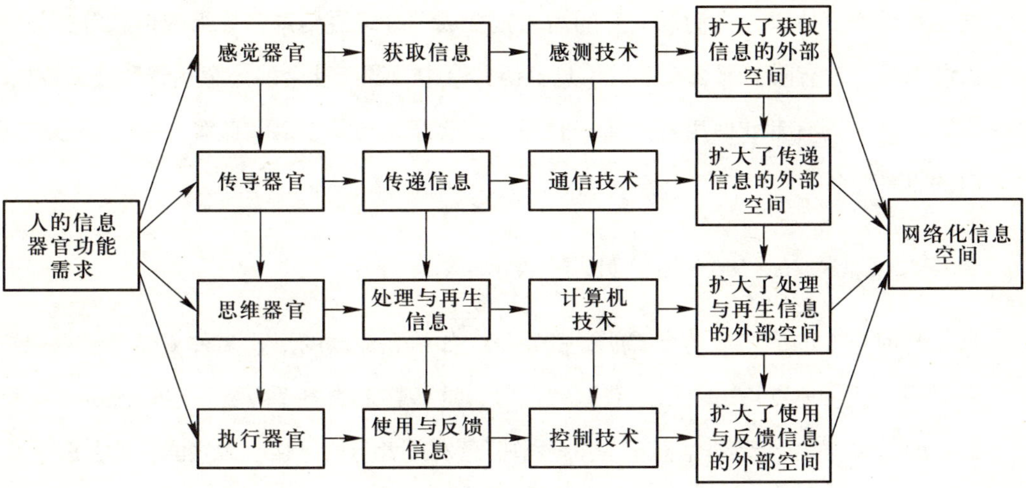

图 2.5　人的信息器官功能需求与网络化信息空间的关系

件设施，如调制解调器，计算机就能联网无偿或有偿地使用空间内的信息资源，如气象、书籍、杂志、市场等。随着科学技术的发展，越来越多的更快捷方便的方法被设计出来，以实现对数据的高效量化和浓缩处理来供人们快速使用。据统计，《纽约时报》平均一个工作日所处理的信息量要多于莎士比亚时代人一生的信息量[①]。由此可见，人的信息器官功能及信息需求能够通过网络化信息空间得到充分的扩展与延伸。

（二）新时空观——计算机网络化空间

网络的强大源于它的互动性，正基于此，网络社区得到蓬勃发展从而丰富人们的交流。作为一个互动过程，交流对于创建信息空间是内在的需求。从某种意义上说，为了实现交流的充分性，使信息资源达到共享的最优状态，网络化的信息空间将信息源及使用者的空间距离压缩为最小值。这种最小值的状态是使用者对资源需求的必然结果，是信息资源有效使用的充分体现，促进了社会进步及生活质量的提高，实现了电子政务信息资源共建、共享的重要需求。

在网络化信息空间里，信息的流通是没有阻碍的，是畅流无阻的。一般来说，信息流动是多方向的，有横向的，内外相联或左右相接；有纵向的，自上而下或自下而上；也有斜向的，非单一角度的交叉。由于受到人类生理因素的局限性，尽管人的信息器官功能在网络信息空间内得到相对应的扩展与延伸，但是与日俱增的信息也让人产生了难以负荷的感受。在很多的情况下，在搜集信息过程中，大量无关甚至干扰信息往往会降低

① [美] 约翰・希利・布朗、保罗・杜奎德著. 信息的社会层面 [M]. 王铁生、葛立成译. 北京: 商务印书馆，2003: 12~13.

人们的工作效率。所以，人们对信息的需求则变成了分级流信息、分组流信息等。如果说个人的力量非常有限，那么在政府信息资源共享中，源于社会的公意达成和公意授权，作为信息的最大拥有者和使用者，回应并满足社会意愿与需求以及监管网络化信息空间是政府的重要使命。

三、新时空理论与电子政务信息资源共享的联系

网络新时空下的信息流动有着明显的特征，如信息流动的形式多种多样，信息用户在任何时间、任何地点均可对信息获取利用等，这些特点为电子政务信息资源的共享提供了良好的条件；而电子政务信息资源共享中信息发送者与信息接收者之间“一对多”、“多对一”的这种信息流动模式，也只有在网络新时空下才能实现信息的畅达。

（一）网络新时空为电子政务信息资源共享创造了良好的条件

21 世纪是知识经济时代，计算机、信息和通信等技术将人类带进一个全新的、有别于现实世界的网络空间。随着计算机网络技术的迅猛发展，网络新时空逐渐变成现实，用户通过网络可以获取到一块自由的空间，可以用来进行信息存储和读取、信息交流、信息传输等。网络新时空改变了人们的工作方式、学习方式、娱乐方式和思维方式，强化了人的信息器官功能需求，延伸了人类活动范围与方式。这种拓展和延伸为人的信息需求创造了一个新的空间，成为人类的“第二生存空间”或“第二生存环境”。从电子政务信息资源共享的多维性、交互性、集成性可以看出，电子政务信息资源的共建共享是需要一个网络空间平台的，只有真正利用好该平台，才能突破传统政府信息资源共享的瓶颈，才能真正实现信息资源共享质的飞跃。

在网络环境下，时间和空间范围得到了最大程度的延伸和扩展，政府的信息资源可以得到更加有效的共享，从而为社会创造更大的社会和经济效益。传统环境下，政府信息资源的采集成本比较高，信息资源开发利用度较低。在网络新时空环境下，利用先进的信息技术，可以大大降低政务信息资源的采集成本，提高政府信息资源开发利用度。相对于传统环境中的传播技术和传播方式而言，网络新时空为政府信息资源提供了辐射全球范围的高速信息资源传输通道。一般地，接收和发送政府信息资源所需要的时间是极短的，这为电子政务信息资源共享的实现奠定了最优的基础。

（二）电子政务信息资源共享是新时空理论一种有效的实践形式

电子政务信息资源通过计算机网络传输处理，是一种数字化信息，这种数字化的信息一般存在于网络信息空间中。电子政务信息资源的共享，是信息传递与信息沟通的过程，

而网络空间下，电子政务信息资源“一对多”及“多对一”的信息流程的实现，延伸了信息器官功能，拓展了人对信息的需求。

网络空间的广域性及其本身的技术性，使电子政务信息资源发送者（政府）通过网络信息通道与信息接收者（政府部门、企业、社会公众、政府工作人员）之间“一一对应”的模式转变为“一对多”、“多对一”的模式。在新时空理论下，网络空间的这种内在功能使得电子政务信息资源在其空间上的分布具有一定的规律性，体现了网络空间信息流动的特点。电子政务信息资源在网络信息空间的分布主要依赖于资源共建共享者的意愿，根据信息流、权力流、利益流的特点来形成，可以综合为三种形式：垂直型、水平型、垂直与水平交叉型。其中，垂直型可分成两种形式：一是集中式，在同一级行政区域内，数字化信息资源集中在某一行政中心；二是分阶段式，在不同行政区域内有着各自业务特点的政府信息资源分别集中到该级行政区域。水平型空间分布也分为两种情况：一是分地域式，将同一行政区域的政府机关及部门所形成的政府信息资源进行整合而形成；二是分行业式，将一定区域中同一行业内的政府机关及部门所形成的政府信息资源进行整合所形成。由此可见，网络新时空环境下电子政务信息资源的共建与共享，扩大了传递信息的外部空间，扩大了使用与反馈信息的外部空间。因此，网络新时空环境下电子政务信息资源的共建与共享是新时空理论运用的一种有效的实践形式。

第 3 章　电子政务信息资源共享的模式选择

第 1 节　电子政务信息资源共享的基本模式

一、电子政务信息资源共享模式的内涵与类型

（一）电子政务信息资源共享模式的内涵

随着电子政务领域的发展，电子政务信息资源的共享越来越被人们所重视，因此为了满足人们不断增长的对电子政务信息资源共享的需要，解决目前电子政务信息资源共享所存在的典型的同类问题（如“信息孤岛”），推动信息公正与社会资源利用的效益最大化，电子政务信息资源共享模式应运而生。电子政务信息资源共享模式是指在互联网背景下，为满足公民对电子政务信息共享的需要，由政府部门、社会组织和公众单独或一起建立的，让社会各界都有权利和机会得到所需的政府信息。

分析上述定义，结合新时空理论，我们认为电子政务信息资源共享模式的内涵应该包括下面几方面：

1. 模式是解决电子政务信息资源共享的一种方式

电子政务信息资源的共享涉及各个领域和部门，是一项复杂的系统工程，需要全局性的统筹规划，各共享主体之间也需要相互协作。电子政务信息资源共享建设的各主体将以怎样的方式进行合作共建而达到共享，这就涉及电子政务信息资源的共享模式问题。

2. 电子政务信息资源共建是电子政务信息资源共享模式存在的条件

电子政务信息资源共建是电子政务信息资源共享模式建立的基础。电子政务信息资源共建与信息化建设的许多内容相关，从纵向看，首先需要制定一个统一的规划及标准，这样才能从根本上保证信息化建设合理有序地开展；然后在上述前提下，将着眼电子信息资源建设的最主要部分，就是各个工作单位间要进行无缝业务合作，一同参与建设；最后在二者的基础上，还需要整个社会的其他努力来推动和保证信息资源共建工作的继续开展，这里说的其他努力不仅指的是公民参与精神、综合素质的提高，还包括政府同企业与公民的关系更密切，数字鸿沟的缩小，电子政务立法工作的进一步开展，行政机构的进一步改革等。

3. 电子政务信息资源数据库是模式处理的核心对象

对电子政务信息资源共享模式来说，电子政务信息资源数据库是其核心处理对象，且电子政务信息资源数据库与其的关系就如同“米与炊”。对整体模式来说，电子政务信息资源数据库与其关系就如同“源与水”，是其能顺畅且有效率运行的一项重要保证。

4. 政府、企事业单位和社会公众是模式的行为主体

电子政务信息资源共享的目的是为了满足政府、企事业单位、社会公众对电子政务信息资源共享的需求。因此，电子政务信息资源共享这一活动主要围绕政府部门、企事业单位、社会公众这三类需求主体展开，即包括政府间的互动，政府与企事业单位的互动以及政府与社会公众的互动。

（二）电子政务信息资源共享模式的类型

按不同的研究角度，将电子政务信息资源共享模式划分为三大基本模式，即常规模式、目标模式以及实践模式。

电子政务信息资源共享的常规模式是指在目前的学术领域中绝大多数学者所倡导的一种普遍存在的模式，它主要是基于电子政务信息资源共享的需求及其平台来进行研究。根据电子政务信息资源共享的平台不同，可分为电子政务内网信息资源共享模式及电子政务外网信息资源共享模式；根据电子政务信息资源需求主体和共享的范围不同，电子政务信息资源共享模式的常规模式具体分为三种类型，即政府与政府之间的电子政务信息资源共享的模式（G to G 模式），政府与企事业单位之间的电子政务信息资源共享模式（G to B 模式），政府与社会公众之间的电子政务信息资源共享模式（G to C 模式）。

电子政务信息资源共享的目标模式是从电子政务所要到达的最终目的来研究。根据电子政务信息共享的最终所要达到的目标不同，将电子政务信息资源共享模式分为电子

政务信息资源共享的便民型模式、电子政务信息资源共享的集成型模式、电子政务信息资源共享的远程型模式以及电子政务信息资源共享动态型模式。而电子政务信息资源共享的实践模式是从电子政务信息资源共享的共建主体来进行研究的。根据电子政务信息资源共建模式的主体的不同，将电子政务信息资源共享分为：电子政务信息资源共享的政府主导模式、电子政务信息资源共享的市场导向模式、电子政务信息资源共享的社会运作模式。

二、电子政务信息资源共享常规模式

（一）基于不同平台的电子政务信息资源共享模式

平台的多元化是电子政务信息资源共建共享的一个重要特征，不同的平台对电子政务信息资源共建共享规划的要求也不一样。这里主要探讨电子政务内网和外网信息资源共享模式。

1. 电子政务内网与电子政务外网的区别与联系

在电子政务建设中，经常会谈到电子政务外网和内网这两个概念。实际上，随着外界环境的变化，电子政务内网和外网两者的内涵并不是固定不变的。同时，电子政务内、外网的界线会因为不同部分或不同地区的政务收集设备摆设的差异性而变得不明确。

一般认为，外网就是指互联网，但从政务信息化建设的视角来理解，“外网”分为普通的互联网和“电子政务外网”，二者是互相依存的。

一般认为，电子政务内网是指用于交换、传输政府涉密信息而建立的专用网络，是政府内部加密的内部网（Intranet）。最初，政务内网被简单视为各当局部门平时用于公文交换与资料交换的内部办公自动环境，也就是内部局域网。但是随着局域网的普及，政务内网涵盖的内容有所增加，已经扩展为以各级当局为牵头单元，并涵括其他委办局的政务局域网在内的省、市、县三级单元的平台，其涉密信息主要指国家保密局、机要局、公安、检察院、法院等单位产生的保密信息。

电子政务外网一般是基于 B/S 架构，应用信息传输安全技术，支持政府面向社会提供服务的社会办理、公共服务等各种应用系统。目前电子政务外网的建设主要围绕以下职能进行建设：一是为各级政务部门提供面向社会服务的应用；二是支持各业务之间的互联互通，支持跨地区、跨部门的业务应用、信息共享和业务协同，满足各级政务部门社会管理、公共服务等方面的需求。一般认为，电子政务外网分为四级平台，即国家级、省级、地市级、县级的电子政务外网平台。

2. 电子政务内网信息资源的共享模式

电子政务内网信息共享模式主要采取 C/S 网络架构方式，政务服务客户端装载应用软件，对涉密政务信息进行传输、交换。为顺应政府业务发展和安全保密的要求，电子政务内网信息资源一般采取专用网络进行加密传输，主要以各种较完备的信息系统的形式来实现共享。主要有电子公文系统、电子司法系统、电子财政管理系统、电子办公系统、电子培训系统、公安情报系统等。

（1）电子公文系统。电子公文系统是指在保证信息安全的前提下，利用信息安全、计算机、数字文档、中间件等技术，将政府的各项通知、公告、报告、请示、批复等红头文件以数字方式在不同的政府部门间实现瞬时传送。因此，这不仅能大幅提高处理公文的效率，而且也将消除传统公文长途传送的不良现象。

（2）电子司法系统。电子司法系统是指政府司法机关之间通过电子化手段共享司法信息，如公安机关的刑事犯罪记录、审判机关的审判案例、检察机关的检察案例等，并建立政府司法机关与企业数据库的联机分析处理体系，对司法数据进行数据挖掘。因此，这不仅能起到促进司法工作的开展、提高电子司法鉴定能力等改善司法工作效率的作用，而且对司法工作人员能力和水平的提高也将大有裨益。

（3）电子财政管理系统。电子财政管理系统是指向政府主管部门、审计部门和相关机构提供各种涉密的分级、分部门、分时段的政府财政预算及其执行情况报告，包括从明细到汇总的财政收入、开支、拨付款数据以及相关的文字说明和图表。这不仅便于有关领导和部门及时掌握和监控财政状况，而且将使政府财务管理工作水平上升到一个新台阶。

3. 电子政务外网信息资源的共享模式

电子政务外网信息共享模式主要采取 B/S 网络架构方式，通过电子政务外网对电子政务信息资源实现共建、共享。基于我国电子政务外网当前的环境，可以将其总结并分为政府信息公开发布、政府外网信息增值开发、政务信息交换三种基本模式。

（1）政府信息公开发布。最基础也是最重要的电子政务外网信息共享模式就是政府信息公开发布平台。通过这一平台，政府的各类重要文件、数据、资料等向社会公开发布。政府信息公开发布平台是一个集成的平台，是各级政府向社会公众进行沟通的重要形式。其中，电子政务外网信息资源共享的核心就是政府公共数据中心建设。而要有效实现对公共数据的全面共享，首先需要对政府各职能部门的数据库进行调查和分析，其次需要认真分析各职能部门资源共享的需求，再次抽取出具有全局性的共享数据，最后建立统一管理和维护这些数据的公共数据中心。

（2）政府外网信息增值开发。通过电子政务外网，政府可以向社会公众提供各种形式的服务。然而，很多集成的服务、智能的服务，光靠政府出资是无法完成的。在这种情况下，政府可以将自己的一些数据提供给第三方实体，利用外包、融资等方式对政府外网信息进行再加工、再利用，从而为社会公众提供更优质的服务。政府信息增值服务是政府外网信息资源"再利用"后对公众提供服务，是政府通过不同渠道和方式对可开发利用的外网信息资源进行整合，以供公众使用的服务过程。政府向外公布行政法规、组织机构信息等的活动是不应该收费的。但是反过来，做增值开发利用的时候提供的信息，可以收取成本费。

（3）政务信息交换。政务信息交换平台主要指在电子政务外网上建立以各类数据交换为核心的信息资源交换平台，通过建立底层结构来联系横贯整个政府机构内外的异构系统、应用、数据库资源。这种信息资源的共建与共享工程较大，成本较高。但该模式能支持不同业务、不同软硬平台对不同结构数据交互的要求，满足办公自动化、电子邮件系统、内外门户网站，以及其他的应用系统之间无缝地共享和交换数据的需要[①]。因而构建良好的政务信息交换平台是提高电子政务外网信息共享实效的一个重要突破口。

（二）基于不同主体的电子政务信息资源共享模式

这是最常见的电子政务信息资源共享模式的划分，分为G to G、G to B和G to C三种模式。

1. G to G电子政务信息资源共享模式

G to G模式即政府（Government）与政府（Government）之间的电子政务信息资源共享模式，又称作G 2 G模式。它是指为了实现政府需求即上下级政府、不同地方政府、同级政府部门之间对电子政务信息资源共享的需求，而建立起来的一种模式。该模式的主要目的是打破政府机关各组织部门"信息孤立"的格局，加速政府内部信息资源的共享。

G to G模式主要是由G to G模式的行为主体、G to G电子政务信息网络平台、共享的G to G电子政府信息资源系统三大基本要素组成，如表3.1所示。

表3.1 G to G模式三要素

要素名称	要素内容	说明
行为主体	政府	上下级政府、同级政府不同部门
网络平台	内部网（Intranet）、外部网（Extranet）	政府专用网、内网
信息资源	各政府所需	半保密的、公开的

① 杨琳瑜．电子政务环境下政府信息资源共享模式探索［J］．农业网络信息，2009（6）：82.

G to G 模式的行为主体是上下级政府、同级政府的不同部门，该模式的主要运行平台是 Intranet、Extranet。运行在 Intranet 上的电子政务信息资源主要用于供上下级政府部门共享，它是一个政府专用网，以政府为中心，连接下级政府、各局委办和政府下属机关部门的办公业务资源网。而运行在 Extranet 上的电子政务信息资源则主要是用于同级政府的不同部门来共享，它是一个内部网络，一般是利用 Internet 网络技术在部门原来的局域网基础上建立起来的，目的是使政府部门办公实现电子化和网络化。

2. G to B 电子政务信息资源共享模式

G to B 模式即政府(Government)与企业(Business)之间的电子政务信息资源共享模式，又称作 G 2 B 模式。它是指为了实现政府与企事业单位之间电子政务信息资源的共享而建立的一种模式。

G to B 模式主要是由 G to B 模式的行为主体、G to B 电子政务信息网络平台、共享的 G to B 电子政府信息资源系统三大基本要素组成，如表 3.2 所示。

表 3.2　G to B 模式三要素

要素名称	要素内容	说明
行为主体	政府、企业	政府各部门与各企事业企业
网络平台	外部网	虚拟专用（vpn）
信息资源	企业所需	公开性

G to B 模式的行为主体是政府各部门和各企事业单位。该模式的主要运行平台是外部网（Extranet），简单地说，Extranet 是以互联网（Internet）为基础、采用 Internet 技术在政府与企事业单位之间运行的特殊网络，主要为企事业单位提供政务共享的电子政务信息，是内部网（Intranet）的延伸与扩展。按照网络的类型，Extranet 可以分为公用网络、专用网络和虚拟专用网。其中公用网络是指政府允许企事业单位通过任何公共网络（如 Internet）访问政府提供的可以共享的电子政务信息资源。该网络不提供任何安全保护措施，风险比较大，因此 G to B 模式运行平台不选择该网络。专用网络是指政府与企业进行专线连接，这种连接是政府与企业的 Intranet 之间的物理连接，该网络的成本太高，也不适合用作 G to B 模式的运行平台。虚拟专用网是一种在公共网络上运行的专用网络，目的是替换原有的昂贵专线租赁或帧中继方式，而使用隧道技术，为企业在 Internet 上开通一条专用道，把全国各地的企业连接起来，该网络是在 Internet 上将局域网扩展到远程网络和远程企业计算机的一种成本效益计价的方法①。我们把它作为 G to B 模式的运行平

① 杨安．电子政务理论与技术［M］．北京：清华大学出版社，2007：167~147.

台。Extranet网络平台上共享的电子政务信息资源主要是各企事业单位所需求的，该信息一般都是可以公开的，各企事业单位都可以共享。该信息具体包括政府电子化采购与招标信息、电子税收信息、电子工商行政信息、中小企业的电子服务信息、综合服务信息等电子政务信息资源。

3. G to C电子政务信息资源共享模式

G to C模式即政府（Government）与社会公众（Citizen）之间的电子政务信息资源共享模式，又称作G 2 C模式。它是为了实现政府与社会公众之间电子政务信息资源的共享而建立的一种模式。

G to C模式主要是由G to C模式的行为主体、G to C电子政务信息网络平台、共享的G to C电子政府信息资源系统三大基本要素组成，如表3.3所示。

表3.3 G to C模式三要素

要素名称	要素内容	说明
行为主体	政府、公众	政府与社会公众
网络平台	Internet	互联网
信息资源	公众所需	公开性

G to C模式的行为主体是政府、社会公众，该模式的主要运行平台是Internet。Internet是一个全球性的信息系统，主要是通过TCP/TP协议将世界各地的网络连接起来，以实现资源共享、提供各种应用服务。Internet网络平台上共享的电子政务信息资源主要是政府面向社会公众所提供的各种电子政务信息，具体包括政府的政策、方针、法规、行政规章制度，电子身份认证信息，社会保障信息，民主信息，医疗信息，教育、培训信息等。

在政务信息化进程中，严格按照电子政务信息资源共享的几种常规模式进行划分并不常见，通常是各种模式交叉使用，有机结合，依据不同的平台、不同的主体灵活建设，这样可以发挥电子政务信息资源共享的最大功效。

三、电子政务信息资源共享的目标模式

在我国电子政务的发展中，尤其是在电子政务信息资源共享的过程中，存在着各种各样的问题，目前表现最为突出的问题主要包括：电子政务信息资源的发布不及时、分布不均衡、获取不方便等，且存在很严重的信息孤岛现象。基于电子政务信息资源的服务目标、技术目标而构建的共享模式称为电子政务信息资源共享的目标模式。以这些目

标为导向，我们认为共有四种目标模式，即便民型电子政务信息资源共享模式、集成型电子政务信息资源共享模式、远程型电子政务信息资源共享模式及动态型电子政务信息资源模式。

（一）便民型电子政务信息资源共享模式

所谓便民型电子政务信息资源共享模式是指为了实现政府信息资源更好的服务人民、便于人民利用，满足人民日益增长的物质和文化要求，实现民众充分利用政府的信息共享这一目标，在信息化主管部门的统一规划及政府的大力扶持下，构建一个旨在使人民方便享用的电子政务信息资源共享模式。具体来说，是指通过信息服务平台的交互性技术形成一个便捷型的政府信息服务供给模式，该模式能使受众享受到办事时间短、服务效率高的政府信息服务的前台“一站式”服务。

便民型电子政务信息资源共享模式的立足点是使电子政务信息资源在务民、利民的基础上强调便民。因此它要求在共建该模式时，要充分考虑人民对电子政务信息资源共享的需求，要时刻牢记以广大公民最根本利益作为出发点，要以能服务于民、方便于民、有利于民作为应用目的。要遵从民意的要求，坚持以民为本的理念，坚持思想上务民，内容上利民及方式上便民这一宗旨。通过运用该模式，可以使民众通过便捷地方式获取自己所需的电子政务信息，完成一些基本业务的办理，增强民众的共享和参与意识，对政府的行政行为起到有效的监督作用，使政府工作过程更透明。

（二）集成型电子政务信息资源共享模式

所谓集成型电子政务信息资源共享模式是指为了消除政府各部门之间的信息孤岛，满足政府各部门对电子政务信息资源互通互用的要求，使政府各部门能够最大限度地利用电子政务信息资源，实现政府内部各电子政务信息资源共享这一目标，在政府有关部门的统一规划和主导下，通过相关的信息技术，把封闭在各个孤岛中的信息进行有效集成的一种模式。

长期以来，因为技术、政务标准、体制等不够完善，政府部门拥有的信息只能在封闭的内部进行循环，以致形成一个个“孤岛”（通称“信息孤岛”）[①]。主要表现在：政府各部门之间在信息化建设中彼此独立，无法实现信息资源的共建与共享，即使是在某一政府机关内部也可能同时并存着图书馆（室）、档案室、办公室、数据中心等几个彼此独立的部门，政府信息资源远没有实现有效整合。部门之间的电子政务信息资源无法有效共

① 李宇．电子政务信息共享与整合［J］．广东行政学院学报，2008（10）：49~50.

享，使某些部门无法继续开展电子政务信息资源共享模式的建设，以致我国电子政务发展受阻。集成型电子政务信息资源共享模式是在政府现有的网络基础上，坚持以民为本，充分运用高尖新的信息技术将各区域、部门、载体、格式存在的“信息孤岛”整合成一个有机整体，促使原来的部门之间以及中央与地方各级政府之间的各类阻碍消失，信息孤岛消除，信息资源的利用率提高，实现政府各部门间电子政务信息资源的有效共享。

（三）远程型电子政务信息资源共享模式

所谓远程型电子政务信息资源共享模式是指为了打破电子政务信息资源在空间的限制，满足分布在不同地理位置上的需求主体对电子政务信息资源跨时空的共享要求，实现电子政务信息资源的跨地域应用这一目标，在政府有关部门的统一规划和主导下，在已有的电子政务基础设施及网络设施的基础上，对电子政务系统进行互通互联，使电子政务信息资源实现远程共享的一种模式。简而言之，它是指在电子政务信息资源共享过程中，通过远距离虚拟技术及多媒体技术的支持，模拟现实中的交互场景，以实现政府与企业、公众远程在线实况交互。

远程模式旨在从政府与公众远程互动传输层面来克服远程虚拟传输过程中信息流动与失真问题。多媒体和虚拟现实技术的成熟与发展是该模式实现的有效保证。远程信息服务中多媒体技术主要应用在媒体采集、存储及图像处理等方面，并需要多种多样的多媒体数字设备支持。

（四）动态型电子政务信息资源共享模式

所谓动态型电子政务信息资源共享模式是指为了避免形成电子政务信息资源数据库死库，提高电子政务信息资源的利用率，实现电子政务信息资源的及时更新这一目标，拥有电子政务信息资源的政府部门对电子政务信息资源进行及时的更新与发布，进行实时交互的一种模式。

社会信息资源里的 3 000 多个信息库及 80% 有价值的信息被我国政府部门掌握着，但是这些被掌握的资源里只有约 10% 是能被有效利用、及时更新的，绝大部分的信息资源仅仅是被收藏在数据库中而已，大量有价值信息资源就只能被锁在仓库里无用武之地[①]。同时，网站尤其是政府门户网，作为电子政务信息资源的载体，以前绝大多数由单纯的超文本标识语言（HTML）编写的静态网页组成，缺乏交互性，如同“死水一潭”。随着信息技术的发展，很多网站开始利用先进的 JAVA 、XML 等技术，进行网站信息动

① 丁全 . 网络信息资源检索方法［J］. 中国经济，2013（12）: 95.

态发布，实现了人机交互式模型。但是，工作人员关于信息及时更新的意识有待加强。电子政务信息资源动态共享不足在根本上是由于政府信息收集和传输更新不足。因此，动态型电子政务信息资源共享模式立足于将所产生的电子政务信息资源进行及时的更新，不断地为原有的电子政务信息资源数据库注入新的血液。

该模式的最大特点是实现电子政务信息资源共享中信息及时、时刻更新，为信息使用者提供追踪、增值服务。政府内部的信息采集、加工是动态型电子政务信息资源共享的首要环节。只有此环节及时、准确地开展工作才能有效保证电子政务信息资源共享的实现。而动态型政府信息资源共享模式能实现的另一个关键因素是能顺利利用现代通信、信息等技术实现政府内部办公系统的自动化。

四、电子政务信息资源共享的实践模式

电子政务信息资源共享的实践模式是以电子政务信息资源共享的组成要素为基础，依据电子政务信息资源共享的构建主体而提出的一种模式。在电子政务信息资源共享的过程中，会涉及共享的电子政务信息资源的提供者、电子政务信息资源共享的使用者、共享的电子政务信息资源的内容及其性质等四个基本要素。这四大要素彼此的不同相关程度、作用方式构成了不同特点的电子政务信息资源共享模式，电子政务信息资源共享模式不同的共建主体则形成了不同类型的实践模式。其中共享的电子政务信息资源的性质在某种程度上决定了共享的电子政务信息资源的提供者，不同的电子政务信息资源提供者决定了不同的电子政务信息资源共享模式的共建主体，从而成为区别不同电子政务信息资源共享实践模式的主要依据。电子政务信息资源共享的实践模式主要有电子政务信息资源共享的政府主导模式、电子政务信息资源共享的市场导向模式和电子政务信息资源共享的社会运作模式。

电子政务信息资源共享必须结合实践。从电子政务信息资源的属性分析中，能得知电子政务信息资源是一种特殊的公共物品，它具有纷繁复杂的种类和多样的性质等特点。不同性质的电子政务信息资源，其提供电子政务信息资源共享模式的主体也有所区别，可以是政府、企业、社会团体以及非营利性组织或是以其中某种为主而进行的组合。对于不同经济性质的电子政务信息资源，我们应根据公共物品性质（即“纯度”）的不同，采取不同的共享模式。对于电子政务纯公共信息资源，我们主张采用电子政府主导模式，对于电子政务准公共信息资源，我们强调采用市场导向模式，而对于混合电子政务信息资源，我们倡导采用社会化模式。下面具体阐述以上三种模式。

（一）电子政务信息资源共享的政府主导模式

所谓电子政务信息资源共享的政府主导模式是指电子政务信息资源共享主要由政府主导，参照公益、行政的机制来运行，采用政府直接或间接生产（整体或部分参股）的方式，政府无偿向社会提供共享的一种模式。政府是此模式的共建主体，共享的电子政务信息资源主要包括电子政务的准公共信息资源和纯公共信息资源。因此，该模式中电子政务信息资源的使用者无须付费就可以获取该信息资源。

具有完全非排他性与完全非竞争性的电子政务信息是电子政务纯公共信息资源，类似于公共物品理论中的纯公共物品。任一公民都能免费共享电子政务信息资源，且边际成本为零。政府部门内部和政府部门之间的业务处理信息以及广泛服务于社会公众的信息是纯公共信息资源。如政府向社会发布的政策法规、工作规划等决策信息，政府部门的职能设置、办事指南、办公文档等事权公务信息，向公众免费提供的税收征管、市场供求、社情民意动态、热点透视等公益服务信息。

电子政务纯公共信息资源和大部分长期被自然垄断的电子政务准公共信息资源的经济性质决定了必须由政府主导此类电子政务信息资源的共建共享。对于电子政务纯公共信息资源，由于公共物品的消费不可避免地存在“搭便车”现象，如果由市场机制来调节，必然出现严重的供不应求。且在整体电子政务信息资源里，纯公共信息资源所占比例相对较大，实现该部分信息资源共享是一个很复杂的工程，所需的成本非常大，而社会团体、非营利组织、个人的能力有限，无法大规模的供应。因此，对于电子政务纯公共信息资源的共享必须依靠政府，只有政府才能保障公众的公共利益的实现，弥补市场和社会力量供给的不足。

（二）电子政务信息资源共享的市场导向模式

所谓电子政务信息资源共享的市场导向模式是指主要依托市场力量，通过市场运行机制来合理配置电子政务信息资源从而促进电子政务信息资源共享。这种模式的共建主体是企业，共享的电子政务信息资源主要是电子政务准公共信息资源。此信息资源的使用者须付费才可以获取该信息资源。

具有非排他性和（或）不完全竞争性的信息是电子政务准公共信息资源。其不仅有纯公共物品的性质，还有私人物品的性质，但总的说来，其侧重于公共性。电子政务准公共信息资源直接或间接具有商业价值。准公共物品可以由政府、私人企业、社会组织、个人等多种主体共同参与提供。事实证明，任何一个国家的政府都不是万能的，在市场经济条件下，政府应有所为并有所不为。实践证明，对于人们的准电子政务信息资源需求，政府不能很好地满足，因此各种供应与需求的冲突显现出来，政府提供准电子政务信息资源存在失灵的现象。将市场机制引入电子政务信息资源共享领域，能对政府的供应能力进行完善。电子政务准公共信息资源有着很强的竞争性，得投入一定生产成本，其也有着一定排他性，能从技术上使收费变得可行。在电子政务环境下，我们主张电子政务准公共信息资源主要由市场来提供。

总之，引入市场机制对电子政务公共信息资源共享来说是一种有益尝试，因为其能为信息资源共享带来大量人力、丰富资本、顶级设备、优质机制。但是市场化、私有化尚存内部不足，会带来诸如交易滋生的腐败，由政府垄断转向私人垄断等问题，因此，健全准电子政务信息资源共享的市场导向模式不是一蹴而就的，仍有许多方面亟待完善。

（三）电子政务信息资源共享的社会运作模式

电子政务信息资源共享的社会运作模式是指电子政务信息资源的共享主要依托社会公共机构（社会团体、第三部门、社区）或个人力量，依靠道德与公益心，自愿组织生产及提供电子政务信息的一种模式。社会公共机构是此种模式的共建主体，共享的主要是混合电子政务信息资源，它们不以营利为目的。该模式中电子政务信息资源的使用者无须付费。

混合电子政务信息资源对应于公共物品理论中的混合公共物品，有着不完全非竞争性和不完全非排他性。混合电子政务信息资源的不完全性体现在其虽然并非完全符合这两个标准，但也不是完全不符合，即混合电子政务信息资源不完全具有私人物品的排他性和竞争性，且总的说来它还是稍侧重于公共性。混合电子政务信息资源的不完全非排他性主要体现在能通过收费的手段排除一部分人消费该信息的可能。不过信息资源具有共享性，不能排除已经购买了电子政务信息资源的消费者将信息散布出去的可能，但假如那些接受他人中转信息的人为此付出的交易成本高于从源信息资源提供者处购买信息的费用时，这部分人大都会选择购买源信息资源。

那些竞争性不强、排他性成本不高的电子政务信息无法通过市场和政府来供给，就得依靠社会的力量。社区、个人、第三部门等社会的力量对混合电子政务信息资源共享来说是必不可缺的。社会公共机构经常开展社会公益性服务，在共享政府信息资源、提高生产效率与公民福利以及繁荣经济中起着重要的作用。政府信息资源中的弱竞争信息是混合电子政务信息资源的主要内容。政府信息资源的混合提供，是指政府按成本价，采用财政补贴与向受益人收取适当费用相结合的方式提供政府信息产品、服务。政府信息资源的提供单位若自负盈亏，实行企业化经营，那么提供的这类信息则主要指较强的竞争信息。这类信息可以通过市场、社会公众、第三方实体来提供，以收费的形式来回收成本，并可有一定的利润。由此可见，社会公共机构和个人提供的混合电子政务信息资源共享能够充分实现对电子政务信息资源共享的有效补充。

电子政务信息资源共享的三大基本实践模式之间是相互联系，互相影响的。其构成的要素如表 3.4 所示。

表 3.4　电子政务信息资源共享的实践模式构成要素

模式名称	模式的共享内容	模式的共建主体
政府主导模式	电子政务纯公共信息或自然垄断性较高的电子政务准公共信息	政府
市场导向模式	电子政务准公共信息	企业
社会运作模式	混合电子政务信息	社会公共机构、个人

第 2 节　电子政务信息资源共享模式选择的注意事项

一、电子政务信息资源共享模式的影响因素

电子政务信息资源共享模式的构建是一项冗杂的、涉及因素很多的系统工程。其中最具根本性影响的因素主要有电子政务信息资源共享模式的需求迫度、电子政务信息资源共享模式的服务效度、电子政务信息资源共享模式的技术成熟度、电子政务信息资源共享模式的资金盈度、电子政务信息资源共享模式的观念深度等五个方面。

（一）电子政务信息资源共享模式的需求迫度

电子政务信息资源共享模式的需求迫度即指政府、企业、社会团体、公众对电子政务信息资源共享模式需求的迫切程度。随着我国电子政务信息资源建设的推进，电子政务信息资源建设的重要性不断凸显，公众的信息意识越来越强，因此其对电子政务信息资源共享的要求越来越高，需求越来越大，电子政务信息资源共享模式建设的社会环境和氛围日趋良好。电子政务信息资源共享模式的运行要摆脱以政府为中心的建设模式，要以社会、公众的需求为中心进行平台构建。然而，目前我国电子政务信息资源共享的一些服务内容却与社会公众的需求存在着错位的现象[①]。对一些电子政务重要服务内容，

① 汪向东．我国电子政务的进展、现状及发展趋势［J］．电了政务，2009（7）：44.

公众的服务需求往往反响平平。另外公众还有个传统心理，总觉得当面办事更踏实一些，认为通过电子网站进行电子政务服务很虚，办理效率不能保证。电子政务信息资源模式的构建受到现有共享管理体制的桎梏，一些传统的政府管理体制直接影响了电子政务信息资源共享的需求，电子政务统一运作与各级政府各自为政的冲突影响了跨部门信息共享，信息无偿提供与部分信息有偿提供的冲突对电子政务信息资源共享模式的构建需求、运行机制产生了消极影响，共享系统的内容规划者与开发设计者之间的磨合不够，最终使信息共享需求失真。这使得政府电子政务信息资源共享模式的需求分析同社会公众存在一些分歧，使得很多电子政务信息资源服务流于形式。因此，准确掌握公众对电子政务信息资源共享的需求以及提高其需求的迫度，是电子政务建设者应该着重考虑的问题。

一般来说，社会公众要求共享的电子政务信息资源并不是一成不变的。马斯洛的需求理论将人们的需求分为生存、安全、社会交往、尊重和自我实现五个层次，人们的需求跟随经济条件变化从低向高转变，在一定程度上反映了人类行为和心理活动的共同规律[①]。马斯洛需要层次理论对政府如何有效地调动社会公众对电子政务信息资源共享的社会需求有着积极的作用。对于电子政务信息资源的需求也有一个层次问题，需求主体和需求变化的多样性是电子政务信息资源共享模式多样性的一个重要依据。从电子政务信息资源的经济特性来理解，电子政务信息资源是一种公共物品，政府、社会、公众形成了电子政务纯公共物品共享和电子政务准公共物品共享[②]。政府应该把握社会公众对电子政务信息资源共享的需求及偏好程度，对纯公共物品和准公共物品的需求按不同的思路构建共享模式，对人们关于电子政务信息资源共享多样化的需求尽量给予满足。电子政务信息资源共享的需求不仅能收获社会收益，还能提供间接或直接经济收益给政府部门、企业及个人，电子政务信息资源需求收益的多样性是与其需求目的和用途的多样性紧密联系的[③]。电子政务信息资源共享模式的构建，靠政府单方面提供来满足人们的不同需求是远远不够的，应充分发挥市场和社会公众的作用，调动其积极性，提高电子政务信息资源共享的程度。

（二）电子政务信息资源共享模式的服务效度

电子政务信息资源共享模式服务效度是指政府在提供信息服务的过程中，最大限度满足社会公共的需求，实现预期的电子政务信息资源共享模式的服务目标，提升电子政

① 马斯洛人类需求五层次理论 .MBA 智库百科［EB/OL］.［2011-5-21］. http: //wiki.mbalib.com/wiki/.

② 何振 . 试论电子政务信息资源共享的政府主导模式［J］. 档案学研究，2010（3）: 40.

③ 刘强，吴江 . 政府信息资源分类共享方式的研究［J］. 中国行政管理，2004（10）: 28.

务信息资源效能的程度。高效度的电子政务信息资源服务是电子政务信息资源共享模式构建所追求的一个目标。电子政务信息资源共享模式的核心是共享的电子政务信息资源，其数量的丰富程度将会直接影响电子政务信息资源共享模式服务的广度，其质量上的优化程度直接影响电子政务信息资源共享模式服务的深度，其地理空间分布上的均匀程度则会间接影响电子政务信息资源共享模式的服务密度。因而，提高电子政务信息资源共享模式的服务广度、深度、密度是电子政务信息资源共享模式运行成功的至关重要的因素。

然而，当前电子政务信息资源共享服务模式的服务效度不高，体现在电子政务信息资源共享服务模式的内容、方式两个方面。

1. 电子政务信息资源共享模式的服务内容有限

电子政务信息资源是国家的重要资源，据统计，全社会的信息资源总量中，大约有80%掌握在政府部门，若这些有价值的信息资源能被有效开发利用，其自身市场价值将会进一步实现，进而推动电子政务信息资源共享模式的建立。然而，政府作为电子政务信息资源最大的收集者、生产者和消费者，以及最大的信息资源拥有者和共享信息资源的发布者，却无法满足社会公众对电子政务信息资源共享模式的最终服务需求。各级政府计划统计部门和综合信息机构基本上以数据信息的收集、分类、加工和整理为主要形式，重采集轻分析，且拘泥于对电子政务信息的简单罗列和描述性概说，面向公众的服务局限于政府法规文件等静态信息公告等浅层次信息沟通，而调查研究、决策咨询、对比分析和战略研究等深层次信息服务明显不够①。政府在提供政府信息服务的过程中主要是依据自身所拥有的资源来提供有限信息的发布，实际上很少考虑公众所需，在提供信息服务过程中很少进行跟踪服务，信息服务的增值业务更少。

2. 电子政务信息资源共享模式的服务方式单一

电子政务信息资源共享模式的服务方式有两部分含义：一是政府用来传播、发布公共信息的各种途径和手段，例如以公告栏、政府出版物、大众传媒等形式披露公共信息；二是政府公开公共信息的各种表现形式，例如公开相关信息是政府主动还是依当事人申请②。目前我国政府公共信息公开的方式较为单一，并且渠道建设也亟须加强，政府一般是通过相关的各种载体，单向的向社会提供信息服务，依公众申请或意愿提供政府信息服务的方式较少采用。政府公开政府信息应遵循公正、公平、便民的原则。而便民的基础是互动与互信，因此，政府信息公开工作应运用网络等手段，朝“互联、互通、互动、

① 施雪华，邓集文. 当前中国政府公共信息服务的问题与对策［J］. 行政论坛，2009（2）: 25.

② 施雪华，邓集文. 当前中国政府公共信息服务的问题与对策［J］. 行政论坛，2009（2）: 25.

互信”方向扩展、提升，在多层面、实质性、便捷化服务上多下工夫，如增设并办好“直播视频（音频）”、“民意调查”、“在线访谈”、“你问我答”、“网上审批（办理）”、“投诉举报”等多种服务模式，同时可以考虑结合一些个性化的电子政务信息资源共享服务模式，这样才能最大化满足公众对电子政务信息资源的需求。

提高电子政务信息资源服务的效度是加快电子政务信息资源共享模式建立的推动器，政府应理顺电子政务信息资源服务职能，改革电子政务信息服务资源管理组织，设立并推进政府 CIO 制度，深化改革政府信息服务管理体制，同时完善电子政务信息资源共享服务的多元环境，健全信息服务的运行机制、整合机制、信息发布机制、保密机制，丰富其服务内容，最终增强其服务效度。

（三）电子政务信息资源共享模式依托的技术成熟度

电子政务网络技术是电子政务信息资源共享模式得以健康、顺利运行的保障，它的发展给电子政务信息资源共享模式提供了有力的支撑。电子政务网络平台是电子政务信息资源共享模式的运行载体，电子政务网络平台建设成熟与否，直接影响信息资源共享的实现。电子政务信息资源共享模式的建立、发展、完善离不开技术的发展，尤其是网络安全、数据库、信息集成等技术的发展。解决电子政务信息资源共享中信息共享性、完整性、开放性、互联性及与局域网隔离的关系，是建立安全的电子政务信息共享模式的前提。但是，随着网络技术的发展和黑客水平的提高，网络被恶意或非恶意入侵的机会越来越多。不可否认，互联网技术的出现给人们带来了很大的便利，但是，互联网给人们带来积极影响的同时，也带来了一些负面的影响。近年来发生在互联网上的安全事件不胜枚举，且逐年呈爆炸增长趋势。因此，要保证共享的电子政务信息资源的存储与传输安全，防止侦听、截获、窃取、破译等被动攻击和修改、伪造、冒充、病毒扩散等主动攻击，确保防火墙技术、加解密、容错、数据拷贝和恢复、数字证书等技术的合理运用。

电子政务信息资源共享模式的构建依托于网络技术平台的建设，需要将各种格式的电子政务信息资源集成在所选的电子政务信息资源共享平台上，必须利用数据库技术、信息集成技术解决新旧系统间的信息更新与数据导入问题。在我国，根据国家电子政务建设方案，电子政务的网络平台分为政府内网（副省级以上机构或单位）、专网（地方政府政务的网络联接以及与副省级或以上政府内网的联接、或省政府部门内部办公局域网及其联接）、外网（面向社会公众提供服务的门户网络）三大部分[①]。电子政务网络平台的

① 刘邦民．电子政务建设与管理［M］．北京：北京大学出版社，2005：112.

发展为电子政务信息资源相互交流、相互传递提供了广阔平台，为政府机构、企业事业单位和民众利用电子政务信息资源创造了有利的条件。网络平台建设在网络设备和系统平台选型时，要符合国际网络标准及工业标准，从而使系统的硬件环境、通信环境、软件环境相互之间的依赖程度降到最低，使其各自发挥自身的优势。目前，我国电子政务三大网络平台建设已基本成熟，这为电子政务信息资源共享模式的建立提供了很好的运行平台。

（四）电子政务信息资源共享模式构建的资金盈度

电子政务信息资源共享模式构建的资金盈度指在电子政务信息资源共享模式构建中有充足资金。资金是电子政务信息资源共享模式构建成功的重要保障。在电子政务信息资源共享模式的构建过程中，资金的来源是第一位的，没有它，电子政务信息资源共享模式的构建就只是纸上谈兵。电子政务信息资源共享模式构建主要涉及以下三方面资金问题：一是建设基础设施费用；二是建设、维护网络平台费用；三是培训工作人员费用。我国是综合国力和国民人均收入水平都不高的发展中国家，离现代化的要求相差甚远。实践证明，在我国，经费问题是制约我国电子政务信息资源共享模式构建的关键问题，甚至可能是根本问题。

从本质上讲，电子政务信息资源共享模式的投资主体是国家，费用主要来自拨款和税收。在我国电子政务信息资源共享模式的建设中，政府投资、各级财政直接拨款是最传统、最常见的资金来源。但只依托政府的能力难以对社会各行各业、各类主体的信息进行有效地收集、加工、整理、分析。总的来说，我国电子政务信息资源共享中各地经费的投入力度参差不齐，在绝大多数欠发达地区，政府投入电子政务信息资源共享模式建设的经费份额是十分有限的。我国电子政务信息资源共享模式的建设时常出现以下困难局面：投资小的项目在经济发达地区或部门的支持下尚能顺利开展，但是投资需几千万甚至上亿元的工程常因为资金筹集困难推迟或放弃项目规划；对于经济欠发达地区，电子政务信息资源共享模式的建设则往往会因无法筹措资金被理所当然的搁置。因而对我国电子政务信息资源共享的均衡发展来说，合理划拨各地区电子政务信息资源共享模式构建资金有着积极的意义。

电子政务信息资源共享模式的建设是一项长期性的、可扩充性的工作，是一项需要连续投资的系统工程。当电子政务信息资源共享模式建立后，第二步就需对支持该模式运行的软件进行更新升级、进行网络设备更新与升级以及模式的管理与维护。而这些都需要资金支持，都需要政府部门进行投资。政府的财力是有限的，为了解决财政资金的紧缺，政府不得不扩展融资渠道来筹集资金，使电子政务信息资源共享模式建设持续、深入地开展下去。美国电子政务信息资源共享模式建设的资金获取形式多样，政府网站销售的商品从军用设备到民用日常用品无所不包，多家政府网站正在从事直接向公众出售商品或服务的业务，拓宽了信息资源共享模式建设的筹资渠道。一般来讲，政府筹集资金的主要途径有企业和社会公众。政府通过吸收民营资本和非政府组织、社会公众的资金投入，在能确保电子政务信息资源安全的情况下，让企业、个人参与筹资、建设、运营和管理。企业和民间的投资在电子政务信息资源共享的发展中也扮演日益重要的角色，因而政府要积极引入市场力量，推动电子政务信息资源共享模式建设市场化，有效汇集企业、相关社团组织、公民个体的资金，更进一步促进电子政务信息资源共享的发展。

（五）电子政务信息资源共享模式的观念深度

思想观念主导人们思维和行为的方式。受传统官僚观念影响，在电子政务信息资源共享模式构建中政府部门条块分割、地区封锁现象严重，各职能部门的“本位主义”思想严重，缺乏协作精神，人为地造成跨部门、跨地区的信息交流障碍。思想解放是社会变革的前提，观念创新是一切创新的先导。电子政务信息资源共享模式构建中观念的缔造受诸多客观或主观因素影响，具体表现为：

1.“政府垄断一切”现象普遍存在

在传统的行政管理理论中，政府是公共权力的代表及公共服务的主体，所以，电子政务信息服务只能由政府提供。受传统行政管理理论影响，在电子政务信息资源共享中，政府实行全面介入，参与电子政务信息资源共享的各个环节。实践证明，对于电子政务信息的采集、开发、组织等工作，由政府单独完成，不但无法提升公众对信息服务的满意指数，增强政府的权威，相反，会导致信息服务低效率或信息失效、成本浪费，如一些本应提供给公众的信息，被政府垄断，一些本应由社会直接提供给公众利用的信息，经政府采集再向社会提供。“政府垄断一切”，在实际上阻碍了社会组织的自我发展和完善，同时也造成了政府资源和社会资源的极大浪费，无益于电子政务信息资源共享的全面健康协调发展，无益于政府和社会间的信息资源双向良性流动。

2. 部门之间信息冲突屡见不鲜

政府各部门是不同的利益主体，各部门对“政绩”和自身利益的追求种类与诉求心理各不相同，因此常常造成不同的政府部门发布的信息不同，政府信息服务机构之间的协调不足，甚至部门间各类电子政务信息资源互相矛盾。很多部门花大量资金建设的信息化工程仅仅是为了方便本单位或系统的员工的工作。各部门信息化的资金由本部门支付，建设自上而下的网络，并没有考虑其他相关部门，因此不同部门、地方建立的数据库和需要统筹的社会信息资源根本无法共享[①]。关于同一事件，不同部门提供的数据不同会给公众造成巨大的影响，会使公众没法判断数据及信息的准确性，进而无法采取相应的对策及行动，成为此类政府部门之间信息冲突的最终受害者。比如不同政府部门提供的粮食与农副产品的价格不同，农户就无法从这些信息中判断下年度产品的种植数量。

3."官本位"思想依旧严重

在电子政务信息资源共享模式构建中，政府信息服务的工作人员工作效率低下，总是以管理者自居，甚至一定要寻求部门、个人利益才履行自身的职责。这在很大程度上是因为受传统"封建家长制"和"官本位"思想的影响，过分追求及强调权威与服从的管理方法。这使得电子政务信息资源共享模式的推进工作受到严重阻挠，因而必须从根本上转变观念，使政府信息部门干部、人员的素质得到提高。

电子政务信息资源共享模式的构建必须以社会公众的最终需求为导向，摈弃不思变革、"官本位"、行政手段干预等传统老观念，树立努力创新、服务于民、遵循法律规范等现代新理念。政府部门既是信息的使用者，也是信息的提供者，电子政务信息资源共享的实现程度与政府部门工作人员是否具有开放、公用、共建、共享的观念密切相关，要让政府工作人员充分意识到社会发展、电子政务信息资源共享的基本要求是向社会公开信息，认识到政府管理和服务的基础是建设好政府机构与社会信息的共享。这既需要各政府部门的共同参与，也需要依靠社会力量的支持。同时，电子政务信息资源共享的网络是开放性的，全社会每个人、每个机构都能使用，少部分增值信息服务可酌情收费。政府作为电子政务信息资源的最大拥有者，政府工作人员作为信息的最大发布者，首先要将自己定位于整个电子政务信息资源服务系统中的一员，抛开传统官僚观念，主动地融入这个系统，坚持以社会信息需求作导向，不断优化自身管理方式与服务方式，满足人们日益增长的电子政务信息资源的需求。其次，要认识到电子政务信息资源的共享不能局限于政府资源系统内部，要有更宽广的范围，注重融合与集成政府信息资源与其他类型信息资源，这样才能和社会、公众一起构建良性电子政务信息资源共享模式。

二、电子政务信息资源共享模式选择的注意事项

目前，虽然我国各级政府已将实现电子政务信息资源共享模式作为电子政务建设的

① 李晓红，郭城，程倩．突破"信息孤岛"解决"服务缺位"——我国电子政务发展的现状、问题及思路浅析［J］．南京理工大学学报（社会科学版），2007（8）：53.

重要内容，并进入规划和开发建设阶段，但在电子政务信息共享模式建设中出现的种种问题，仍然困扰着各级政府部门。其中最为关键的问题是，在电子政务信息资源共享建设过程中采取何种模式更为可取、更为有效。总体而论，要解决这一问题，需要回答四个基本问题：

（1）电子政务信息资源共享模式选择的出发点是什么，是以需求为导向，还是以目的或应用为导向？

（2）政府在电子政务信息资源共享模式选择中的作用是什么，是主导者，还是调控者或是辅助者？

（3）所选电子政务信息资源共享模式与其他模式之间的关联程度怎样？

（4）所选电子政务信息资源共享模式在经济上的可行性如何？

（一）电子政务信息资源共享模式选择的出发点

在电子政务信息资源共享模式的选择过程中首当其冲的是所选电子政务信息资源共享模式的出发点是什么？综合本文所研究的角度，从宏观层面来讲，电子政务信息资源共享模式以需求、目标、应用为三大出发点。

1. 以需求为电子政务信息资源共享模式的出发点

从微观层面看，以需求为出发点的电子政务信息资源共享模式包括 G to G、G to B、G to C 三大共享模式；以目标为出发点的电子政务信息资源共享模式包括以便民为目的、以集成为目的、以远程及以动态为目的四类共享模式；以应用为出发点的电子政务信息资源共享模式包括以政府、市场和社会为导向的三种共享模式。

在电子政务信息资源共享初级阶段，众多政府领导不太清楚其运行机制、模式和功能。政府各部门仅从政府本身的需求角度出发，电子政务信息资源仅是为了满足上下级政府部门、同级政府的不同部门以及政府工作人员的共享需求。此时构建的模式主要是 G to G 模式。共享的电子政务信息资源主要是政府的金字塔型和“法约尔跳板”的结构形态，依据上下级政府行政隶属关系和同级政府部门间工作相关性，形成的是基于电子政务信息资源共享的垂直型和基于电子政务信息资源共享的水平型两种空间网络结构。在这种模式下，政府的工作效率和能力得到了显著的提高，然而由于此时绝大部分电子政务信息资源限制在政府专网和内网上共享，使得信息共享的范围比较狭窄，容易形成新的政府与外界的屏障与数字鸿沟，强化政府本身的利益，给企业和社会公众增添了新的负担。电子政务的本质为“便民是目的，用户是中心，应用是灵魂，网络是工具”。传统的政府工作模式是以政府机构和职能为中心，企业或公众围绕政府部门转。G to B、

G to C 共享模式的提出，是基于政府、企业、社会公众对电子政务信息资源共享的需求，满足政府本身需求的同时，着力于满足企业和社会的需求，其根本目的就是更好、更方便地服务社会，满足企业和社会公众的需求。在该模式下，电子政务信息资源除了分布在专网外，主要分布于互联网上。该网络平台对信息的沟通、反馈、互动具有明显的优势，是电子政务信息资源共享模式的发展方向。

2. 以目标为电子政务信息资源共享模式的出发点

便民型电子政务信息资源共享模式以“为民、便民、利民”为目的，使公众能够更便捷、低成本地共享电子政务信息资源。集成型电子政务信息资源共享模式以消除“信息孤岛”，实现不同政府信息资源整合与共享为目。远程型电子政务信息资源共享模式打破了地理位置对于信息需求方的限制，实现跨时空电子政务信息资源共享。动态型电子政务信息资源共享模式通过及时更新电子政务数据库，来实现电子政务信息资源动态共享。

3. 以应用为电子政务信息资源共享模式的出发点

以电子政务信息资源共享的应用为出发点，政府主导的电子政务信息资源共享模式强调的是此电子政务信息资源共享模式必须以政府指导为主；电子政务信息资源共享的市场导向模式侧重的是以市场为主，尤其是以企业为主导力量，以政府调控为辅的电子政务信息资源共享模式；电子政务信息资源共享的社会化导向模式倡导的是以社会尤其是第三部门和公众为主，以政府指导为辅的电子政务信息资源共享模式。

由此可见，在选择电子政务信息资源共享模式时，首先要明确该模式的出发点以及该出发点的侧重点是什么，不同的出发点决定了电子政务信息资源共享模式的不同价值取向，同一出发点的不同侧重点又最终决定电子政务信息资源共享具体模式。

（二）政府在电子政务信息资源共享模式选择中的作用

众所周知，政府在电子政务信息资源共享模式的建设过程中，起着至关重要的作用。但政府自身能力是有限的，如果电子政务信息资源共享的所有模式都是由政府来主导，政府显然会力不从心。从应用角度，在政府能力有限的情况下，必须结合电子政务信息资源共享的市场导向模式和社会运作模式。政府在不同模式中所起的作用是不同的。总的来说，政府在电子政务信息资源共享模式建设过程中具有主导者、调控者、监督者三大作用。

1. 主导者

政府在电子政务信息资源共享模式建设中居于主导者地位。一般来说，政府在政府主导型、G to G、G to B、G to C 和目标型电子政务信息资源共享模式中起主导者的作用。

此时的政府既要搭台，又要唱戏。政府对政府主导型电子政务信息资源共享模式全权负责。具体情况要结合各因素而定，如本地区政府能力、物力、财力、人力等。如果政府有能力，可以自行建设；反之，可以将这些模式的建设转交给企业，不过此时政府的角色就从主导者转为调控者。

2. 调控者

政府在电子政务信息资源共享模式建设中担任调控者。在电子政务信息资源共享的市场导向模式中由于政府能力不足使得企业更适合从事电子政务信息资源共享模式的构建。政府可以采用签订合同、授予经营权、经济资助（财政补贴、优惠贷款、减免税收、直接投资）、BOT 方式（即“建设—经营—转让”）、BOO（即“建设—拥有—经营”）等多种形式，把建设的主导权交给企业，实施“政府搭台、企业唱戏”的角色定位。

企业通过公开招标承接电子政务信息资源共享模式的设计、建设、运行、维护、培训等工作，而政府起宏观协调的作用，主要负责创建适宜的政策环境与法制环境，并对模式建设进行有效监管。由于企业是以谋求最大利益为目标的，企业在建设电子政务信息资源共享模式中很有可能因过分追求经济效益而忽略社会效益，所以这个时候就非常需要政府做好调控者的工作，来进行政策引导或者宏观调控。合理界定政府与企业的角色，避免出现政府既当裁判又当运动员的局面。政府过多地参与电子政务信息资源共享模式的建设，将会束缚企业的主动性与积极性，不利于信息资源共享模式的建设，并有可能最终又退回到政府完全负责的状态。因此，政府必须掌握好调控的尺度，要给企业较广的施展空间使其有利可图，要采取激励措施寻得企业投资，万不可打击企业的积极性。

3. 监督者

政府应有所为，有所不为，对于社会化电子政务信息资源共享模式，政府应交给第三部门和社会公众去共建。政府在社会化电子政务信息资源共享模式建设中担任辅助者而不是主导者的角色。政府的作用是监督社会组织的共建行为，并在建设的过程中给予一定的辅助，保持该组织和个人的相对独立性。政府在不同的模式以及同一模式的不同地区所发挥的作用是不同的。在选择电子政务信息资源共享模式过程中，必须明确政府在该模式中的作用，只有明确了政府的作用，才能更好地去选择、规划所要建设的电子政务信息资源共享模式。

（三）所选电子政务信息资源共享模式与其他模式的关联性

不同的电子政务信息资源共享模式之间不是孤立的，而是普遍联系的。本书所介绍的电子政务信息资源共享模式是从不同角度对电子政务信息资源共享进行研究所得。从电子政务信息资源共享的微观层面讲，不同的出发点和不同侧重点产生了不同的电子政务信息资源共享模式。然而从电子政务信息资源共享的宏观层面研究，从模式的概念模型出发，我们发现有的模式与其他模式中的一类或两类具有一定的融合度。比如 G to G 模式与集成型模式以及政府主导型模式，G to B、G to C 模式与目标模式中的便民型模式及市场导向和社会化模式在电子政务信息资源共享的内容上有一定的融合性。其中 G to B、G to C 模式分别是以企业和社会公众的需求为出发点，笼统地讲，它们是以社会需求为基本出发点，提供社会所最关心、最需要的电子政务信息资源。便民型模式是为了人们能方便地使用电子政务信息资源，且在强调方便公民使用的同时，也是以社会需求为导向来提供共享的电子政务信息资源。

本书所讲的电子政务信息资源共享模式，其分类都是从各自的研究背景及角度出发，并不互相排斥，所有的分类方法都有其合理性。而且不论按哪种方法划分，都不是固定不变的。电子政务信息资源共享的内容即电子政务信息在一定的条件下是可以相互转换的。如果人们对政府信息资源的需求度提高了，那么本为纯公共信息的内容可能变成准公共信息。如高考的成绩或录取结果，此信息本为纯公共信息，由教育部门以张榜等形式提供给考生，但由于一些考生或者考生父母对结果的知晓十分迫切，一定要在第一时间知晓信息，教育部门为满足他们的此种需求，就为考生提供声讯服务。不过因为此服务的边际成本并不是零，所以本来的纯公共信息在此就转换成准公共信息。

由此可见，电子政务信息资源共享模式的研究角度并非独立的，共享模式的划分也是相对的。电子政务信息资源共享模式间的界线并非泾渭分明，各模式间具有一定的相关性。

（四）所选电子政务信息资源共享模式在经济上的可行性

电子政务信息资源共享模式的选择从经济学的角度来说，实质上是经济效益的选择。信息共享本身就是一个经济效益选择问题。电子政务信息资源共享是有代价的，信息共享的成本会随着共享内容的增加、紧密程度的加大而呈直线上升，不过共享带来的经济、社会效益却会随着边际效益的增加而递减，这样就会造成共享超过一定程度之后就变成经济不合理的状况，形成一个转折点。若共享对工作带来的好处低于共享建设、运行、维护成本的增长，那么模式设计和选择者必须考虑将信息共享控制在合理程度之内的问题。

电子政务信息资源共享模式不是一个静态的工程，而是一项动态的长久的信息共享服务模式。它可能会数十年地运行下去。这样一种长效服务的运行和维护费用是非常巨大的。对于任何一个机构来说，这项费用都将是一个沉重的代价。如果该模式无法带来合理的效益，那么它将难以持续。因此，在选择电子政务信息共享模式时，就要考虑此模式是否存在长久的经济合理性，即电子政务信息资源共享模式带来的经济效益能否大于其长期运行维护的成本负担。

总的说来，就一个长期运行的电子政务信息资源共享模式而言，其存在基础是其经济上的合理性。电子政务信息资源共享模式的选择就是一个经济学的选择问题。选择需要智慧和劳动的投入，如果设计、建设、改进都不够精心，那么不可能实现任何有效益的信息共享模式。经济学最讲究的是以尽量少的资源消耗来寻得尽量多的社会及经济效益。因此，要保证电子政务信息资源共享模式运行的可持续性，就必须认真审视该模式的合理性及可行性。

第 4 章　电子政务信息资源共享的目标模式

由于在技术要求和价值取向方面电子政务信息资源共享存在不一样的侧重点，因此，可以把电子政务信息资源共享分为便民型模式、集成型模式、远程型模式和动态型模式等四种目标模式。这种分法不具有通常意义上的相互排斥性，只是为了更好地理解和说明电子政务信息资源共享的建设目标。

第 1 节　电子政务信息资源共享的便民型模式

拉赛尔·M. 林登（Russell M.Linden）在《无缝隙政府：公共部门再造指南》一书中提出了在客户导向思想的指导下有效地进行政府再造的观点，并强调这种政府再造的目标是创建面向客户、服务公众的创新性组织，以满足客户无缝隙需求，提升政府的绩效和服务质量[①]。电子政务发展从本质上讲是公众对政府提出的一种新的诉求，因而，电子政务信息资源共建共享的基本出发点就是便民型的信息服务。便民型模式是从对公众服务的角度（系统外部）提出来的，其构建围绕公众的立场和利益展开。

① [美] 拉赛尔·M. 林登 . 无缝隙政府：公共部门再造指南 [M]. 北京：中国人民大学出版，2002：7~14.

一、电子政务信息资源共享便民型模式的内涵与特点

（一）电子政务信息资源共享便民型模式的内涵

便民型电子政务信息资源共享模式是指为了实现政府信息资源更好地服务公众、便于公众利用，满足公众日益增长的物质和文化需求，实现公众充分利用政府信息资源这一目标，在信息化主管部门的统一规划及政府的大力扶持下，构建的一种模式，从而使人们方便地享用电子政务信息资源。可以从目的性价值、工具性价值和当前的主要表现形式等三个方面加以理解，如图 4.1 所示。

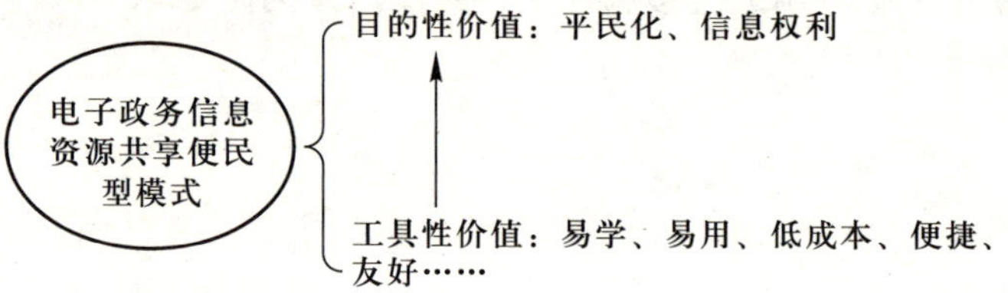

图 4.1　电子政务信息资源共享便民型模式的目的性价值和工具性价值

1. 目的性价值：公众充分获取和利用政府信息资源，实现自己的信息权利

电子政务信息资源共享目的是使公众能充分获取和利用政府信息资源。这一目的内在地包含了便民的要求。试想，如果不便民，公众就可能需要花费更多时间和精力去获取政府信息资源，公众获取信息资源所受的条件限制越多，就会有更多的人由于达不到门槛的要求而不能实现自己获取和利用政府信息资源的权利。因此，便民型模式的价值在于让更多的人实现自己的信息权利。从这个角度来说，便民是电子政务信息资源共享的价值性目的。从本质看，电子政务是以降低行政成本和提高行政效率为目的，并且可以优化政府工作流程，方便政府为公众提供服务。而电子政务建设最为重要的目的是便民。

2. 工具性价值：为公众获取和利用政府信息资源提供方便

工具性是通过借助外界环境的力量和其他人的帮助，来实现自己的目标，达到自己想要的结果[①]。人们通过便民模式能够轻松、便捷、低成本、友好地利用电子政务工具。相对于公众充分获取和利用政府信息资源这个目的来讲，便民模式又是手段，具有工具的性质。人们通过便民模式能够轻松、便捷、低成本、友好地获取和利用政府信息资源，便民是建立在这个目的之上的便民，离开公众获取和利用政府信息资源谈便民是本末倒置。从这个角度来说，电子政务信息资源共享便民模式又具有工具性的价值。

---

① 马克斯·韦伯 . 经济与社会（上卷）[M] . 北京：商务印书馆，1998：56.

便民既是目的又是手段，作为目的的便民先于作为手段的便民。公众实现信息权和知情权对于电子政务的便民建设有指导作用。作为工具的便民措施则是作为目的便民实现的有力保障。

3. 主要表现形式："一站式"服务

当前，为了保障公众充分利用和获取政府信息资源，为了给公众办事带来便利，各级政府部门都推崇"一站式"服务，这是目前便民型模式的主要表现形式。一站式服务模式改变了公众以前办理一个申请需要跑不同的部门，经历数天才能办理完的局面。在便民型模式下，公众办理以往的业务，只需通过政府门户网或政务大厅就能在很短的时间内一次办理完毕。

（二）电子政务信息资源共享便民型模式的特点

便民型服务模式主要在"便民"上下功夫，主要具有以下特点：

1. 理念：以民为本的体现

从发达国家电子政务发展的过程看，电子政务建设有两个根本目标，一是为公众提供更好的服务，二是对政府运行进行有效的监管。美国和欧盟电子政务建设把为社会提供优质服务作为目标。例如在美国，有 82% 的网民不仅享用政府网上信息，还享受政府网上服务；在欧盟的欧洲数字议程中，提出的最重要的一项目标是到 2015 年，1/2 的民众和 4/5 的企业能享受到电子政务公共服务①。我国在电子政务建设上一度是以加强业务监管为基础和重心，在此基础上才谈全面提高对企业和社会公众的服务水平，即实行双目标，其中监管是第一位的。在监管和服务这两个目标上，服务是第一位的，监管也是为了服务，或者说是为了更好地服务。在此认识基础上，再结合我国政务改革的目标和领导人的施政理念，以及信息化发展水平，我们认为以民为本是我国电子政务建设核心的价值取向。以民为本的价值取向，就是要根据人们的需求与利益等因素确定电子政务的行为取向，使电子政务朝正确的方向发展。便民型模式建设正是这一价值取向的重要体现。

2. 外部：提供便民的产品或服务

要使信息资源共享达到便民，对于民众来讲，电子政务信息资源共享系统应具有以下特点：

（1）易学、易用。易学和易用是一个问题的两个方面。易学是指公众很容易就可以

① 项靖，杨观耀. 电子政务的未来：以民生为中心的服务［J］. 电子政务，2014（1）：34~42.

学会使用电子政务信息资源共享系统，系统对使用者的学历不作要求，通常来说只要能识字就足够了；使用者也不需要很高的领悟能力，只要能敲打键盘，能理解字面意思就可以。易用便民模式不需要使用者精通更多的网站建设的技术细节，操作起来非常简单，步骤少、界面简洁友好，公众只要进行简单的文字编辑和鼠标点击选择操作就能办完事、办好事。

（2）低花销甚至零花销。低花销甚至零花销是从公众的角度来讲的，低花销一方面是指公众使用计算机、使用网络的费用非常低甚至不需要金钱投入；另一方面是指公众很容易就能接触到电子政务信息资源共享设备，在时间的投入上非常的少，即不用误工。一句话，就是要让公众在系统使用方面直接投入和间接投入的成本都非常低。

（3）界面友好、服务优质。易学、易用、低成本是民众进入低门槛的具体体现。界面友好不仅指操作简单，还指系统图文并茂。公众在使用中享受，在享受中办事。服务优质是指系统提供的服务全面、周到，一站式完成。

3. 内部：政务协同、一站式服务

电子政务信息资源共享便民型模式，内在要求政府相关业务部门在后台联合办公或建立统一的办证中心。政府部门相关的业务流程由一站式服务平台控制。通过电子政务信息资源共享技术和政府相关业务部门的有效整合，使公众能够享受到“一站式”服务的待遇。社会公众只需登陆一站式服务平台，就能方便快捷地享受政府提供的各类服务，不需要知道处理部门、处理流程等方面的细节。

二、电子政务信息资源共享便民型模式的体系组成

便民型模式是在政府内部相关部门业务共享的情况下，创造条件最终达到与公众信息的共享。根据这一思路，便民型模式是由应用服务集成平台、通用政务构件平台、互联网交互平台、便民型安全服务平台和便民型统一监管平台等五部分组成，如图 4.2 所示。

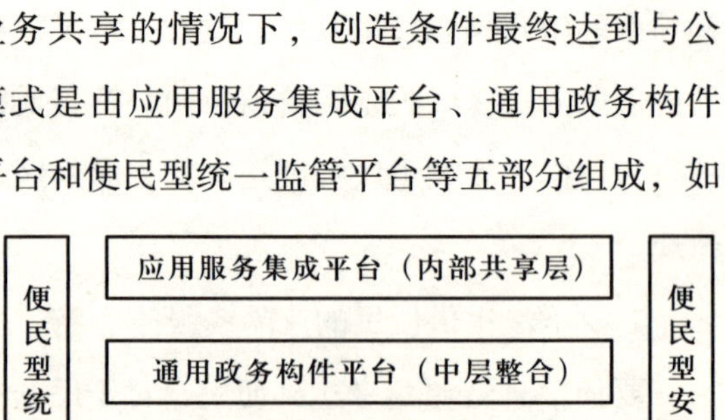

图 4.2　电子政务信息资源共享便民型模式的体系

（一）“前台”平台：互联网交互

1. 应用服务

应用服务平台是直接与公众接触的层面，因此，应用服务平台界面是为最终使用对象提供服务的窗口。应用服务平台接收用户的服务请求，并将用户请

求传递到后台系统。在后台系统处理后，应用服务平台把最终结果反馈给用户。该平台的技术和设计强调界面的友好性和操作的易行性。

2. 个性化服务

在向公众提供服务方面，电子政务信息资源共享便民型模式则根据所办事项的性质提供不同类型的服务。对于那些有严格程序限制和统一要求的事务，强调对公众提供一致的优质服务，如一手房的房产证办理，就有严格的程序条件，对所有公众开放，弱化和排除特殊阶层和人物的存在。对于那些具有公众个性化的服务，系统也要突破原有统一的服务理念，应公众的需求变得灵活化。如根据购房人所购房屋的房屋套数、房屋类型等分别提供不同的信息服务。换言之，系统要通过用户唯一标识的身份验证以及特定的个人维护服务信息和信息记忆进行处理，提供与用户身份和条件相匹配的个性化服务。因此，用户享受到的系统服务也不尽相同。

3. 移动用户接入

电子政务信息资源共享便民型模式既能在常用的有线服务模式下使用，也能在其他无线上网设备上正常运行，如手机、平板电脑等。特别是当今手机的普及化，便民模式应为手机等无线用户提供相关界面或者实现移动用户轻松享受有关服务的技术，而且用户通过简单的操作享受方便快捷的“一站式服务”，并不限制时间和地点。

（二）中层平台：通用政务构件

1. 政务构件调度

政务构件调度平台通过运用构件化技术避免业务系统复杂的逻辑关系，即把原本相对独立的信息化系统通过统一的规范标准整合到电子政务信息资源共享便民模式平台。政务构件不仅能实现各种政务应用系统与电子政务信息资源共享便民型模式框架，以及用户与一站式服务前台之间的数据安全交换，而且能实现各个具体政务应用系统之间的互联互通。

2. 政务构件管理

政务构件调度平台是针对通用的对外业务系统逻辑功能进行调用，而政务构件管理平台是在运用内部技术的基础上为调度提供相关的基础性信息服务。相对于政务构件实例展现的具体过程和细节，电子政务信息资源共享便民型模式更多地关注向公众提供的信息服务。政务构件管理平台对系统进行统一管理的条件是在电子政务信息资源共享的便民型模式中，业务单元服务通过注册而成为政务构件实例。

（三）“后台”平台：应用服务集成

1. 事件驱动的应用服务调度

电子政务信息资源共享便民型模式是一个把政府各个业务单元服务集成于一体，并面向事务的系统。平台中的应用服务是向不同领域业务应用提供完整应用服务的统一对外窗口。生活中，那些涉及多个服务实施单位，并通过各个单位协同合作的应用服务，其流程需要跨越几个业务系统。这种业务流程，各个部分的工作是相互衔接的，单位服务之间存在相互触发的关系，当某个单元服务发生变化或完成业务操作时，就会自动激活流程中下一个服务提供单位的单元服务，一环紧扣一环，直至整个流程结束。

2. 工作流引擎机制

工作流引擎贯穿于整个业务工作，是实现事件驱动应用服务调度的基础，是电子政务信息资源共享便民型模式的核心功能模块。工作流引擎既能根据用户的需求提供标准的接口，又能调度具体的政务应用系统，并保障以事件为驱动的数据流和工作流正常运行。工作流引擎不仅支持异构环境下的广义工作流，也支持松散的Web结构，通过调度工作任务和催办政务，提供数据资源整合服务，同时完成面向社会公众的闭环式政务处理。

（四）保障平台：便民型安全服务

1. 应用服务的安全保障

电子政务信息资源共享便民型模式的便民应当是在保障信息应用安全之上的便民。这就需要系统在力保政府信息公开和公民知情权实现的同时，保护公众的隐私权。比如，基于信息安全的考虑，应该在一个可信赖的安全平台上进行政务构件实例的注册和调用。一站式安全服务平台安全保障是通过用户身份识别、用户访问授权等技术实现的。

2. 数据传输交换的安全保障

电子政务信息资源共享便民型模式中存在着多个数据传输环节，如各业务系统之间的数据转换、集成，系统与公众信息的交互等。在数据安全传输过程中，为了确保数据的安全，通常的做法是在用户和便民型模式之间通过身份确认系统和授权认证系统建立一条安全可靠的数据传送通道。但是在便民模式中还需要采用最先进的加密技术，进一步保证数据的安全，同时也要通过解密技术保证接收的数据可以识别。要保证数据传递过程中防篡改和不可抵赖性，可以运用数字摘要、数字签名等保密技术。

3. 信任与授权服务的安全保障

电子政务信息资源共享便民型模式构建需要无缝集成信任与授权服务平台。目前，可以运用统一的PKI构架提供信任与授权服务的软硬件综合系统。统一的PKI构架既可以作为向公众提供服务的统一对外门户，也可以作为向政府提供数据资源共享、政务协作和数据挖掘等服务的统一对内门户。

（五）便民型统一监管平台：督促提高

为了使便民能够贯穿到底，仅仅靠系统和数据共享还不够，还需要适时对模型的建构和运行过程进行监管，以促进服务质量的提高。这种监管除了技术层面的系统监管外，还需要对相关的人事进行监督，以确保电子政务信息资源共享便民型模式的日常运行。统一监管体系监控整个系统多个层面的应用，特别是监控应用层面更具有实质性作用。

应用层面的监控可以跟踪、记录和审计电子政务信息资源共享便民型模式中发生的所有事件。其主要模块包括过程审计、异常处理和适时备份三部分。其中，过程审计是通过记录、分析和管理业务操作行为，使系统管理员更好、更准确地了解与掌握业务系统运行情况，并及时发现与解决出现的异常情况。异常处理是为系统维护人员处理异常情况提供支持而记录、分析系统产生异常的原因，并生成相关报表。适时备份是通过保存有效数据和恢复系统的正常运行，保证系统出现故障甚至损坏时可以恢复数据。

三、电子政务信息资源共享便民型模式构建的关键

当前，构建电子政务信息资源共享便民型模式，关键要解决以下三个问题：

（一）加强公务人员政府信息资源服务意识的培养

受传统思想的影响，公共管理部门（政府、事业单位等）的工作人员对于信息的披露与公开较为保守。有些部门领导人则把信息当成自己的特权，使得政务公开、政府信息资源共享难以真正有效实现。因此，电子政务信息资源共享便民型服务模式的首要前提是促使公务人员转变观念，从捂着信息转变为义务公开信息。

公众信息权是信息社会公民所具有的基本权利，公众有权要求分享政务信息。与公民信息权相对应的是政务公开，公民信息权为政务公开和政府信息资源共享提供理论基础。根据权利与权力的关系，权力来源于权利，以保障权利为目的，并以权利为其运行的范围。不然，就无法保证公众的公民信息权由法定权利转化为现实权利，同时权力的合法性也会受到质疑。因此，政府向公众提供公共信息是自觉履行义务或职责，而不是权力的体现，更不是对纳税人的某种“恩赐”。在法律上，政务公开不仅是政府的一项义务和职责，也是政府的权力。只有政务公开，将政务信息资源与公众共享，公民的信息权利才能真正实现。

（二）加强四大关键平台建设

1. 多元主体间的交互平台：要责权明确

便民的关键点之一在于建立政府、企业和公众之间的信息交互平台，并使之有效运行。信息资源的传递与共享都依赖于信息交互平台。因此，建立统一的信息交互平台，才能实现信息资源互联、互通和互操作。在电子政务信息资源共享便民型模式中，存在一个统一的电子政务平台来实现政府与企业、公众之间信息交互。电子政务信息服务就可以通过此平台获得，政府职能部门利用此平台操作多渠道的接触界面，在整合资源的基础上，向客户提供无缝式服务产品。

目前，在技术和业务层面，建立电子政务信息资源共享中信息资源整合机制要比在企业内部建立统一交互平台困难，而且也比建立单纯政府信息资源机制复杂得多。这是因为：

（1）从政府来讲，“一对多”。由于单个政府行政部门需要向多个不同行业的企业提供服务，而不同的行业有不同的政策和法规；面向相同行业的企业时，因企业个体的差异在政策法规的运用上也有所不同。

（2）从企业来讲，“一找多”。办理企业的各项事务要与政府的不同部门进行联系，特别是跨地区的企业，由于国家和地区政府存在着差异，企业难以应对多头领导。如在税收方面，经济开发区企业和一般地区的企业并不相同。

（3）对于公众来讲，疲于应对。公众对于不同部门提供信息的重复度和提供信息方式的差异性已经厌倦，十分需要方便的信息产品和服务。

因此，在建设过程中要通过整合政府部门、明确政府职能等措施来达到政府与公众、企业等服务主体的有效顺畅交流。

2. 多元主体联系入口与渠道：要易用、友好

在电子政务信息资源共享便民型模式中，政府服务中的单职能部门业务与跨职能部门业务共存，服务流程的起点是根据企业和公众选择服务时确定的。从理论上讲，一站式服务决定了政府与企业、公众的联系入口具有唯一性和排他性的特点。因为，企业和公众提交请求类型时，一站式服务就会主动选择业务处理端口。故需在政府、企业、公众间的联系入口上清晰地说明政府各职能部门服务范围、服务形式、服务内容、服务流程等。

电子政务信息资源共享便民型模式如何把企业、公众的服务请求与政府服务联系起来也是一个关键的环节。一般来讲，一站式服务会运用成熟且简单易用的信息技术，如

触摸屏、安全验证、可视电话、多功能智能卡及集中多项技术的多媒体服务站等来构建公共服务界面。

企业、公众只需要以电子政务信息资源共享便民型模式的前台为媒介，将服务请求传递到后台进行处理，而不需要知道政府各职能部门业务范畴与办事顺序。这较好地反映出前台是企业和公众提交服务请求和接受服务结果的节点平台。

3. 政企信息资源的有效整合：要高效

政府为企业的发展奉献有效的信息资源，企业为政府决策提供信息基础，高效的政企信息整合机制有利于政府与企业协同发展。目前，政企间有效的信息资源整合机制具体而言由公用信息层、信息资料层、信息决策层三个层次构成。

其中，公用信息层主要的功能是提供电子政务信息资源共享窗口，向社会发布和公开政府的机构职能、政策法规、办事程序等政务信息，并接受企业、公众反馈信息，以及宣传地方产业等。因此，公用信息层具有信息公开化、透明化等特点。信息资料层主要的功能是为政府部门收集决策所需的企业相关数据信息，仅限于政府和企业之间的数据交换。因此，信息资料层具有保密性等特点。信息决策层主要的功能是为政府部门与所服务的企业建立有效、迅捷的决策机制。因此，信息决策层保密性更强。

4. 服务流程建设平台：要衔接

服务流程建立在服务结点基础上，是妥善解决电子政务信息资源共享便民型模式中服务结点的结构问题以及解决服务流程问题的关键所在。服务流程设计的物理基础是依靠政府、企业、公众间的交互平台、联系入口与渠道实现的。在传统的政府工作流程中，服务节点的角色是由各个职能部门扮演的。而在电子政务环境下，服务节点构建在交互平台上，通过联系入口与渠道进入后台，并在后台功能模块的协助下实现合作。在电子政务信息资源共享便民型模式中，前台主要是面向企业和公众的服务流，后台主要是面向政府各职能部门及其工作人员的工作流。政府各部门所提供的公共服务主要分为两类，即基本型服务和复合型服务。基本型服务主要由单个政府职能部门提供，且服务内容明确，如驾驶执照的年审等。复合型服务需要业务相关的多个政府职能部门协作提供，涉及跨部门服务，且服务流程具有良好的灵活性支持，如成立公司的审批手续等。

（三）引入公众满意度测评

电子政务公众满意度是公众在接受电子政务通过其门户网站提供服务的整个过程后，对服务使用的整体评价，是公众对期望和感知绩效（包括不满意、满意和非常满意）

的相对差距的主观反映[①]。电子政务信息资源共享效果的评估需要在公众感受电子政务信息资源共享服务的条件下，测评公众对其便民的满意程度。对于这方面的研究，目前还处于探索阶段。

1. 测评内容

政府提供政府信息资源公共产品和公共服务。具体来说有以下五个方面：政府信息资源的质和量、信息资源的提供过程、服务的态度、信息资源共享建设预算执行情况、电子政务管理水平。

2. 投入与产出比

投入与产出比指政府在提供信息资源和服务时给公众带来的所有利益的总和与公众为此所付出价格的比值。在这里要强调的是，政府通过政府门户网站免费为顾客提供服务时，由于公众并没有付出价格，对此部分的测量要注意设定一定的指标。

3. 公众信任度测评

公众对于政府提供的信息资源是否信任，其评价的标准可以通过公众的重复使用率和问卷调查来确定。

第 2 节　电子政务信息资源共享的集成型模式

与便民型模式强调外部服务不同，电子政务信息资源共享集成型模式主要是从系统内部数据整合、系统与系统之间的兼容等内部问题提出来的。

一、电子政务信息资源共享集成型模式的内涵与特点

集成型电子政务信息资源共享模式是指在政府有关部门的统一规划和主导下，通过相关的信息技术，把封闭在各个孤岛中的信息进行有效的集成，实现为公众获取和利用政府信息资源服务的一种模式。

（一）电子政务信息资源共享集成型模式的内涵

从系统论的角度看，集成是两个或两个以上的集成单元（要素或子系统）在特定的集成模式和方式作用下构建和组合成一个有机整体的过程，而这种集成体并不是通过简

---

① 陈岚．电子政务公众满意度的测评［J］．统计与决策，2009（1）：66.

单叠加集成单元而形成的，因此，集成在很大程度上是为了实现集成体整体功能的增加，它是用来处理复杂问题的一种基本方法[①]。系统集成的构成主要可以从广义上和狭义上来划分。从广义上来讲，人员上的集成、企业内部组织的集成、技术上的集成、管理上的集成以及计算机系统平台的集成都是系统集成的范畴；从狭义上来讲，集成信息、集成软件、集成硬件和集成人员等都属于系统集成。

1. 目标：消除“信息孤岛”，更好地提供信息服务

集成型模式对内是为了消除政府各部门之间的“信息孤岛”，满足政府各部门对电子政务信息资源互通互用的要求，使政府各部门能够最大限度地利用电子政务信息资源，实现政府内部各电子政务信息资源共享这一目标。集成型模式对外是为了更好地让公众充分获取和利用政府信息资源。

2. 技术：集成数据库与系统

从技术上来说，电子政务信息资源共享集成融合了数据库管理系统、数据仓库、内容管理系统和其他应用程序等核心技术。该技术需要借助由一组信息资源丰富的服务器构成并能存储 XML 型和关系型两种数据的数据管理系统。随着数据库技术的不断演进，数据检索、数据可扩展性、数据存储、数据可用性以及数据可靠性等数据管理手段可以被基础层采用。在不改变原来系统的情况下，整合政府部门业务信息主要依靠信息集成来实现，通过构建全局数据视图理清各信息系统之间的数据关系，实现各个系统之间信息资源的搜索、查看、访问、转换、复制以及分析储存等，不但可以满足各项业务的信息需求，而且还能降低访问异构信息源的难度[②]。为了便于理解，在此从信息集成深度的角度分别加以说明，如图 4.3 所示。

图 4.3　信息集成的递进

第一层次：信息数据的集成。

信息数据的集成是其他集成的基础。先对信息数据进行统一的编目标识，并运用元数据模型提取分布式异构信息源中的信息数据，通过信息源互相交互信息，保障数据库系统实现分布和共享数据。

① 蒋永穆，李丽．“5・12”大地震抗震救灾新模式：政府集成［J］．天府新论，2011（2）：1~4.

② 罗贤春等．社会化服务导向的电子政务信息资源共享目录［J］．图书情报知识，2009（3）：83~89.

第二层次：多应用系统的集成。

实时集成两个或两个以上的函数和数据就是所谓的多应用系统的集成。如，一些B2B集成是为了构建能够充分利用多个应用系统资源的电子商务网站，需要集成CRM系统与企业后端应用和Web。

第三层次：工作流程的集成。

工作流程的集成是为了实现改进操作、减少成本以及提高响应速度等目标，保证各类业务系统能够管理、交换定义和授权各类业务信息的过程。其主要由业务管理及综合任务、流程、进程模拟、进出信息的工作流和组织等构成。

随着技术不断成熟，分布式环境应用越来越多，系统集成也会越来越复杂，导致整个业务集成框架中的数据处理和应用逻辑难以区分。因此，信息数据的集成、多应用系统的集成和工作流程的集成等三个层次之间没有清晰的界限，且相对模糊。

3. 管理：信息资源共享协同

集成的技术只是解决了信息共享客观层面的问题，要真正实现信息共享集成的目标，还必须解决人的问题。这就需要在管理人时也要集成，各部门在信息资源共享方面要协同作战。这里的管理不仅仅是部门内部的管理，而且涉及部门之间、不同层级政府之间的协调管理，甚至是行政体制的改革。从某种意义上说管理方面的集成难度更大，更难推进。

（二）电子政务信息资源共享集成型模式的特点

系统集成突出的是人的主体行为和形成集成体后的功能适应改进性与增强性，这不仅是一种哲理、思想和观念，同时也是提高集成系统的整体性和解决复杂系统难题的方法[①]。

1. 以服务和满足公众的需求为导向

电子政务信息资源共享以满足用户需要为根本出发点，这是集成型模式建构的方向，离开这个方向来谈集成，就成了为集成而集成，只是一种技术性的工作了。集成模式的设计，集成模式的效益评价，信息集成的程度都应当以公众的满意为导向。

2. 以最适合用户需求为选择

构建共享集成型模式是选择具有投资规模的产品和技术，并能最大限度满足用户需求，而不是选择最好产品的简单行为。这与单纯的技术追求有很大的区别，更不是简单

① 朱颖芳．广州数字林业多系统集成研究［D］．中南林业科技大学硕士论文，2012：4.

的技术外包，而是在广泛调研和民众测评基础上的一种选择。

3. 强调设计、调试与开发

信息资源共享集成模式不是简单地把信息资源集合在一起，更不是政务信息的大杂烩。该模式体现更多的是事前的设计，运行中的调试与新需求技术的开发。对于信息共享集成模式来讲，我国没有一套现成的技术，也不能将别国的技术直接拿来用。它要根据我国公众的需求，政府的运行机制进行针对性地设计和调试。

4. 集技术、管理和服务于一体

集成模式的构建是一项综合性系统工程，不仅包括管理、技术而且还涉及服务方面的内容。集成模式构建的核心是技术，没有技术集成的设想则成了空中楼阁；管理是集成得到实现的可靠保障，政务信息资源共享集成牵涉政府、企业、公民等各个方面，没有组织协调无法实现。服务是归宿，模式最终要通过为公众服务来检验。

二、电子政务信息资源共享集成型模式的体系组成

电子政务集成式信息服务平台，从结构上看是电子政务框架中提供信息服务的界面结构、技术结构、逻辑结构、组织结构和标准规范等要素集成的平台。平台建设的核心在于集成，通过资源集成、技术集成和服务集成来搭建集成式信息服务平台，如图4.4所示。

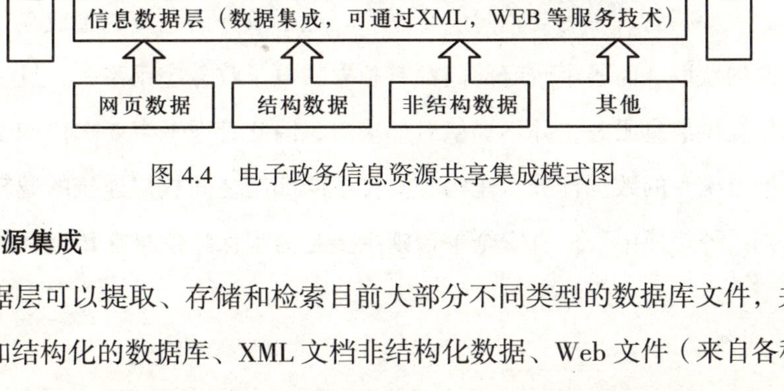

图 4.4　电子政务信息资源共享集成模式图

（一）资源集成

信息数据层可以提取、存储和检索目前大部分不同类型的数据库文件，并整合外部数据源。比如结构化的数据库、XML 文档非结构化数据、Web 文件（来自各种网站，如凤凰网、搜狐、百度、网易和政府门户网站等）、应用系统等提取数据，利用结构化关系条、半结构化 XML 文档封装提取的数据，再通过 XML 检索、更新数据，并支持 XML 数

据模型。这与改头换面的关系记录管理器、索引管理器和缓冲区管理器是不同的。

（二）信息服务

信息服务层是在电子政务应用系统基础上，通过数据层中增强的数据访问能力提供查询处理、文本检索和挖掘、版本控制、元数据管理、数字资产管理、转换、复制和高速缓存等嵌入式应用程序集成服务。其中，数据查询处理是通过数据层核心运用成熟的联邦查询处理引擎来实现的。文本搜索和挖掘是在运用数据层提供数据联邦视图的基础上，针对原始的和合并的 XML 文档以及所抽取的元数据进行参数查询和全文检索，并通过分析和分类非结构化信息来对各应用程序提供实时决策支持。为了便于从文档中抽取关键信息摘要，并把感兴趣的数据转换成可操作的数据，文本搜索和挖掘还提供文本智能挖掘服务。因此，在许多政务信息都属于半结构化数据的环境下，Web 搜寻和文档索引服务非常重要。信息服务层在分布式环境下管理 XML 文档生命周期和元数据，其中也包括创建符合 WebDav 的 XML 注册表。而数据资源的转换、复制和高速缓存是指在目前数据库引擎的约束、触发器、全文检索和对象关系特性之上通过服务层完成从一种格式抽取和转换成另一种格式的逻辑构建①。

（三）应用接口平台

应用接口是在电子政务信息集成体系结构中完全支持传统的编程接口和查询语言，虽然便于简化已有应用程序的迁移，但也存在不少问题，如同步传统的 API、多个应用程序发布同一服务、复杂数据操作时间花费比较大等问题。应用接口平台需要提供基于 Web Services 的接口、基于消息队列和工作流技术的异步数据检索 API 等来对长期运行的数据搜索进行透明地调度和管理，从而将多样复杂的数据进行简化。

（四）辅助平台

辅助平台主要指管理平台与信息安全平台。电子政务信息资源集成在一定程度上依赖于信息资源的获取，而各个政府部门都有独立的电子政务应用系统，且一般是作为独立个体为用户提供信息服务，并不提供对外接口，因此管理平台要求协调不同部门之间的关系，要推出统一的数据标准，建构和安排不同部门之间数据连接的逻辑结构，促使各部门加入到系统集成中。信息安全平台则主要是为了保障信息在传递和使用过程中的安全。

---

① Mary Roth，Dan Wolfson. 从数据管理到信息集成：自然的演变［EB/OL］.［2009-10-19］. http://www.uml.org.cn/zjjs/200910193.asp#cache.

三、电子政务信息资源共享集成型模式实现的关键

电子政务信息资源共享集成所要解决的信息孤岛问题，不但是个技术问题，而且是个利益问题。因此，要达到电子政务信息资源共享集成的目的，关键要解决三个问题。

（一）确保部门共享集成的持续动力

部门之间“信息孤岛”的形成，与部门之间条块分割的现状，以及在此基础上形成的部门利益有关。某些部门的某些领导不自觉地会把自己所掌握的信息当成“私有物”，用来谋取部门或个人利益，对于与其他部门或个人分享信息并没有动力，这严重影响了部门之间信息集成的实现。因此，确保部门参与信息集成的持续动力是集成型模式建立要解决的关键问题之一。目前，有以下几种方法：

（1）政策引导。通过国家政策引导政府部门参与共享，这里的政策主要是对于参与部门给予鼓励和补偿。

（2）国家投入。从国家层面对政府部门电子政务信息资源共享给予定期、持续的专项经费、专门人才支持。

（3）社会推动。非政府组织、公民等向政府主张自己的信息权利，通过参与的形式推动电子政务信息资源共享。

（4）市场介入。信息是一种可以增值的产品，因此可以引入市场机制，一方面引入市场主体参与信息资源共享的竞争服务；另一方面，政府以适当的身份参与信息市场的增值服务。

（二）确保四大技术的有效运用

1. Web 技术的有效运用

从电子政务信息资源共享集成模式的基本思想看，需要一个互动且相互协调的 Web 应用集成那些分布在不同部门、不同平台、不同编程语言开发的应急程序。Web 体系在应用与服务之间的通信方面运用 SOAP 协议，在标准的描述服务方面运用 WSDL 文件，从而实现政府间的松散耦合。因此，从三个方面可以说明使用 Web 是一种较好的解决办法。一是促进互操作性。目前，政府机构服务节点使用的平台和语言各不相同且数量庞大,需要构建一个能够容纳所有类型服务节点的服务网络。Web 技术通过构建 WSDL 文档，随同网络协议一起来定义接口和描述服务，使得服务提供者和服务请求者之间的交互独立于任何平台和语言，保证节点间的互操作性。二是促进及时集成。通过组合和集成各种电子政务的 Web 服务来创建动态电子政务应用，保证各种 Web 服务分别实现一定的

电子政务功能。三是Web通过封装减少了复杂程度。由于电子政务系统巨大且复杂，因此，Web技术服务请求者和提供者只关注进行交互的必要接口，而服务请求者不知道服务提供者实现服务的过程，服务提供者对于服务请求者使用服务的途径也是一无所知[①]。

2. XML技术的有效运用

XML是一组为了保证在网络交互合作时具有良好的可靠性和互操作性的规范，是由互联网联合组织（W3C）创建的，方便软件开发人员和内容创作者在网页上组织信息。

在电子政务信息集成中，XML主要运用于两大方面：一是为了支撑业务协同和应用集成，通过集成不同地域且异构的数据，实现各类数据库之间信息共享和互联互通。二是在电子政务系统集成中为了保证不同应用系统互相通信，XML成为一种信息描述标准。XML作为信息交换标准,实现各异构数据源的集成[②],对于后者将在其他章节中进行讨论。

3. Message技术的有效运用

Message技术提供平台无关性、时间无关性和有效的消息分发等特征服务，有利于信息和应用集成。消息系统是工作流、通信服务、网络管理或供应链管理等应用程序的基础，并可靠地异步通信于分开且未耦合的应用程序之间。

虽然从信息整合的观点出发，信息集成越来越重要，但是从性能和故障恢复等实际方面考虑，这并不意味着电子政务应用的数据源头单一化。系统可以立刻处理或准备延时处理使用消息技术同步数据源以及允许一个数据源向终端发布数据变化等要求。此外，正因为消息技术可以确保信息发布,所以异步处理可以简化代码,而不需要考虑丢失信息。消息系统能在很多平台上运行，因此它能提供数据复制的功能。在电子政务信息集成中，消息技术还可以集成不同的应用系统，从而为不同应用系统通信提供接口。

4. 复制技术的有效运用

复制是在一个分布式数据库环境下进行数据拷贝的过程，该分布式数据库环境至少包括两个数据库系统。复制在整个分布式计算解决方案中发挥重要的作用。复制技术主要分为两类：同步复制和异步复制。复制技术能保证分发数据和维护数据的一致性，实现电子政务内网中大数据量的实时数据传输。数据库复制技术可以根据各种需求提供相应的解决方案。为了保证选择科学的方案，需在正确评估复制环境的基础上，综合考虑各类因素，如数据分发要求、网络特性、参与数据传输的业务系统、参与数据交换的数据特性、数据传输方式等。

---

① 刘志辉．基于Web服务与XML技术的异构数据集成的研究［D］．大连海事大学，2012：10.

② 俞国红．基于XML的异构数据库中间件的设计与实现［J］．中国现代教育装备，2010（9）：63~65.

（三）确保兼容性原则的贯彻

1. 价值需求兼容

在电子政务信息资源共享中，难以兼顾政府、企业、公民等利益主体以及政府部门之间、企业之间和公民之间的价值需求，有时还会出现冲突的现象，满足一方利益主体的需求是以放弃另一主体需求为代价。为了尽量有条件地维护相互冲突的价值需求，电子政务信息资源共享的集成需要遵循兼容性原则，使得各种价值需求最大程度的共存。例如，在电子政务环境下，共享政务信息范围的拓宽，既可以提高政府部门的办事效率，满足了公民知情权。

2. 技术兼容

在集成型模式构建中的兼容性原则还应包括各级政府、政府各部门以及部门内部电子政务信息资源库之间技术上的兼容。由于我国各级政府不同部门在建设电子政务系统时缺少统一的标准，或者标准过多且工程复杂，造成电子政务条块分割严重，大部分已建成的电子政务系统存在不兼容、模式不统一、缺乏互联互通等问题，成为实际上的闭塞孤岛，严重影响着建设电子政务信息资源共享集成模式的建设。以信息标准为基础集成跨部门、跨地区的政务信息资源，将有利于解决目前不利的局面。由于信息标准能有机地链接各个业务环节，在进行彼此间协调工作时提供技术准则，并构建标准化的协调和优化功能，因而能保证电子政务信息资源系统互相兼容，可以使电子政务信息资源共享集成机制的建设较为顺畅，在提高政务效率的同时，又能确保系统安全可靠。信息共享、系统互联互通和业务协调都必须建立统一的标准。信息标准是建立信息资源共享机制的基础，是充分利用信息资源的前提。

第 3 节　电子政务信息资源共享的远程型模式

电子政务信息资源共享远程型模式主要是从互联网的跨时空这一特点出发，通过模型构建，为不同地域主体平等获取和利用政府信息资源创造条件。

一、电子政务信息资源共享远程型模式的内涵与特点

（一）电子政务信息资源共享远程型模式的内涵

电子政务信息资源共享远程型模式顾名思义就是共享主体不在同一个区域之内的政

务信息资源交流与分享。该模式通过打破和超越电子政务信息资源在物理空间的限制，满足不同地理位置上的需求主体对电子政务信息资源的共享要求。该模式是在政府有关部门的统一规划和主导下，在现有的电子政务基础设施和网络的基础上，利用通信、网络等相关的信息技术，对电子政务系统进行互通互联，使电子政务信息资源实现远程共享的一种模式。

1. 对内：政府及其部门之间超越物理空间的信息共享

目前，我国存在同一级政府的各个部门，甚至同一部门的下属单位分布在不同办公大楼的现象。不同级别的政府则分布在不同的地域。电子政务信息资源共享的远程模式旨在通过一个整体的网络平台把它们连接起来，实现政府内部信息资源的远程共享。这种远程共享对于边远农村地区的基层政府及其部门有着特殊的意义，它可以与发达地区的政府同步接收上级政府的信息，及时把握上级精神，与中央政府和上级政府保持一致。

2. 对外：与公众（含企业）超越时空限制的信息共享

过去由于物理空间的阻挡，人们习惯于近距离的交往。在物理空间上离政府越近，相对来说，越容易获取政府信息资源。所谓“近水楼台先得月”说的就是这个道理。电子政务信息资源共享所依靠的互联网技术具有超时空特性，原有的物理空间距离与界线已经不存在了。只要人们有计算机且能连接上互联网，不管你是居住在政府大楼的对面，还是深居边陲乡村，都可以在第一时间与政府分享信息资源。这种超越不仅仅是政府所辖区域内的超越，而且超出了原有的行政区划范畴，为流动人口办事带来了极大的方便。

3. 目的：让更多的人分享电子政务发展的最新成果

电子政务的推广对于电子基础设施有一定的要求，我国地域宽广，而且大部分地区是农村，基础设施还比较薄弱。远程型模式的建设对于“三农”的信息化建设，对于解决广大的农民和边远地区参与和分享政府信息资源共享具有促进作用。从这个意义上讲，远程型模式也是公众实现信息权利、政府实施政务公开的一种表现。

4. 关键：解决信息传输过程中信息失真的问题

过去为了克服信息传递过程中的物理距离，人们主要利用交通工具，从古代的飞鸽传书和马道驿站，到现代火车飞机，都要借助其他时间中介来异步传递，容易造成信息失真甚至丢失。远程型模式所依靠的互联网及其传播技术，不仅能达到异步传递而且能随地实现同步运行。这样有利于公众与政府之间的适时互动，在互动中纠正理解中的偏差，直至达到正确的理解。

（二）电子政务信息资源共享远程型模式的特点

1. 信息共享的无缝隙

无缝隙政府（Seamless Government）指的是政府整合所有部门、人员和其他资源，以单一的界面，为公众提供优质高效的信息和服务[①]。无缝隙政府的目的是要突破传统的部门界线和功能分割的局面，从而向公众提供优质服务。电子政务信息资源共享远程模式的建构目的与无缝隙政府的理念是一致的。远程模式的特点就是要突破物理的限制达到政府内部资源的整合与共享，同时无缝隙地为公众提供信息服务。

2. 服务对象的广泛性

电子政务信息资源共享远程模式是政府服务中心（或大厅）通过网络的一种延伸。电子政务信息资源共享远程系统接到哪里，政府信息服务就到哪里。服务的对象范围随着端口的接入而不断地扩大，不管对象是山村还是城市，不管是东部沿海还是西部内陆都能享受到相应的信息服务。

3. 数字媒体的集成性

电子政务信息资源共享远程模式特别强调身临其境的意境，公众享受服务，部门信息共享都要有公众在政府服务大厅的感觉，这就需要借助更多的互联网媒体技术来营造分享信息产品和公共服务的良好条件。远程模式中大量使用视频、动画、声音等多媒体，它们的有效结合，将提高信息共享的互动性和共享主体"接触"的立体感。

二、影响电子政务信息资源共享远程供给的制约因素

电子政务信息资源共享远程模式建设涉及面广、复杂程度高，在当前我国的国情下，它还受到以下关键因素的制约。

（一）法律规范待健全

目前，很少有国家对政府远程信息服务进行了系统完善的立法，我国在这方面的立法也还处于起步阶段。远程信息服务建立在互联网和计算机技术的基础上，相比操作物理空间所带来的纠纷，互联网的安全性和不确定性等因素导致远程信息服务出现的故障或事故要复杂得多，且更难处理。由于技术方面造成的差错难以避免，如信息传输过程中的资料丢失、录入时的数据误漏、"黑客"的特意攻击以及计算机病毒的入侵等，并且问题产生后其责任难于认定。另外，政府信息的传输和发布所需的电子签名确认目前也

① [美]拉塞尔·M. 林登. 无缝隙政府[M]. 北京：中国人民大学出版社，2002：5.

还是一个难题。

（二）管理模式待创新

远程信息服务涉及政府电子政务信息资源的异地管理，由于地方政府管理的属地原则问题，地方政府异地信息管理变得比传统政府管理时期要复杂得多。同时，电子远程传输中的技术要求很高，很难完全靠政府的一己之力妥善解决。这就要求政府对远程信息服务的管理模式进行相应的创新，必须将跨地域的企业式管理引入远程信息服务的发布和传输端，充分调动社会力量来参与和发展远程信息服务。但是，在这个过程中，要注意以下几个问题：第一，企业管理具有一定的功利性，政府远程信息服务具有公共性和社会性；第二，企业管理与远程服务之间的组织机构和运行机制等具有一定的矛盾性；第三，在远程服务上政府与企业之间的合作方面，政府必须制定相应的管理措施，在避免企业固有运作机制的同时，发挥企业在远程服务方面的优势，保护普通民众的利益。企业与政府合作的形式主要包括资金和技术输入等方面。

（三）硬软件发展待完善

远程型模式对电子政务物质基础条件的要求比较高，虽然经过多年的电子政务发展，我国在"硬件"上下了不少工夫，但是距离政府远程服务的要求还有较大的差距，远程信息服务的终端还不够普及。尤其对于我国农村贫困地区和较大数量的弱势群体，由于计算机和网络设备的推广与普及问题，人们还难以享受到政府远程信息服务所带来的便利。例如，远程医疗主要是通过信息技术远距离传输各类检查得到的数据、图像等，如X光片、心电图、化验结果等，而这些数据、图像必须经过数字化处理才能传输。由于偏远的农村没有适合的通信设施和信息技术，所以远程医疗的好处难以享受到。然而，影响远程信息服务发展的另一瓶颈是我国在"软件"开发的理论与实践方面投入和重视力度不够。

（四）传输技术待提高

目前，在远程服务的传输技术上，带宽速度的提高和普及是最大的瓶颈。当前，我国所采用的专线接入方式，其传输速率很低，最高的时候也不到要求速度的50%。这种普通的远程互动只强调文本的交流，而且声音、图像等内容是以不清晰、不连续和非同步等方式传送给接收方，这将给政府的决策带来不利的影响，从而使远程服务的质量下降，使公众方的基本利益受损。

（五）民众素质待提高

在我国农村地区，特别是边远地区，交通不便利，经济欠发达，人们的思想固化，尤其是对于新事物接受起来比较慢，甚至会出现抵触的现象。对于农村地区的远程服务，用户基本技术素质就不合格，除了一些在外打工的和读书较多的人外，很多的农民根本就没有机会接触计算机，对于计算机的使用根本就无从谈起，远程服务就更不用提了。另外，由于观念传统、思想相对落后，大部分农民也不会主动学习计算机和网络技术，从这个角度来讲，电子政务信息资源共享模式的发展任重而道远。

（六）投资力度待加强

资源短缺、资金不足是制约远程信息服务发展的瓶颈之一。我国地域广大，要使电子政务延伸到各地，特别是边远的农村，这需要大笔资金来进行基础设施建设。开展远程教育不仅仅是把电子化的教案放到网上，需要在建设网站、租用通信线路、制作高质量的教学课件及维护网站正常运行等方面投入大量的资金。而发展远程教育的重点是教育资源和支持服务体系的建设。要想网站上拥有优秀的网络教育课件资源，就需要在优秀的教学人员和课件设计人员密切合作的前提下设计网络教育课件，并在使用过程中不断地修改和提高。在制作过程中，也需要在高水平人力资源、计算机软硬件资源和资金等方面的投入。投资力度过小直接导致实现远程服务的基础设施建设不健全。

三、电子政务信息资源共享远程模式构建的关键

（一）有效运用现有技术

要有效构建电子政务信息资源共享的远程模式，就必须具备和有效运用以下几种关键技术：

1. 通信网络技术的发展

远程信息服务必须建立在骨干网络、网络接口、网络协议、数据传输等现代通信技术基础之上，如果没有现代的通信技术，远程信息服务将成为“一纸空文”。随着远程信息服务的发展要求越来越高，通信技术的现实情况显得滞后，我国应加大自身的投资力度，和一些世界通信技术先进的国家加强合作，保证我国信息化发展的基本要求。

2. 远程软件技术的研发

互联网和计算机还不足以实现远程模式所要完成的信息共享任务，因为它们只是提供了硬件基础，要使信息在互联网内安全有序流动，还需要研发相关的软件。远程软件的开发与使用将为远程服务打开一扇又一扇方便安全之门。如在远程医疗方面，主要包括远程医疗会诊专用、远程医疗病案管理和远程医疗网络管理等软件技术。没有这些远程医疗软件的开发，远程医疗服务根本无法实现。

3. 卫星宽带网的使用

卫星宽带网具有无可替代的优势，主要包括：第一，在共享、传输以及发布政务信息方面没有地域和时间的限制；第二，卫星宽带网能迅速形成覆盖范围较宽广的网络，而且扩容性较强，安装也十分方便；第三，卫星宽带网能发布传输各类形式的信息，具有较好的图文声效果；第四，卫星宽带网具有点播、直播和重播的功能；第五，卫星宽带网的接收端能为不同信息基础设施和地理环境提供相应的方案；第六，在远程信息服务方面，卫星宽带网也具有传播快、投资小以及信息量大等优点。因此，运用卫星宽带网来配置优势信息资源，不仅可以满足文化、经济和交通水平等发展不平衡地区的信息需求，而且还能提供个性化、自主化的信息服务。

（二）建设分层级的多功能信息网络模式

根据远程模式的要求，结合我国幅员辽阔、行政区划复杂以及电子政务的推行现状，在当前的情况下，我们提出建立以中心站为主，县乡村各级站点为辅的多功能信息网络模式，如图 4.5 所示。

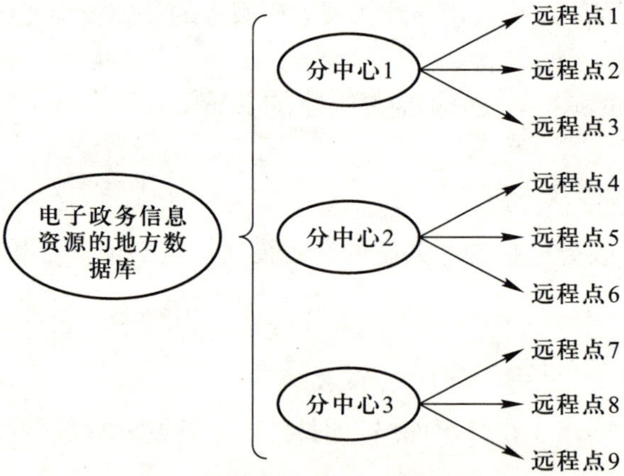

图 4.5　远程模式的组织分层

1. 以中心站为主

中心站是电子政务信息资源的地方数据库，根据我国现行行政模式，中心站建立在地级市（或省管县的县）为宜。这是因为公众的日常工作、生活等方面事务一般在地级市以下就能基本解决。同时，地级市可以整合所管辖的县的财政来加强信息资源基础建设，发挥集中力量办大事的优势。

2. 以县为单位建立分中心

县级单位基本上能囊括老百姓生活工作的各个方面。以县为单位承接分中心站的建设是基于这一考虑，同时由于县级单位与乡相比已经具备一定的规模，有利于电子政务信息集成规模效应的实现。

3. 乡级站点为辅

乡村点的建设目前是基础，国家行政最基层的行政单位也设置在此。乡是村民“日出而耕、日末而息”之地，村民的社会关系绝大多数局限于一乡之中，与政府关系的处理也是通过村而到乡，很少与县和地级市直接进行交流。由于当前网络等基础设施条件的限制，乡在信息资源库建设方面主要是承担本乡信息的录入和维护，对于数据的转换和综合分析则在县级完成。

4. 在村设置联络点

村联络点主要负责村组信息的收集和向乡级站点进行信息交流。同时村联络点还要负责本村村民信息知识和信息技能的培训，如图 4.6 所示。

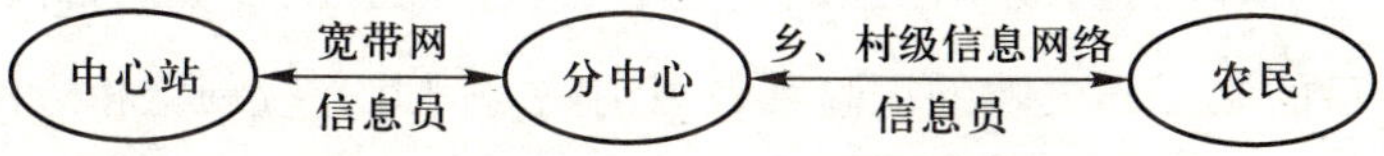

图 4.6　远程模式的角色分配

（三）合理分配构建过程中的角色

1. 政府：坚定的支持者

电子政务信息资源是公共资源，其远程模式的构建是一项巨大、复杂的长期工程，需要大量的物质、资金和人才的投入，任何个人或企业都难以独自承担。作为公共产品的供给者——政府，应当做远程模式构建的倡导者、支持者。在远程信息服务工作中，政府的政策导向和资金支持作用必须完全体现。无论是省级政府，还是各地市、县、乡镇街道办事处都应当为该系统的成功运营发挥自己的作用。政府的坚定支持给该模式的实现提供了政策扶持和物质保障。

2. 中心人员：专业的运营者

政府发布政务信息和向公众提供服务的源头就是远程信息服务中心。中心的工作人员则是远程信息服务组成不可或缺的要素。中心人员拥有成熟的技术、良好的职业操守和为民众服务的工作热情是该模式成功运营的灵魂。没有中心人员这一活的要素作为保证，远程型模式则可能成为装饰门面的形象工程。

3. 信息员：热情的服务者

在信息化建设过程中，有一个“最后一公里”的问题，它是指在信息的输送过程中，眼看就要到达用户的手中，但是由于某些原因的影响，阻碍了其继续推进。在远程型模式构建中信息员是解决“最后一公里”问题的关键人物。在信息传递环节中，信息员处于信源和信宿之间，扮演着接口的作用。信息员的中间桥梁作用保证了远程信息服务的实现。

（四）保障构建所需资金

长期持续、大规模的资金投入是电子政务信息资源共享系统建立和推广的必备条件之一。我国在电子政务基础设施方面虽然经过十多年的发展有所改善，但是总的来说还比较弱。远程模式要解决广大的农村和边远地区的基础设施问题，这需要大笔资金投入。

当然，资金的投入不是无限制的，也不能滥用。现在公共事业领域在信息技术方面的花费非常高。在20世纪90年代前期，大型的政府信息化项目最高也才花费5亿人民币。而今天，不少项目的成本已经超过这个数字，而且上百亿的合同也不足为奇。现在，由于IT项目的回报和失败的风险都较以前高，因此，应制定相应的法规将电子政务信息资源共享远程模式经费的投入力度、增长幅度、经费支出等以立法的形式确立，以保证基础设施建设、技术支持、人才培养、机构运行方面所需要的经费，同时杜绝腐败工程，减少投资风险的出现。电子政务信息资源共享远程模式所需资金，必须改变目前由各级行政部门各自拨款的投资方式，要解决好这个问题就需要中央政府与地方政府同时承担费用。中央政府通过中央预算安排中央系统建设的资金，建成后的系统运营维护费用则由财政部预算来解决。地方政府主要承担地方系统的建设及运营维护费用，财政相对比较紧张的地区，中央财政需提供一定的资金资助，并规定仅有一个部门有资金操作权限。

第4节　电子政务信息资源共享的动态型模式

电子政务信息资源共享的动态型模式是从“信息资源”本身来讲的，强调信息资源的录入与更新，能更好地发挥电子政务所带来的即时优势。

一、电子政务信息资源共享动态型模式的内涵与特点

电子政务信息资源共享动态型模式是从信息资源的适时录入和更新的角度提出来

的，它是指为了保障电子政务信息资源数据库能够随时间的推进和事物发展及变化，及时把最新的信息添加到数据库中，同时对原有数据进行更新，避免电子政务信息资源数据库“死库”的形成，以进一步提高电子政务信息资源的利用率。

（一）电子政务信息资源共享动态型模式的内涵

动态型电子政务信息资源共享模式建立在先进的互联网和计算机技术之上，必须充分利用 Web Services 等互联网技术松散耦合跨地区并且存在不同业务关系的电子政务信息资源，从而动态处理所需信息资源。其结构形式如图 4.7 所示。

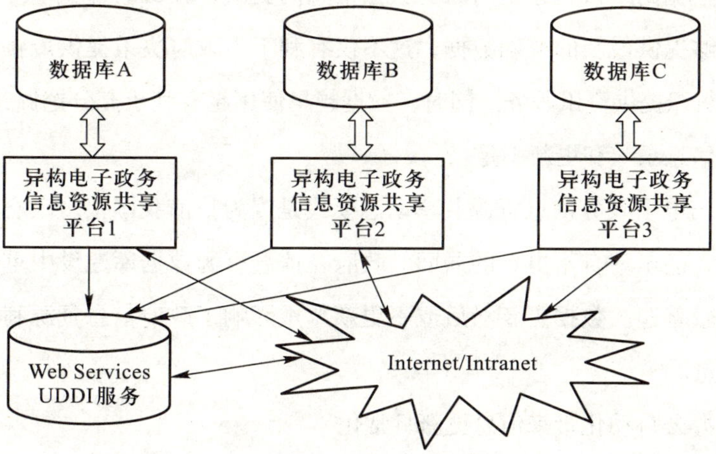

图 4.7　动态型电子政务信息资源共享模式

一般来讲，电子政务系统可以采用不同的开发语言、平台及通信协议来实现，如果要实现异构电子政务数据的同步更新及耦合，则需在电子政务系统对外接口上用统一的对象模型进行封装并通过 UDDI 注册机制在 UDDI 注册中心登记，才可以挂接在 Internet/Intranet 上，面向 Internet/ Intranet 提供电子政务信息资源的共享服务[①]。动态型电子政务信息资源共享模式，通过 Web Services 可以实现跨地区的电子政务系统轻松地进行松散耦合，处理政府、企业、社会公众所需的具有时效性、准确性、连贯性的电子政务信息资源服务。这种动态型电子政务信息资源共享模式不仅可以从本地数据库录入新数据，定期更新，而且还可以和其他异地的、异构的电子政务信息资源协同更新，另外还可以方便地进行电子政务系统连接和共享处理，将各种不同的系统环境影响度降至最小，同时也降低了各地电子政务信息资源共享动态更新的费用。

① 黄慧君等．基于 Web Services 的虚拟企业信息系统集成框架研究［J］．中国制造业信息化，2010（17）：13~17.

电子政务信息资源共享动态型模式具体包含以下几层含义：

1. 内容：信息及时录入和信息及时更新

动态型模式要求的信息更新包括两个方面的内容：一是及时添加新产生的信息，二是对原有的信息进行更新。信息的及时录入强调的是把业务过程中产生的新的信息及时添加到数据库中。信息的更新则强调原有信息已经有了新的变化，需要把最新的变化录入并替代原有信息，以便公众能够适时了解最新的政策变动。

2. 目的：提高电子政务信息资源的准确性和利用率

不管是新数据的录入，还是对原有数据信息的更新，其目的都在于使电子政务信息资源数据库能够提供最新的准确数据，这不仅有利于为政府决策提供最新数据，而且有利于为企业等组织提供资讯服务。同时，数据越早使用越有利于充分挖掘其价值。

3. 现状：信息录入和更新不足

之所以提出电子政务信息资源共享动态模式是因为目前我国很多政府网站面临着数据更新不及时，甚至一直不更新的局面。政府在信息资源数据库建设中重开发不重日常维护的现象比较普遍。数据更新滞后或不更新严重影响了政府信息资源利用的效率和对公众服务的质量。

4. 关键：办公自动化带来信息更新日常化

电子政务信息资源要做到时时更新关键是需要政府日常办公的自动化。日常办公的自动化能够使政府信息资源的更新与政府部门的工作同步进行，使得政府信息资源共享数据库及时更新。

（二）电子政务信息资源共享动态型模式的特点

1. 时效性

信息的及时录入和更新是电子政务信息资源共享模式时效性的一个重要体现。动态模式时效性还表现在信息编辑、加工等各个环节的时效。后续环节的跟进才能使录入的信息达到应有的效果。

2. 连贯性

动态模式的连贯性，源自动态模式强调信息采集要连贯地、动态地反映客观事物的性质及运动状态。这就涉及信息的录入、编辑、存储和传输等多道工序。每个步骤都不能脱节，每个环节都要按质按量，否则就会使整个信息更新工作失去准确性，给信息决策带来灾难。

3. 准确性

信息及时本身就是一种准确性，因为信息社会瞬息万变，今天还是准确的信息明天就有可能已经变样甚至成了错误信息，所以动态本身就是信息准确的一项要求。准确性还要求采集到的信息要可靠，即日常录入的信息内容（信息源）本身的准确性问题。编辑加工过程中的信息也有准确性问题，即不能因为信息的流转而导致信息失真。

二、当前我国电子政务信息资源共享动态不足的主要原因

电子政务信息资源共享的动态处理是基于信息收集和传输源的动态更新。电子政务信息资源共享动态不足在根本上是源于政府信息收集和传输更新不足。电子政务环境下，政府信息收集和传输主要依托于政府办公自动化。政府办公自动化的实现在于办公自动化系统和专业工作队伍的良好结合。当前我国电子政务信息资源共享动态不足的主要原因也在于这两方面存在问题。

（一）政府办公自动化系统普及和应用没到位

1. 建设与应用缺乏统一性

现如今，在计算机及应用体系方面政府工作人员还存在认识水平不一致的现象，从而出现计算机设备闲置较多，且没有得到有效的利用，导致整体的工作效率较低，达不到应有的水平。特别是现如今并在以后较长时期内同时存在有纸办公和无纸办公，使工作人员在业务办理中存在双重处理的现况，办公自动化并没有带来预期的高效率，甚至陷入纸张大量浪费及重复劳动的状态。实际上，办公自动化强调系统在工作中的实际应用，这就需要包括决策层在内的所有员工都对系统有较为正确和统一的认识。

2. 应用协调机制的缺乏

要人们改变原有的有纸办公习惯是一项艰难的事情，这需要部门领导带头实施和推动办公自动化。部门领导如能带头在日常工作中实行办公自动化，这将是最好的实施手段。在目前的行政环境下，领导的言行举止都可以助推办公自动化的应用，尤其是领导在多种场合多要求、多宣传、多强调、多督促等，这将成为普及办公自动化的超强催化剂。现如今，办公自动化建设高速发展，技术水平不断提高，但仅仅依靠信息技术部门难以实现办公自动化的普及，因此需要一种包括领导影响力在内并最具有成效的行政协调，与足够的技术支撑一起促进办公自动化的普及应用。

3. 信息多向流动机制缺乏

政府办公自动化建设要实现信息共享的目标，就要提高职能部门间的合作与协调

水平，消除条块分割的现象，使得政府工作流程更加透明。现如今，亟须解决的一个重要问题就是整合由于分散式处理而出现的业务信息和共享信息资源，并明确其授权范围。

4. 统一技术标准的缺乏

当前在我国政府办公自动化建设过程中，对文档、流程、管理、监督都缺乏统一的技术标准。这就导致不同政府部门之间信息共享缺乏基本的技术基础。政府信息的统一传输和更新也就成为空谈，甚至导致不同政府部门之间各自为政，互相矛盾。

（二）专业工作队伍信息素养有待进一步提高

电子政务信息资源共享是一场势在必行的革命。这对于制约行政行为的随意性和暗箱操作有重要作用，对于提高政府公务人员的管理水平和业务素质也具有很大的促进作用。这是因为,任务的实现需要每一位公务员承担尽快掌握并应用相关技术的责任。目前，电子政务信息资源共享建设中专业队伍建设主要存在以下不足：

1. 认识不同步

电子政务信息资源共享要求政府工作人员在政府信息资源观念上有相对统一的认识。因为电子政务强调工作的衔接和协同。电子政务信息资源共享的工作环节是相互联系、相互影响的，政府工作人员则是每个环节的具体操作者，业务链上的任何一个工作人员不及时对相关信息跟进就会造成整个事项无法完成。因此，公务人员应对办公自动化和政务信息共享有比较一致的认识，才有可能做到工作上的协同。这就需要公务人员在日常工作中多相互学习、相互提醒、多锻炼、多操作。为了让办公室工作人员意识到只有借助计算机网络才能更好地知道上级对工作的指示和要求，并能实现系统内外协同效应，就需要对反馈信息进行及时监测，并提升督查相关工作的效率。

2. 培训不同步

电子政务信息资源共享是个系统工程，需要多方协同作战。随着协同性工作日益增多，并出现大量的工作流应用程序，仅仅依靠个人无法承担相应的业务技能，因此，在工作中接受网上同步培训和指导将十分必要。例如，用户的操作者可以通过网上培训的方式来熟练运用工作中各类电子政务系统，能较大程度地减少培训时间，并且通过电子邮件就可以进入办公自动化系统，使在网上了解需要处理的工作以及接受同步培训等变得轻而易举。

3. 技术不协同

在培训同步性的基础上，公务人员要迅速掌握各个业务环节中办公自动化应用技术的协同性。以办公文件为例，即便是从一个文件的起草，到发送文件，最后归档入库，都需要经过交叉式循环处理的环节，且处理流程是互相连接的。通过学习和适应技术运用的协同性来保证每个操作者在整个过程中的操作规范。只有通过认识、培训及运用这种协同性，才能在办公自动化的环境下保证政务工作的协同性，这将极大地促进政务工作效能的提高。

三、电子政务信息资源共享动态型模式构建的关键

（一）统一思想观念

统一思想观念就是要在信息及时更新问题上统一思想，因为工作环节是一环扣一环，其中一个环节出了问题，就可能使信息停滞在某一点，从而影响工作的继续推进，不能及时地与公众分享办事流程与信息。思想上的统一主要是观念上的转变，信息及时更新既是对自己工作的严格要求，也是公众信息权利主张的内容。公务人员应当把信息及时更新当做自己的义务，当做自己职责的一种体现。

（二）确保政府日常办公自动化

1. 公文自动流转

在公文起草和传送中，把原先人工的方式变成计算机网络的方式，并使收文、发文和工程呈报等模块自动流转。在发文流程中需要具有查询、打印等功能，并严格遵循拟稿、发送、核稿、审核、会签、报送、审批、办理、催办以及归档的顺序，以方便公众随时查询与跟踪。

2. 会议流程自动管理

在布置大、中及小型会议时，需具有安排会场、确定人员和会议室、会议通知的发送及统计来宾等功能。在会议结束之后，能及时生成会议纪要，公众可以从共享网络中直接打印、分发和传阅。

3. 公共信息发布管理

公共信息发布管理是为了实现各部门发布财务信息、局办信息和问题动态等各类公共信息。对于公共信息，在外网全方位公布，并根据情况设定不同的权限来限制某些人查看单位内部公共资料。

（三）充分利用现有技术

在电子政务信息资源共享的动态模型系统开发技术中，结合当前办公自动化的应用情况，我们认为应重点考虑到以下两种技术：

1. 文档一体化技术

要实现政府信息资源共享，一个重要的指标就是内部办公文档一体化。体现文档一体化程度，不仅要一体化管理档案属性条目和全文，使用户既可以查询每条档案的目录信息，也可以阅读其他电子全文，同时还要紧密结合各个业务处理系统进行处理。

2. 工作流技术

公众要跟踪自己所办事情的进展情况，政府部门可以通过工作流技术满足公众这一合理诉求。工作流技术要求处理在点到点（或对应人与人、工作到工作等）之间流动的工作业务。工作流主要由逻辑实体、过程和点等要素组成。如，在处理公文时，办理、收文、分发、拟文等处理步骤是整个工作流的过程，逻辑实体则是与承接工作相关的部门，具体的人员则是点。政府把业务办理的流程和步骤及时在电子政务信息资源共享系统中公布，是人们跟踪自己所办事项的较好途经。

（四）把握三大方面

1. 是减负而不是加压

信息的及时更新可以在不增加办公人员负担的情况下辅助和监督其工作。为了真正帮助办公人员做好日常工作，并提高他们的工作效率和质量，系统设计需要注重信息共享和查询方面的灵活性。避免由于构建电子政务信息资源动态模式而出现办公人员忙乱不堪的现象，甚至做无用功。

要做到这一点，还需要做到以实际为基础，不能盲目利用政务系统。如，在处理公文时，将人们束缚在网上流程中，仅为了流转而流转，这势必会造成办公自动化系统出差错。假如计算机拥有量还不能覆盖到每个人，就可以通过网上查询、登文等功能进行删除网上文印、审批、分发以及签发等流转环节来辅助办公。

2. 信息公布分层

电子政务信息资源信息公布分层技术主要是根据政府信息资源的内容，分层分阶段地与公众共享。分阶段是指有些信息可以适时公布，甚至是办理过程的信息公开，有的信息需要在一定阶段才能公布。这种信息在向公众发布时，政府要讲清楚什么时候能够公布共享，为什么共享等问题。

从功能上可以划分成四大部分：其中，核心办公模块包括会议管理、发文管理、电子邮件以及事件督查办等；辅助办公模块包括车辆管理、人事管理、工作简报等；公共信息模块包括规章制度、政策法规、公用通讯录、电子公告、列车航班时刻表以及大事记等；个人办公模块包括个人文件管理、工作计划、代办事宜等。

3. 分步骤有序推行

在动态模式推行初期，由于受传统思维方式和工作方式的影响，可能会造成工作量的临时增加，如果不能有效说明和缓解，则可能给模式的推进带来很大的阻力。因此，在推行时应根据工作的需要，按先易后难的方式加以实施。对于能满足公众急切需求，难度较小的工作，政府可以及时推行；而对于那些难度大，建设周期长的情况，政府则可以对其进行分解，等时机成熟之时再推行，从而减少内部阻力，逐步改变原有的工作习惯与方法。

第 5 章　电子政务信息资源共享的政府主导模式

21 世纪以来，政务信息化发展取得了骄人的成果，推动着电子政务建设从初级向高级的进程不断加快。各级政府对信息资源共享活动进行适当监管，在电子政务信息化建设进程中发挥着主导作用。2007 年，中国信息化推进大会上，明确规定了以“政府主导、企业运作、整合资源、市场配置、互联互通、资源共享”为原则的电子政务发展思路及模式，确定了电子政务信息资源共享基本发展的方向。

第 1 节　构建电子政务信息资源共享政府主导模式的现实意义

政府是全社会信息资源的最大使用者、开发者，进行政府电子政务信息资源共享建设，通过电子政务网络可使政府掌握的社会信息合理流动，从而有力地推动政府信息化的发展。而作为一种与众不同的公共产品，电子政务信息资源不仅具有纯公共物品属性，还具有经济特性，其经济特性决定了电子政务信息资源共享是一种特殊的经济行为，同时也决定了电子政务信息资源共享主要是政府主导模式[①]。以政府主导模式，搭建公众服务平台，解决政府跨部门信息资源交换与共享，对全面推进电子政务信息资源共享具有重大的意义。

① 姜金利 . 电子政务环境下的政府信息资源共享问题研究［D］. 山东师范大学硕士论文 .2013：33.

一、电子政务信息资源的纯公共物品特性需要以政府为导向

政府信息产品或服务具有完全非竞争性和完全非排他性，完全非竞争性和完全非排他性是公共信息的本质特征，而且两者相辅相成，不可或缺。但非排他性是不完全的或相对的，这是由信息资源的开放性、共享性决定。在一定情形下，排他性和非排他性兼而有之。比如，同一种政府信息产品或服务，通过有线电视就有接入限制，用户需要付费使用，而任何拥有电视机的人却都可以通过公共电视广播信号免费使用该服务。

电子政务信息资源的非竞争性是指：纯公共信息（如一般事务性信息）由于更广泛地使用信息资源而使所有者获得更大的利益；准公共信息（如业务性信息），信息共享会造成其提供者的利益受到损害,但却不会减少他人的消费或减少总信息资源量。可以看出，非排他性和非竞争性是判断纯公共物品完全性的两个标准，电子政务信息资源产品或服务实现了这两个标准时，纯公共信息的本质特性才体现为完全性。

纯公共信息的有效提供还存在一定的困难，这是由纯公共信息的特征决定的。可以从纯公共信息的供给与需求进行分析，比如用户需要的信息资源往往是越多越好，因为通过充分利用信息资源，用户不仅能增加自身的知识积累，还能帮助其解决实际生活、学习、工作中遇到的一些困难。

如图 5.1 所示，Ⅰ线表示纯公共信息的供给成本，Ⅱ线表示利用效益，只有当Ⅰ和Ⅱ两条曲线交叉时，才能使纯公共信息的供给成本和利用效益达到最佳状态，这种最佳状态必须由职能部门进行合理引导才能实现。实践证明，只有以政府为导向，通过政府才能最大程度地提供纯公共信息产品或服务。实际上，所有的信息都需要花费一定成本费用，消费者获得的是否为纯公共信息，应由政府部门是否向所有的消费者免费提供这些信息来决定。

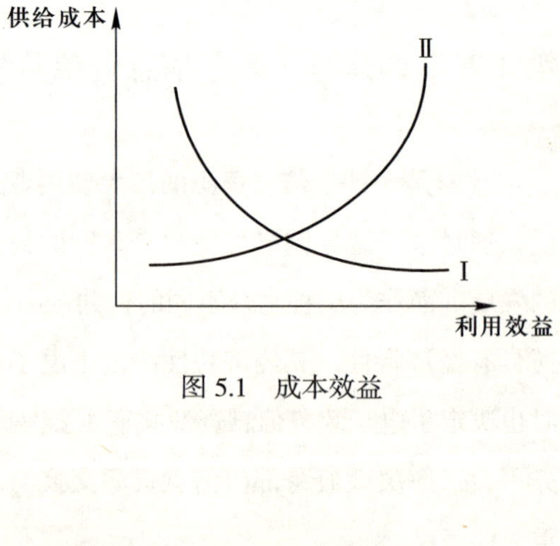

图 5.1　成本效益

二、政府主导是电子政务信息资源作为纯公共物品的有效提供方式

电子政务信息资源共享是一种跨地区、跨部门以及跨系统实现信息传递和应用的有

效方式，政府电子政务信息资源共享建设是一种政府运行方式的变革，是一项复杂的系统工程[①]。在电子政务信息资源共享过程中，应由政府主导提供纯公共信息，因为其本质特征及其由政府提供的特性决定了必须坚持政府主导。公共提供是指为使公共信息的社会消费需求得到满足的提供方式。这种提供方式必须由政府主导并且无偿提供，才能使社会共享公共信息产品或服务。也就是说，通过加大对信息资源共享的财政投入，依靠政府力量，使更多的消费者能无偿共享原本只限内部使用的电子政务信息资源，从而使原本有偿电子政务信息成为无偿共享信息，最终使所有人对电子政务信息的消费能“平等进入”（equal access）[②]。

政府在满足人们对电子政务信息的消费能“平等进入”这一期望时，可以从以下两方面努力：一是加大对电子政务信息的开放力度。政府是社会信息资源的最大生产者、拥有者和使用者，但是很多信息被封锁在政府内部，仅供内部使用；二是加大对信息资源共享的财政投入，当政府出钱“买单”时，就会有更多的人消费电子政务信息。戴维·奥斯本说:“政府移交的不是服务责任，而是政务项目提供的转交。”[③]网络环境下，通过政府来调控社会整体布局和电子政务信息资源空间，运用政府主导模式，实现合理化布局和信息资源零距离共享，从而以最合理、最优化的方式对电子政务信息资源进行共享，最大限度地满足用户的信息需求，使信息资源发挥最大的效用。

纯公共信息具有纯公共物品的特性，这使得私营部门或市场不愿意参与其生产和提供，就算是有一部分私营部门参与进来，其经营活动也必须处于政府部门的有效监管之下，否则，将无法依靠私人市场有效地提供纯公共信息，因此，这决定了纯公共信息只能由政府生产和交付。例如，香港特区政府曾委托和记黄浦公司与惠普公司合作主办“生活易”网站，香港政府与两家公司签订协议，规定由两家公司合作提供一部分诸如政府办公表格下载、结离婚登记等具有纯公共信息特性的产品和服务，按照协议规定，这两家公司要想得到政府提供的巨额奖金，就必须达到网站预期年度目标，否则，将得不到任何奖金。经过五年的运行，两家公司充分利用各自的优势，最大程度整合电子政务信

① 高歌，王钰雷，王倩倩，王天勇．大部制政府信息资源共享视角下我国电子政务推进研究［J］．图书情报知识，2013（5）：42.

② 戈尔丁认为，人们在公共物品的消费上存在“平等进入”（equal access）和“选择性进入”（selective access）的差异。“平等进入”的是纯公共物品，任何消费者均可消费而不受任何约束；而“选择性进入”的是准公共物品，消费着只有在满足一定约束条件后（比如付费），才可消费某种公共物品。参见 Goldin.Kenneth D.Equal Access VS.Selective Access［J］.A Critique of Public Goods Theory.Public Choice. 1979.

③［美］戴维·奥斯本等．改革政府：企业精神如何改革着公营部门［M］．上海：上海译文出版社，1996：24.

息资源，通过合作主办的网站提供大量的信息产品和服务，得到了广大香港市民认可和肯定，主要包括健身场所预定、教堂预订等。在“生活易”网站运营过程中，两家公司提供的产品和服务越来越倾向于营利性。因此，香港政府正在讨论一项关于建设一个提供纯公共信息网站的新政策，且需政府投资兴办，由此可见，必须由政府来主导纯公共信息的供给。

三、政府主导是推进电子政务信息资源共享的关键

近年来，有些国家的电子政务系统建设正在快速发展并取得了较好的成绩。现在各国电子政务部门要解决的问题是如何加快公众服务平台的建设，以有效实现信息资源在政府各部门之间的交换与共享。而加快电子政务信息资源共享建设，关键在于构建政府主导模式，主要原因如下。

（一）有利于增强信息资源共享的公益性服务能力

电子政务信息资源共享之所以是一项公益性服务工作，就在于其具有的一种特性——公共物品属性，这种服务主要体现于无偿服务。而且，由于服务对象涉及广大公众、企业和其他政府部门，个性化需求特别鲜明。由于政府是社会信息资源的最大生产者、拥有者和使用者，因此，电子政务信息资源共享这种公共服务只能通过政府无偿提供。例如：电子报刊亭、电子交通信息、指示牌等，这些设施都无法由企业、个人或者第三组织独立承担，只有政府才能提供。

统计表明，由于统一的法律规定和规划管理的缺位，相关信息很难实现民间共享，政府机关内部封锁了其掌握的 80% 以上的有用信息。通过信息资源的跨系统和跨地区沟通，能使政府系统更全面和更充分地掌握相关信息，打破“条块分割”的禁锢，因此必须统一协调管理各个政府部门。比如，政务信息网首先必须由国家有关领导机关对政务信息上网门类和范围做出统一规划，消除各部门各自为政的“信息孤岛”现象，协调与理顺政府内部各部门之间的信息关系。这已经成为许多领导、政府各部门的共同愿望，网上获取信息方便、快捷，便于及时掌握情况、形势和动态，及时决策。各地、各部门都寻求彼此沟通、相互学习，寻求跨地区、跨行业资源的整合，建立优化利用、优势互补型经济的愿望更加迫切。

（二）有利于信息资源共享要素的优化配置

实际上，信息资源的配置共享可以允许市场的参与，但由市场起主导作用，可能会导致信息资源的浪费和配置的低效率，因此，高效配置信息资源要求政府加强统筹规划，

通过制定科学的信息产业政策推动各个相关部门的整合，按计划和比例配置信息资源要素，实现资源共享。电子政务资源没有政府的大力推动和政策支持是不太可能实现信息互动、资源整合和信息共享的，因为政府长期以来决定了社会、政治、经济、文化等各方面的发展，且最主要最多的信息资源掌握在政府手中[①]。为实现各政府部门信息共享，必须重组政府的信息，并且合理考虑国家各地区的信息需求，在兼顾公平和效率的前提下，有计划地优化配置国家、地区、单位、团体和个人的不同信息需要，以实现低成本共享和节省政府资源的目标。通过信息资源在政府部门间的充分共享，行政决策所需要的信息能够更为全面、准确、及时地获得，行政执行的程序和过程能够变得更为简便、快捷，行政行为能够更为公正、廉洁，行政成本能够得以削减，行政效能能够得以大幅提升[②]。

（三）有利于加强信息资源共享的规范管理

电子政务信息资源如何有效、充分共享，涉及一系列重大技术难题，对这些技术的攻关，需要综合各方面因素的力量，而政府则具备攻克各项工程技术难关的力量。同时，要想完善信息资源共享管理也只有依靠政府才能实现。在电子政务信息资源共享建设中，离不开IT企业的技术支撑，政府必须凝聚各个企业的软件技术实力。从中国的国情看，政府主导能最大限度地实现低成本、集约化、见实效的电子政务建设，要想完成电子政务信息资源共享这一项复杂的技术工程，只有通过政府主导模式才能实现。

信息资源的共享问题是不可能只靠市场和社会的力量就能得到有效解决的，政府应充分发挥其调控和主导作用，才能有效解决政务信息资源配置与共享中的问题。政府部门应加快信息管理机构的建设，建立信息资源配置与共享管理协调机构，发挥机构组织的信息资源共享管理、信息规范、服务和协调等功能，同时，制定地方性信息资源管理条例或行政法规，对机构组织在合法权益的维护、评估机制的设立、信息共享行为的规范、公共服务水平的提高等方面做出具体规定。我国政府部门之间存在部分交叉和重叠的职能，因为我国实行的是“条块分割”二维模式的政府组织结构，这也就意味着在职能交叉和重叠的工作中，对于大家都需要的相同信息是完全能共建共享的。但是，各部门之间很难实现合理的信息共享和互联互通，这是由条块分割的部门利益所决定的。通常情况下，信息库和信息体系都是由各政府部门各自独立建设起来的，信息的收集和处理只是通过各个部门自身的渠道独立的去进行，信息也只能供各个部门

① 余强．电子政务信息资源共享的政府主导模式研究［D］．湘潭大学硕士论文，2009：2

② 王维颖．地方政府部门间信息资源共享模式及推进机制研究［D］．华东政法大学硕士论文，2012：13.

自己使用[①]。这种情况容易造成信息准确性和完整性的缺失，出现同一信息在不同部门查到的结果不一样等问题，且浪费了大量的人力、物力和财力资源，造成大量低层次的重复建设。

（四）有利于加大信息资源共享的推广应用

目前，在国家投入很大的人力、物力以及财力资源的基础上，我国建立了多个大型的电子政务信息资源共享平台。例如，为繁荣社会主义先进文化而建的全国文化信息资源共享工程，此平台通过数字化加工处理和整合以适应现代社会、贴近生活的文化信息资源，集成了几千年来积淀下来的中华民族各类优秀文化信息资源精华。并且，该平台建立了中华文化网络中心和互联网信息中心，通过覆盖全国各个省、自治区、直辖市和大部分地（市）、县（市）以及部分乡镇、街道（社区）的文化信息资源网络传输系统，实现优秀文化信息在全国范围内的共建共享。政府通过电子方式与公民共享政务信息，就有关信息及时在网上与公民进行交流，实现与公民的互动。政府准确把握公民关注的问题和事务，不仅能为快速采取措施提供帮助，而且能阻止各种影响社会安定因素的堆积和升级，同时，政府可以通过上网，便捷地了解公民关于某些问题的意见，广泛吸纳各方建议，这些都是决策的民主性和科学性的重要表现。

中共中央办公厅、国务院办公厅印发的《2006—2020年国家信息化发展战略》，全面阐述了我国信息化发展在今后15年内的战略目标、指导思想、战略行动、战略重点、保障措施等。多年来在信息化发展的过程中，我国仍存在着很多问题，该发展战略对这些问题做了深刻的分析，对目前我国信息化建设的经验和教训做出了全面总结。因此，如何科学性、创新性、针对性和有效性建设电子政务信息资源，是构建电子政务信息资源共享政府主导模式所面临的重要课题。

第2节　电子政务信息资源共享政府主导模式的实践形式

目前，电子政务信息资源共享在政府主导模式方面存在着诸多问题，这些问题导致了资源共享效率低下、效果不显著。因此，解决电子政务信息资源共享问题的当务之急是政府主导模式的优化创新。本节主要从影响电子政务信息资源共享的经济利益、政府

① 余强．电子政务信息资源共享的政府主导模式研究［D］．湘潭大学硕士论文，2009：2.

权力、信息资源三个方面来探讨构建政府主导的信息共享模式，主要有三种信息共享模式：贡献利益型、特殊作业型和理性决策型。

一、贡献利益型信息共享模式

伴随市场经济的高速发展，人们对社会信息的竞争也在加剧，对于信息这样独特的商品所存在的巨大的潜在价值与高附加值的认识不断深入和提高，因此，拥有信息资源的人或单位通常不愿意与其他单位共享信息，这使得信息资源的潜在价值不能全部实现[①]。作为一项公共管理与公共服务活动，电子政务信息资源共享由政府主导是比较合理的一种方式。但实践操作中，政府并不是一个单一的个体，而是一个复合性等级组织，是一个具有复杂关系和多元利益目标的，由不同层次、不同利益主体所组成的多级政府组织，采取的行动是以理性人的方式进行的。这种操作模式使得政府往往按照理性人的行为方式，以最大化的目标实现电子政务信息资源的效益[②]。

（一）贡献利益型信息共享模式的内涵

贡献利益型信息共享模式（contribution and benefits-information sharing system），是指以利益为导向并由政府主导的电子政务信息资源共享模式。具体来说，是指在信息资源共享模式建设过程中，对信息共享的建设主体规定一定的社会责任及义务，以政府、企业、个人及各社会团体、第三方组织的贡献大小为基础来分享电子政务信息资源共享经营成果的一套实际操作模式。

随着社会的发展，信息技术的不断进步，人力资本和知识体系在企业中的贡献越来越大，政府信息资源共享建设的导向、利益的分配也相应地向这些方面倾斜。电子政务信息资源是经济社会蓬勃发展的重要保障，它是社会的共有财产，这种资源的开发管理和充分利用，直接关系到个人、企业和国家的发展。电子政务信息资源贡献利益型共享意味着信息资源的使用者与参与者都能从中获利，双方或者多方参与者可以通过多种方式（投资、入股等）参与信息共享开发建设，并以此来获利。在建设过程中，贡献越大，获利就越多，即贡献与获利成正比例。作为信息共享模式之一的贡献利益型模式在信息产业发展的角度上已成为主要的共享形式。政府是电子政务信息资源共享建设的核心主体，应承担国家责任、社会责任、伦理责任，以推动社会进步为最终目的，建立起一套健全的政务信息资源共享的利益分享机制，来平衡政府、企业、个人及各社会团体、第

① 何振．试论电子政务信息资源共享的政府主导模式．档案学研究［J］．档案学研究，2010（3）：42.

②［美］道格拉斯·诺斯．西方世界的兴起［M］．北京：华夏出版社，1999：183.

三方组织各方面的贡献利益，最终合理、健康地引导电子政务信息资源共享建设的发展。以湖南省湘潭县响水乡青竹村为例，在村党支部的领导下，该村不断完善七个“统一”，村民采取农户 + 协会 + 公司的经营模式，生猪生产经营信息无偿提供给全村村民，促进了生猪养殖的大发展。全村年总产值达 2.2 亿多元，人均纯收入增长 45%，还带动了相邻 9 个村 1 080 户农户共同参与生产[①]。

（二）贡献利益型信息共享模式的实施步骤

通常情况下，政府通过自身系统内部的激励机制对电子政务信息资源共享进行高效运作，贡献利益共享模式是这种激励机制的主要表现。因此，是否严格实施这种激励机制，决定了电子政务信息资源共享建设能否取得成功。

1. 电子政务信息资源共享贡献利益分享的形式

为了达到一个相对均衡的利益分配，政府各部门规定，对于社会信息服务提供的多少直接与其利益相关联，部门贡献度高，那么所得利益也高，反之亦然。只有通过这样的方式，电子政务信息资源的共享才能充分、高效地执行。此处所提到的利益是具有多样化的利益目标的利益，包括社会效益和经济收益，是一种广义上的利益。政府信息资源共享利益的分配形式可以是股红、奖金、股权、津贴、福利、社会荣誉等，具体说来，绩效考核、单位水平的评定、工资福利的提高、职称的晋升、办公环境的改善等都是分享利益的主要内容[②]。电子政务信息资源共享建设的利益分享应该在与信息资源共享建设利益相关者间进行分配，这里的相关者主要是政府、个人投资者、企业实体、社区等。政府应以这些利益相关者为信息资源共享建设所做的贡献为基础，构建利益分享平台，从而保障电子政务信息资源共享建设的良性发展。

2. 电子政务信息资源共享贡献利益分享的标准

标准化是电子政务信息资源共享阶段的基础性工作，在政府信息资源共享建设中起着重要作用，进行标准化建设，可以提高信息资源的利用价值，更好地为经济社会发展服务[③]。电子政务信息共享利益模式能否成功运行的关键在于电子政务信息共享模式贡献利益的评价和分配标准是否明确，贡献利益的分配机制是否落实到各个实体单位、个人，是否公平，以及激励和约束功能是否强大等。因而在电子政务信息资源共享工作中必须建立明确的评价和分配标准，使政务信息资源的贡献利益分享平台运作透明化、公平化

① 余强 . 电子政务信息资源共享的政府主导模式研究［D］. 湘潭大学硕士论文，2009：27.

② 何振 . 试论电子政务信息资源共享的政府主导模式 . 档案学研究［J］. 档案学研究，2010（3）：42.

③ 姜金利 . 电子政务环境下的政府信息资源共享问题研究［D］. 山东师范大学硕士论文 .2013：33.

和合理化[①]。

在建立政府信息资源共享贡献利益分享标准时一定要从公平性、明确性和人性化的思想方面考虑，以使各利益相关主体的需要实现平衡。电子政务信息资源共享的利益如何分享，可以参考将广播电视系统内以收听率、上座率、收视率作为标准评定分享利益大小的做法，分享利益应以提供纯公共信息的贡献大小作为其重要标准，主要包括政府网站访问率、市民接受信息服务数或信息点击率等[②]。另外，建立贡献利益型信息共享模式，必须对该模式的优劣进行评判，必须对政府、社会多元组织、个人等的内外利益是否一致进行评判，对贡献利益型信息贡献模式是否具有延续性也需要考虑。

3. 贡献利益型电子政务信息资源共享模式的实施流程

贡献利益型电子政务信息资源共享模式的建立是一项系统工程，不能把各个步骤孤立，只有认真设计该模式，才能充分发挥政府导向在电子政务信息资源共建共享中的作用。

可以从四个方面来理解贡献利益型电子政府信息资源共享模式的实施流程。如图5.2所示，第一，确定贡献利益分享的主体，即电子政务信息资源共享的最终成果是由哪个实体创造的，这个问题确定好之后，贡献利益信息共享模式的主体也就随之确定了。政府、企业、个人及各社会团体、第三方组织的知识、资本、劳动是创造信息价值的主导因素，须从这些主导因素仔细分析，确定贡献利益分享的主体。第二，确定政务信息资源贡献利益分享主体的贡献度[③]。贡献利益分享主体的贡献度是对电子政务信息资源共享成果创造者各自价值贡献的评价，即出资者、经营者和劳动者在电子政务信息资源共建共享活动中各自的贡献是多少。必须系统分析各个主体价值创造的贡献度，才能平衡政府、企业、个人及各社会团体、第三方组织各方面的贡献利益分享，最终合理、健康地引导电子政务信息资源共享系统的构建与发展。第三，确定政府信息资源贡献利益的分配形式。这里的分配形式可以是股红、奖金、股权、津贴、福利、社会荣誉等，以分配形式为杠杆，才能引导电子政务信息共享的可持续发展。第四，设计电子政务信息

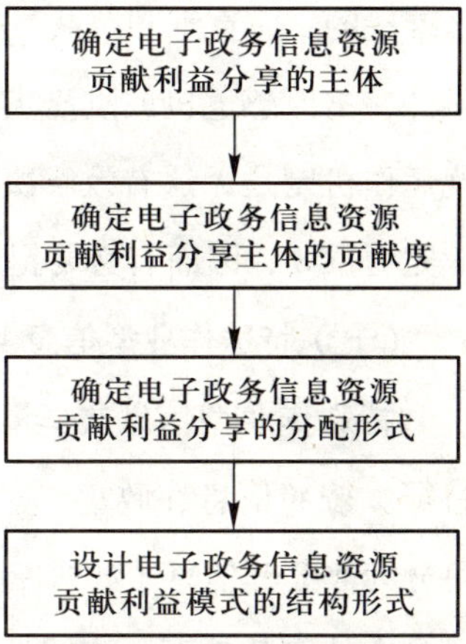

图5.2 贡献利益型电子政府信息资源共享模式的实施流程

① 郭咸纲．共享利益分享模式［M］．北京：清华大学出版社，2005：40.

② 何振．试论电子政务信息资源共享的政府主导模式［J］．档案学研究，2010（3）：42.

③ 郭咸纲．共享利益分享模式［M］．北京：清华大学出版社，2005：144.

资源贡献利益模式的结构形式。这是最重要的一个步骤，是贡献利益型信息共享模式最终能健康运转的保证。应建立与贡献利益型信息共享相对应的、具体的实施步骤和实施原则，建立相关的利益分享指标体系。有完整的制度作为依托，该模式才能得以稳定实施。

更多人的政务信息需求能得到满足，是电子政务信息资源共享的最终目的。因此，政府应该确保信息沟通渠道的畅通，保证信息的及时性。其中的一个关键是电子政务信息资源不能变为少数人垄断或私有，要强调“以人为本”和奉献精神，同时也要注意各共建共享实体的贡献利益，以贡献利益为导向，合理利用政府在信息资源建设中的特殊角色。只有这样，才能实现真正意义上的电子政务信息资源共享。

二、特殊作业型信息共享模式

通常来说，政府日常工作的有效管理一般是通过一套既定的制度章程和法律规范等来维持的，而贡献利益共享模式则是信息资源共享得以实现的保障。但是，在应对 SARS 事件、禽流感危机或洪涝灾害等突发事件、重大事件或者出现政府管理危机时，以上常规运作机制是无法有效解决问题的。此时，政务信息资源的共享对政府完成重大特殊作业尤为重要，因而有必要提出特殊作业型信息共享模式。

（一）特殊作业型信息共享模式的内涵

特殊作业型信息共享模式，是以权威性领导中心的存在作为该信息共享模式的主要特征。按照信息在政治、军事、社会、经济、科技、生活等领域中的传递范围来划分，可分为非公开信息（如机密信息）、半公开信息、公开信息三类，特殊作业型信息共享模式是在特定条件下，按照特定要求实现各类信息的共享和交互。各类信息传递、运用的好坏，都会极大地影响政治、社会、经济的发展和进步。

当今社会中政府往往忙于应对各种突发的涉及面广、影响巨大的社会事件，诸如：因为自然不可抗力引发的灾害性事件、人为原因造成的危险事故、不可预期的公共卫生事件，以及危及整体安全秩序的各种突发事件。面对突发的造成人员伤亡、财产减损、环境破坏等问题以及对整体秩序和规范存在重大潜在损害的紧急事件，政府往往应接不暇，疲于应对。在这种特定情况下如何实现电子政务信息资源的获取、共享显得尤为重要。在电子政务信息资源共享过程中，面对重大突发事件时，必须采用特殊的超常规的信息资源共享模式，必须利用政府独有的权力模式，以利于在短时间内消除重大突发事件的影响，为我国和谐社会的构建和可持续发展提供强有力的保证。

传递速度更快、传递质量更高的方法是特殊作业型信息共享模式的基本要求。这就从两个方面提出了要求：一是信息用户必须具有对所掌握的信息进行准确可靠筛选的能力与眼光，从而实现对于信息的专业过滤，为信息用户服务。二是必须提高信息用户的电子设备和产品的承载能力。但超常规作业可能会给政府的未来常规管理带来隐患，因此特殊型作业应始终以常规作业为基础，这一点需要引起高度重视。

（二）建立特殊作业型信息共享模式的必要性

建立特殊作业型信息共享模式能对社会整体秩序与政府职能多方面产生挑战的事件进行针对性处理，有利于服务型政府的建立及实现和谐社会。

1. 建立特殊作业型信息共享模式，有利于解决特殊作业信息需求与信息“条块分割”的矛盾

长期以来，我国部门之间、地方之间条块分割，超常规作业中各主体应急联动的组织协同性较差，前期监测与跟踪以及后期的实际针对性操作等全过程联结还相当涣散，各机构部门的联动机制并不完善。主要表现有：权力分配和管理权限上要进行界定，特别要理清专门管理机构与综合管理部门间的责权，只有这样才能实现对于整体资源的高效调度利用；联动机制不完善，由于权限级别限制引发属地管理机构难以实现突发事件的及时应对，职能缺失现状使政府实际处理难以为继，特别是应急处置与日常应急管理存在脱节现象[①]。在这种现有体制下，加强特殊作业下信息的畅通是很有必要的。如果拥有高级别授权性行政权力，在实际突发事件中的处理和解决就有了充分的保证。坚持以政府应对为主导，保证信息完整安全，才能有效地紧急处理各类重大事件、重大问题和突发事件等，从而实现信息资源共享及需求瓶颈的有效突破，最终实现合理化、科学化的政府决策[②]。

2. 建立特殊作业型信息共享模式，能有效减少经济损失

特殊事件由于其不可预期的破坏性，使得对其的预判和后续发展都难以把控。通常意义上的防控并不能最大限度减少人员财产损失，减小环境的破坏性，故特殊事件对社会的影响程度和经济损失往往是难以估量的。

在非常规作业条件下，政府通过对先进技术的充分利用，科学运用行政权力，保证各区域、相关部门与行业间密切组织与合作，保证信息资源得到最快速的互联共用。以2013年高致病性禽流感“H7N9”为例，在党和政府的高度关注下，国家卫生部门与相关医疗研究机构在极短的时间内迅速调集大量人力、物力和技术力量，连续攻关1天，

① 王冬梅．突发公共事件应急管理［J］．改革与开发，2009（8）：125.

② 余强．电子政务信息资源共享的政府主导模式研究［D］．湘潭大学硕士论文，2009：28.

就完成了开发此类病例信息报送系统的任务，使卫生防疫部门和各大医院的信息实现了共享和互联互通。电子政务信息资源的共享在中国南方冰冻灾害和汶川地震中发挥的作用是巨大的，甚至网友在网上的信息资源共享也凸显着重要的作用。政府应对突发事件调度安排会因为信息的迟滞性传递而增加难度,造成很多不必要的经济损失[①]。2009 年出现的甲型 H1N1 流感波及多个国家且影响巨大，也造成了巨大的经济损失。因此，突发事件信息共享的重要性尤为突出。建立以政府权力为导向的特殊作业型电子政务信息资源共享模式，对实现信息互联共用以及妥善管理具有现实意义，也是降低生命财产损失、减小突发性事件危害性影响的必然要求。

3. 建立特殊作业型信息共享模式，有利于提高服务型政府的执政能力

这一模式的建立是实现和谐社会理想以及服务型政府理念的必然要求，有利于实现国家的稳定发展和社会的和谐进步。我国政府在应对特殊状况时存在着一些薄弱环节，除了由于政府管理能力的缺失，最重要的还是政务信息资源共享体制机制上的缺陷及其不对称性等。政府如何加大公共服务和社会管理力度，如何增强各级政府及其人员的危机意识和责任意识，扭转技术落后、千篇一律的传统互联共用形式的局面已经成为新时期政府提升自身服务职能的重要举措。建立特殊作业信息共享模式，能促使政府各职能机构通力协作，改变以往的信息条块分割模式，提高行政效率和增强创新能力，进而提高政府的执政能力。

（三）特殊作业型信息共享模式的实施形式

突发事件的发生对信息资源提出了更高的要求，包括质量、数量及其获取渠道、公开平台等各方面。特殊作业型信息共享模式是以其权威性的中心领导为主导，有利于把控秩序的规范性，可以较好地完成电子政务信息资源的共享。

从实施驱动的形式看，特殊作业信息共享模式的实施形式主要有两类：基于循环经济理论的特殊作业信息共享模式，以及以满足帕累托理论要求为特征的特殊作业信息共享模式。

1. 基于循环经济理论的特殊作业信息共享模式

循环经济是以投入最少的资源来实现最高效的资源利用和最大程度的资源循环为目的，是根据系统集成战略和生态经济原理、为实现人类经济活动的生态化和污染物排放最小化的一种经济发展模式[②]。这一重要概念的提出是受宇宙飞船发射的启发,是在 20 世

---

① 余强．电子政务信息资源共享的政府主导模式研究［D］．湘潭大学硕士论文，2009：27.

② 徐君，张凯．基于信息化的循环经济发展途径［J］．统计与决策，2009（16）：60.

纪60年代，由美国经济学家K.波尔丁在分析地球经济的时候提出来的。循环经济是人类文明及经济发展的主要成果，当时美国在政治、军事、技术等各方面严格保密，但该经济模式的可持续性、创新性等特性以及以人为导向的宗旨赋予了现代经济极其重要的意义，因此在许多地方开始普遍实行。

根据循环经济的内涵和特征看，循环经济的发展在这个大的系统里面，需要各行各业的相互支持和协调发展，而信息的重要作用体现在系统的相互协调上。应以循环经济立场来考虑经济发展，一些政策性较强的信息，如对循环经济发展指标的要求信息、市场的相关信息、对原材料无毒害的要求信息、国家的宏观调控政策、主副产品有关的信息、各企业间相关的原材料信息等，这些信息资源的共建共享可以考虑采用特殊作业的形式，以权力为杠杆协调电子政务信息资源的配置。从系统论的角度讲，作为大系统的循环经济的健康发展，有赖于各方面的信息协调。

2. 基于帕累托状态的特殊作业信息共享模式

帕累托状态是其另一方面的展现。作为对信息资源管理和利用的一种完美型设定与理解，帕累托最优通常是指在信息资源的时空转换与交接流程里，至少须使一个人的状况变得更好，另外与之相关人的情况并不会有减损性表现。基于这种理念实现电子政务信息资源的优化配置即帕累托状态的特殊作业信息共享模式。

电子政务信息资源共建共享需要有足够的市场空间才有可能实现帕累托最优。由于具有行政隶属关系的信息企业引发的过度竞争，导致信息市场因重复建设、行政性垄断、功能重置等问题而处于一种秩序混乱、市场割据的状态，信息资源共建共享的低效率正是"大而全""小而全"的模式造成的①。因此，可以考虑按照帕累托最优的原则，以政府主导政务信息资源的共建共享，理顺体制关系，打破行业垄断和地区封锁，摆脱条块束缚，按照优势互补的原则和社会化分工的要求重组现有的信息机构，构建一个规范、适度竞争、公平的统一市场。

三、理性决策型信息共享模式

政府主导的电子政务信息资源共享模式中，政府决策首先应以人为本，是理性和科学的，决策的主体应是所有共享信息者，共享的信息资源应能被作为决策主体的所有信息共享者科学地分配，理性决策型信息共享模式就是基于这种理念提出来的。

① 房春英．帕累托最优在我国信息资源配置效率中应用研究［J］．情报科学，2006（9）：1364.

（一）理性决策型信息共享模式的内涵

在电子政务信息资源共享中侧重以信息资源为导向的政府主导模式称为理性决策型信息共享模式[①]。对信息资源的分析是政府管理的理性决策的基础，著名管理学家赫伯特·A. 西蒙（Herbert A.Simon）指出“管理的本质是由一系列决策组成的，决策是管理的心脏，管理就是决策。”政府做出的任何管理决策如果脱离了相关信息的指导，缺乏理性的工作管理，必将导致不成功的政府管理，政府管理和提供公共服务的最终目的是以最少的、有限的资源投入实现资源最大限度的增值[②]。

同时，西蒙指出，行政决策者都希望做出理性选择，即唯一的最好选择。然而，在制定合理的决策时往往发生意想不到的事情，许多政策制定者、决策者很难选择到最佳的解决方案。因此，西蒙提出了有限理性的概念。本文的基本观点是：人的信息处理和计算能力是有限的，因此，任何由人组成的组织都无法完全按照合理的模式行动，人们和组织不能考虑所有的选项，不能完全按照“最大效率”和“优化原则”来指导他们的合理行动。所以，这里谈论理性决策型信息共享模式应是政府在对电子信息资源有限理性分析的基础上，以信息资源为导向，建立的一种政务信息资源优化配置模式。

（二）理性决策型信息共享模式的实施模型

从某种程度上说，理性决策型信息共享模式是决策中的一个过程，即目标和资源优化配置与整合。政府管理决策的核心——信息资源必须始终贯穿于整个理性决策型信息共享模式过程中，因此，为实现电子政务信息资源全社会的共享，必须充分整合各种资源，如图 5.3 所示。

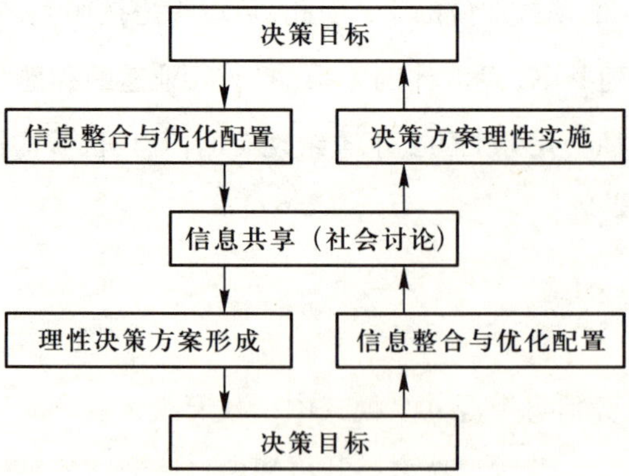

图 5.3　理性决策型信息共享模式

① 何振 . 试论电子政务信息资源共享的政府主导模式［J］. 档案学研究，2010（3）43.

② 余强 . 电子政务信息资源共享的政府主导模式研究［D］. 湘潭大学硕士论文，2009：29.

从图 5.3 可以看出，政府作出信息资源建设决策是一个不断循环、周而复始的过程。通过信息资源的传递协调信息资源的时空布局，以使其在不同的部门领域得到有效配置、共享，从而最大限度地满足信息需求者的信息需求。

首先，合理的决策目标对于政务信息资源的共建共享具有重大影响。具体来说，政务信息资源的建设一般是基于区域规划的共建共享的建设。比如，长株潭两型社会城市群的电子政务一体化建设，是一项复杂的系统工程，而区域信息资源共建共享的规划、决策目标的制定关系到其建设的成效。而且，理性的决策目标同时也是方案最终检验的标尺，所以，第一步非常重要。其次，政务信息资源共享理性方案的确定、方案的形成，必须严谨缜密，最终公布的方案必须是经过多方考量、由社会各个组织团体认真讨论而形成的。最后，实施决策方案必须坚持理性，有计划、有步骤地展开政务信息资源共享共建工作，同时不断和既定目标进行匹配，找出疏漏环节，对此进行反复设计，完善补充，以实现政务信息资源建设的利益最大化。

通常情况下，当政府进行重大决策时，为了便于在全社会范围内进行讨论，一般会要求各有关部门在事前和事后充分收集相关信息以供社会共享。例如，在做出决策之前，各级党委常委会、五年一届的党代会、政务会等，为收集听取各个社会团体、个人的意见和建议，就特定的议案专门通过信息共享来进行沟通。近年来，中国政府部门提出的大多数重大决策，都是向社会广泛征求意见并最终得到社会认可的，同时，在大会前后，关于决策的相关信息都会集中在各级相关政府网站和相关报刊大量刊载，向社会发布。诸如建设和谐社会、开展党员先进性教育、学习科学发展观、建设社会主义新农村、党员干部问责制等重大决策都是通过这种方式进行的。

（三）理性决策型信息共享模式的成功要素

随着在各领域的应用越来越多，电子政务已经发展成一种世界性政府管理形式，对于政府的服务和办公效率起到很大的促进作用，极大地提升了政府的公众形象。政府在调节市场经济运行方面发挥着特别重要的作用，承担着社会、经济的管理和服务功能，这就要求政府不断提高信息服务质量，理性科学的进行决策。

1. 实施理性决策型信息共享模式，需确立严谨的政务信息政策与法规

确立严谨的政务信息资源政策与法规，是实施理性决策型信息共享模式的基础。在政务信息资源共建共享建设中，可以将市场导向作为一定的依据，但理性分析信息资源的需求，仅仅依赖市场的调节是不够的，这时需要有既定的信息政策与法规。合理、严谨的信息政策与法规在理性决策型信息共享模式建立中发挥着重要的前瞻性作用。在对

信息资源进行理性分析的时候，依据信息政策法规可以主动、有力地布局信息资源；有利于政务信息资源建设主体掌握信息资源共建共享的规律及用户的特征；有利于政务信息资源主体做出理性决策，特别是在区域政务信息资源规划中，能对共建共享按轻重缓急做出合理的区分，以确保政务信息资源共建共享理性模式的实现。

2. 实施理性决策型信息共享模式，需建立严谨的社会监督机制

检验真理的唯一标准是实践，因此，各项决策都必须是根据当时、当地的实际情况做出的。要增强电子政务信息资源建设的透明度，要让社会明确政务信息资源共享共建的工作程序，及时在政府门户网站上公布信息领域内的新情况和新问题。任何决策都不能凭一时的激情、热情，而要因人、因地、因时而定。在历史上，凭主观臆断而做出失败决策的比比皆是，如“政绩工程”“大跃进”等错误决策带来的教训引人深思，同时也对经济发展造成了极大的负面影响。因此，决策者必须从社会、政治、经济、文化各方面学习更多的知识，必须从当时、当地的实际情况出发，更重要的是，政务信息资源建设是一项复杂的系统工程，必须建立严谨的社会监督机制，必须建立社会沟通平台，这是服务型政府建设工作中重要的一环。“信息化”要求政府及其工作人员更加勤政为民，但这并不意味着工作量的减少，否则就会遭到淘汰。理性决策是电子政务的根本，公共监督是保障。共建共享工作做好了，不仅可以增强执政的透明度，加强政府各部门与社会各界的沟通，还可以提高政府服务质量和办公效率，最终合理配置社会资源，真正提高国民经济运行的质量和效率。

第 3 节　电子政务信息资源共享政府主导模式的实践途径

信息资源共建共享是一个多主体、多部门参与的有机过程，其实质是对信息资源进行优化配置，实现信息资源利用的最大化[①]。因此，由政府主导来建设电子政务信息资源，充分运用现代电子信息技术，才能对电子政务信息资源充分共享。在以政府为主导的电子政务信息资源共享运作流程中，其管理、服务以及各种细节设计和规则制定都要有效满足网络环境下的信息资源共享需求，才能提供良好的政务服务。

---

① 姜晓旭．云计算环境下军校信息资源共建共享模式研究［D］．第四军医大学硕士论文，2013：18.

一、强化民本理念

构建新型服务政府，从以政府为中心转变为以公众需求为中心，改变传统服务模式，是发展电子政务的主要目的。要着重考虑社会效益，强化政府的主导地位，坚持以人为本的理念，不断满足公民信息需求，重视民生，转变传统管制型政府模式，建立符合时代要求的服务型政府模式。在实践操作中，必须以公众和企业诉求为基石，以最有效和最便捷的方式服务于公众。在项目整体推进中优先开展具有示范效应的、对公众和企业影响最大的在线服务项目，还应考虑到后续操作与前期步骤的顺畅衔接。电子政务信息资源在不同层次、不同部门和不同地点间集成共享，大幅度提高政府各部门之间沟通与协作的能力[①]。

二、加强顶层设计

当前电子政务建设的首要任务是集中精力搞好电子政务的顶层设计。作为这一任务的发起者，国务院信息化办公室承担着电子政务蓝图设计的责任。如何在新形势下准确把握这一工作，完成对电子政务建设的进一步推动、促使其健康规范地发展，满足公众的高质量信息需求，是国务院信息化办公室应当着重考虑的问题。

要实现电子政务信息资源有效共享，顶层设计尤为重要。具体来说，主要包括两个方面：一是对电子政务信息资源业务流程的设计要求。顶层设计要对应用系统业务的可行性及相互间的利益关系进行分析[②]。从以往的案例可以看出，相关业务领域的工作对顶层设计的成功与否有着至关重要的影响。应用系统开发的失败案例说明，用户业务需求是用户需求的重点，而不是用户的操作需求，不仅要尽力满足用户的需求，还要对用户的需求进行正确全面的描述，这是非常重要的。二是电子政务信息资源全局与整体设计要求。顶层设计应站在整体的高度上，立足全网通用和全国互联，克服局部环境的影响和约束，制定电子政务共建共享的有关决策[③]。例如，网络时代信息资源目录不但要满足网民的使用要求，还要满足互联计算机系统的使用要求；不但要使本单位的使用需求得到满足，还要使网络上上下级单位、同级单位的使用需求得到满足；同时，如果信息资源目录在接口、格式、内容和协议上标准不一致，那新的“信息孤岛”也将不可避免的产生，而作为信息共享关键部件的信息资源目录建设也就失去了应有的意义，因此，必

① 余强．电子政务信息资源共享的政府主导模式研究［D］．湘潭大学硕士论文，2009：30.

② 谢力民．解析电子政务顶层设计［EB/OL］．［2006-06-08］.http：//zhidao.baidu.com/question/8260215.html.

③ 谢力民．解析电子政务顶层设计［EB/OL］．［2006-06-08］.http：//zhidao.baidu.com/question/8260215.html.

须统一各系统之间的接口标准。顶层设计要对业务需求从宏观上进行收集、描述和梳理，运用信息工程的方法，按层次呈现业务需求。同时，加强业务需求数据的整理、积累和传播，正确地把数据保存到数据库中。顶层设计不仅能理顺业务流程，而且还能推动和促进业务职能转变、优化业务决策①。

三、注重政策引导

在信息不对称的情况下，具体的成本与效益对于每个政府部门是不一致的，政府全局工作的高效益有赖于信息的共享程度。在这一过程中，补偿激励机制的缺乏难以调动信息供给部门的积极性，甚至会制约信息供给系统的高效运行，从而导致信息质量的急剧下降。因此，有必要建立完善的奖励补偿机制来激励政府各部门高效地供给信息。行政奖励和经济奖励是奖励补偿的两种主要方式，行政奖励是把国家公务人员个人的绩效与电子政务信息资源共享关联起来，把电子政务建设的效益效能作为官员绩效考核和晋升的一个评估标准，从而使其积极支持电子政务的互联互通；经济奖励就是对信息共享中做出贡献的部门或个人给予物质补偿②。

我国于2009年提出了“统筹规划、联合建设、统一标准、专通结合（专网和共用网）”16字方针，2010年又制定了电子政务建设过程中关于资源共享24字方针，其中更切实际的整体布局规划、更方便的资源共享途径、以市场和公众为对象、讲求实际运用效果、信息质量和信息安全保障都成为重点关注环节。为适应政府信息化发展的需要，作为一项复杂的系统工程，政府信息化必须改革行政执法、行政审批方式和行政组织形式、行政决策机制以及行政征收方式等内容，对现行业务流程进行规范和调整，实现行政流程明晰化、简单化和政府内部职能转变，打破“条块分割”“系统封闭”等各自为政的困局③。

四、健全规则规划

制定管理办法的过程中应重点关注电子政务信息资源的开放性要求，同时要采用电子签名等技术保护个人信息隐私，遵循国家信息化建设的规划、纲领和原则。当前出现的一些政务信息资源标准混乱、管理手段不善、资源低效重复获取、产权不明确、交换

---

① 余强．电子政务信息资源共享的政府主导模式研究［D］．湘潭大学硕士论文，2009：31.

② 山红梅．突破电子政务信息资源共享瓶颈的对策研究［J］．西安邮电学院学报，2007（11）：13~14.

③ 山红梅．突破电子政务信息资源共享瓶颈的对策研究［J］．西安邮电学院学报，2007（11）：13.

平台重复建设等突出问题都需要得到妥善解决。目前急需理清和明确的主要有:(1)资源整合的方法与程序。分散信息数据资源的整合必须有法可依，有据可循，现今通过的《国家政务信息资源交换体系标准框架》和《国家政务信息资源目录体系标准框架》对于整合的原则做出了权威性界定，明确数据来源，可协同匹配使数据源能同时被多通道使用。同时，应重点把握责任追踪和事前预防，对于面向公众的开放性资源可能影射和牵连的保密信息以及其具体内容都应按照相关规定对其进行保护，做到规范处理，实行分级授权和分层授权。(2)资源整合的主体。国家相关机关是电子政务信息资源整合法律角度的主要主体，包括作为客体一方的需求部门、信息主管部门、相关的资源信息提供方、整体资源交换和流动的管理中枢、档案部门五大类，各部门权责明确、各司其职，同时要求成立负责维护电子政务建设相关软硬件数据库系统的资源管理中心。(3)资源的后续管理制度。应有明确的责任追踪制度保证，确保对其有效监督。对整合流程进行监督检查是肩负这一责任的主管部门工作的重要内容。应制订便于操作和执行的责任追究和救济方案，明确相关的行政责任、经济责任、刑事责任[①]。

五、完善监督管理

电子政务信息资源共享的监督管理机制主要包括公众对政府的监督管理机制、企业对政府信息资源共享过程的舆论监督与管理机制、政府自身不同层级不同部门之间对于信息资源共享过程的监督管理机制等。能否得到有效的相关信息是检验监督目标和衡量目标完成情况的共同指标。譬如,提示电子政务信息资源可被下载,但其操作却无法完成;不在公开范围内的信息资源被不当公开;有被要求回应的资源却难以得到反馈;在申报列表中的服务项目不能通过网络在线实现申报;没有按成本投入和相关的贡献比例来实现对于利益的等额获取;没有充分实现信息的互联共用等。故而要加大社会主体及各职能部门对电子政务信息资源共享监督的力度。以信息化主管部门监督为例，通过制定《政务信息资源共享目录》，对联机共用信息相关的提供方、具体名称、存储形式、获取权限、字段搜索限定、可被公用和公开内容与程度及信息类型等各方面做出明确规定，对各机关单位的政务信息资源共享列出详细清单，同时信息化主管部门需按照目录内容和规定进行监督检查，实现同级政府部门资源共享。

① 余强．电子政务信息资源共享的政府主导模式研究［D］．湘潭大学硕士论文，2009：32.

第4节 电子政务信息资源共享政府主导模式的实证分析——以天津市为例

一、天津市电子政务信息资源共享的基本情况

政府信息化的宗旨是推动电子政务的快速发展。电子政务是转型期我国政府进行管理的重要手段。电子政务的建设需综合社会各方实体的力量，以政府联网工程为着力点有序展开。从电子政务建设的综合指标看，天津市已经走在了全国的前列，取得了较好的成绩。

作为天津"十五"期间重点工程的"信息港湾"建设,电子政务在其中扮演了重要角色。经过几年的努力，电子政务建设初显成果：一是建立了一批涉及政府文件、统计信息数据、法律法规等内容的数据库。二是一批业务系统初步建成，对宏观经济运行发挥了重要的支持作用。在支持领导决策的信息服务、政府办公与公文传输，税收、经济等业务系统的高效运行、有效管理发挥了重要作用。三是业务专网中涵盖到的工商、税务、检察、教育、劳动与社会保障等政务系统部门网络都得到切实的投入和重点建设。四是天津市的政府门户网站已正式投入使用，一些局级单位的网站或主页与市政府门户网站实现了有效链接，部分部门和区县进行了网上办公试点，市、县区的政府部门已能利用政务网路对政府信息资源进行公开，300多个副局级以上的党委办综合业务专网已经在企事业单位和党政机关投入运营①。

如何在顶层布局时实现异构网络信息资源集成已经在《天津市电子政务建设实施意见》被提出，并作为电子政务建设的规划内容和"十一五"期间需完成的预期目标。具体措施有：整合开发信息资源、建设一批重点业务系统；系统性进行政务信息资源的顶层设计，开发建设顶层大容量网络平台，保证党政机关内部信息资源的有效互换和共用，以此为依托逐步实现信息资源的高效便捷利用；在系统性布局的底层，建立基础性的数据库，完成对数据的加工处理并扩展开发使用；作为重点着力方向，一批与民生相关的系统应首先取得成效并加以实际检验；加强系统的安全保证手段。由此，以现有的三网、业务系统连接而成的系统群、数据库、保障系统作为建设重点方向，使得电子政务建设真正实现一个新的跨越式发展，提升了天津市政府部门的决策能力、管理能力和应急处置能力。

---

① 高洁，张辉，宋丽萍，张庆一. 基于知识管理思想的电子政务信息资源共享模式研究——天津市电子政务信息资源共享体系建设对策思考［J］. 电子政务，2008（11）：62~63.

2010年，以需求为导向统一规划、协调发展，以电子政务应用为重点，以业务为主线，服务于社会需求的指导原则，天津市组织制定了《天津市电子政务“十一五”发展规划》，依据国务院以及中共中央办公厅对电子政务建设给出的要“实现统一顶层设计与规划、信息资源的联机共用与互换，面向实际应用，以市场公众为对象、保证整体安全和稳妥，以实际效用为衡量指标”相关指导性意见与方针，天津市在结合信息化发展要求的基础上，提出了完善13项重点业务系统建设、完善电子政务专用网络和公共服务平台建设以及加强政务信息资源开发利用等三大重点建设任务①。明确提出了应重点加强建设的项目：电子政务基础网络，公共服务平台，天津市应急指挥信息系统，劳动和社会保障信息网络，教育、卫生、环保、农村管理信息系统，数据库系统，工商和地税信息系统、电子口岸信息平台和各项“金字工程”等。

二、天津市电子政务信息资源共享中存在的问题

以信息技术为特征的科技进步带动了社会的快速发展。电子政务建设得到了天津市的重视，尽管一些部门对信息的需求更迫切，认识正在提高，在一些领域中开始了新的探索，但是离政府主导的现代电子政务信息资源共享模式要求及电子政务信息资源共建、共享实际要求还存在一定的差距，主要表现在以下几个方面：

（1）市内网络架设、结构布局欠完善，统一的政务网络平台建设需要加快进行，信息资源共享运行机制要根据实际要求整合设计，不宜搞低起点运行机制②。

（2）总体来说网站水平因为受制于当前建设队伍素质还较为低下，且呈现出不平衡性特点，不能实现完整的功能，信息资源更新不够及时，有的信息发布还会受到部门或人为的控制。

（3）由于部门和用户间缺少有效而充分的沟通，系统在设计之初未充分考虑到用户诉求，缺乏对需求的有效回应。有些影响较大的业务系统甚至缺位运行，由于传统管理观念的影响，业务应用系统也出现条块分割的状况，使信息资源共享的综合优势尚未得到充分发挥。

（4）信息资源的综合开发利用滞后。目前城市网站发展速度比较快，由于缺少城市

① 天津市电子政务“十一五”发展规划．中国电子政务网［EB/OL］．［2010-09-26］.http：//www.e-gov.org.cn/ziliaoku/zhengfuguihua/ 201009/111277.html.

② 关于天津市电子政务建设实施意见．天津政务网［EB/OL］．［2007-09-11］http：//www.tj.gov.cn/zwgk/xxgkgd/200709/t20070911_14225.htm.

信息资源交换，直接导致信息资源范围偏窄、更新周期长、规模偏小、共享程度不够高等问题的出现。由陈俊洁等人组成的一个项目组专门对天津市滨海新区的政务信息共建共享问题进行了调研，该项目组共收回问卷721份，其中有效问卷631份（具体情况见《天津市滨海新区政府网站公民使用情况调查》一文）。调查结果显示，滨海新区政府网站目前尚未成为居民生活中不可或缺的一部分，政府网站目前承担的更多是信息传递者的角色，网上办公服务能力尚未凸显，在线交流功能实现程度还比较低，被调查者对于新区门户网站功能和政府网上政务服务的满意度更集中在“一般”程度。被调查者希望政府能在门户网站上提供更为及时、更加丰富的政府信息，网上办公服务范围能更为广泛，在线有效的交流反馈能更加快速，政府网站能更关注为民服务、更注重为民办实事，这都反映出目前新区门户网站的建设与用户的实际期望和需求存在差距①。

三、天津市电子政务信息资源共享中增强政府主导力度的政策建议

在突飞猛进的电子技术革命时代，一个大城市在电子政务上存在一些问题和不足，是可以理解的。关键是要抓住历史的机遇，要与时俱进，转变观念，开拓创新，让信息革命带来廉正高效的政府，更好的构建和谐社会。

第一，对建设电子政务信息资源共享政府主导模式的认识应进一步加强。既要强调共建，也要强调共享，二者不可偏废。许多国家、部门、单位和个人都受益于信息化，受益于科学技术的发展。政府应是服务型政府，实行的是政务公开，取信于民。“以人为本”就是以人民群众为本，全心全意为人民服务。要秉承这一宗旨建设电子政务信息资源，为社会公众提供优质有效的服务是电子政务信息资源共建与共享的出发点和落脚点。要实现这一目标，只有以政府为主导，才能大力发展电子政务，完成电子政务信息资源的共建共享工作。

第二，电子政务信息资源共享的政府主导模式要统筹规划，重点突出，搞好顶层设计。这就是按照科学发展观的要求，从整体和全局出发，根据我国的国情，突出重点，抓住主要矛盾。从技术层面上说，应在建设之初就把控好整体框架，一定要尽量避免无效重复的低水平设计；要保证电子政务信息资源共享的适应性、技术领先性及安全性；通过政府主导提高信息资源整体的利用效率，保障顶层设计权威性；通过考核方式中的绩效评定、政务信息主动公开和对公众舆论监督，实现对行政能效的促进，完善各部门、各组成部

① 陈俊洁，陈亚林，黄立娜，沈艳芳．天津滨海新区 G2C 电子政务的问题与对策研究［J］．图书情报工作，2008（8）：25.

分的互动联接机制，最终实现信息共享，打破长久以来条块分割的不合理现状。

第三，政府主导电子政务建设过程不意味着忽视多元参与。我们在强调政府主导责任时也应看到整体相互配合的必要性。企业、公众、个人和社会团体等是多元主体的主要组成要素。企业作为信息设备的主要提供者，是国民经济的主要组成部分，它们在向政府和社会提供信息的同时，也需要其他主体提供其所需的相关信息。多元合作不仅可以改善信息资源的数量和质量，还能大大拓宽我们的视野，使政府主导模式的不足得到不断的改进，把信息化建设推向新的高度①。

① 余强．电子政务信息资源共享的政府主导模式研究［D］．湘潭大学硕士论文，2009：35.

第 6 章　电子政务信息资源共享的市场导向模式

对电子政务信息资源进行共享建设，单靠政府是不够的，因为这样容易出现共享的资金缺乏以及共享的激励机制不够等问题。如何实现电子政务信息资源持续有效共享，需要探寻相应的模式，其中信息资源共享的市场导向模式已经成为理论界与实践界广泛关注的一个重要课题。

第 1 节　构建电子政务信息资源共享市场导向模式的现实意义

电子政务信息资源具有准公共物品的特性，这表明其是一种特殊经济资源。因此，电子政务信息资源作为具有特殊经济属性的准公共物品，为市场模式的构建提供了可能。将市场机制应用于电子政务信息资源的共享，能够打破政府一直以来对电子政务信息资源共享进行垄断的局面，促进电子政务信息在各企业间、社会公众和政府各部门间的协调分配，合理分布，科学布局，达到对电子政务信息统一而有效管理。同时，也能够使用户按照自己的信息需求便利地获取相应的信息，从而使电子政务信息资源共享得到更好的实现。

一、电子政务信息资源的准公共物品特性需要以市场为导向

经济资源的特性会决定与其相关的经济活动的特性，因此，电子政务信息资源作为准公共物品的特殊性，决定了对其进行共享的这项经济活动也具有特殊性。而其特殊性

反映在经济利益的驱动上，使得电子政务信息资源共享必须以市场为导向。

（一）准公共物品的内涵及其基本特征

依据第 2 章萨缪尔森的观点，对任何物品进行消费都有两方面特征：一是消费的排他性程度；二是消费的竞争性程度。他指出任意消费者对公共物品的消费使用都不会减少其他消费者的消费使用，就说明了公共物品消费的非竞争性（non-rivalness）。而对私人物品和公共物品进行区别的重要特性，便是其消费的竞争性和排他性。私人物品同时具有排他性和竞争性，而公共物品中的纯公共物品，既无排他性又无竞争性。

人们在现实生活中使用或消费的一类物品，它们具有公共物品的某些特征，但是又不完全具有公共物品两个主要特征——非排他性和非竞争性。这是由于经济行为会产生外部性，边际收益或边际成本会外溢因而产生外部经济或外部不经济。而通常，具有这种外部效应的物品被大家称作非纯公共物品或准公共物品。

准公共物品（quasi-public goods）并不是一开始就有的，而是伴随着快速发展的社会经济以及社会越发精细的社会分工而逐渐被分离出来。准公共物品有其特殊性，就其物品状态而言，一方面介于公共物品和私人物品之间，另一方面其又具备公共物品和私人物品的某些特性，具有非排他性和非竞争性的不完全性，是准公共物品的本质特征。这类物品在使用和消费上具有不完全竞争性，就成本方面和技术方面的排他性而言，可以实现或者部分实现。

（二）电子政务信息资源作为一种准公共物品具有的主要特性

电子政务信息资源是一种准公共物品。一方面，电子政务信息资源具有公共物品的特性——不完全竞争性。对电子政务信息资源进行多一份的消费使用，并不会降低其他消费者的使用效用，其总量也不会因此而减少。但是，这种分享消费使用行为却会损害原所有者或供给者的利益，会造成信息资源所有者所拥有的信息资源的贬值。而这种损害和贬值与利用者的数量成正比，也就是说随着利用者的增多，信息资源越易贬值，所有者的利益损害越大。举例说，把某部门的设计方案对外公开，其竞争对手便可以取长补短，而此设计方案本身就无优势可言。所以，对于所有者而言，利用这些信息资源的边际效用是递减的。因此，从这个意义上来说电子政务信息资源并不是完全没有竞争性。

另一方面，电子政务信息资源具有不完全排他性，即其同时具有排他性和非排他性。因为，电子政务信息资源作为公共可以消费的物品，虽然其本身是具有公共物品的非排他性，但是在共建共享过程中，所有者却会为了自身的利益而将其进行区别分类并在消费时进行区别处理。例如，有些电子政务信息资源在使用时需支付一定的费用——如专利使用，而有些则可无条件享用——如电子法规。具体举例来讲，例如，任何拥有电视机的人都可以搜索并利用公共电视广播信号，对此类信号不用进行额外付费；而有线电视信号就有接入限制，只有安装了接收设备的用户才可以接收到电视信号[①]。因此，具有准公共物品特性的电子政务信息资源是一种特殊的经济资源，其经济特性表现为稀缺性、消费的外部性、边际成本的低廉性等[②]。

1. 稀缺性

稀缺性是电子政务信息资源，乃至所有资源都具备的特性。这是因为人类社会中没有什么资源是取之不尽用之不竭的，资源的稀缺是一种客观现实并且普遍存在，“经济社会迅速发展的今天，满足人类自身发展所需要的资源不断增加，资源的有限性和人类发展需求的无限性之间的矛盾日益突出，如何处理好两者之间的矛盾，使得有限的资源能最大限度满足人类的发展需求，成为经济学关注和研究的基本问题。”[③]所以说，电子政务信息资源最基本的特征之一便是稀缺性。电子政务信息资源的稀缺性是指信息资源是有限的，不可能无限地满足信息用户对它的需求。对于具体使用者而言，在既定的时间、空间及其他条件的约束下，由于受人力、物力、财力等方面的限制，可获得的资源总是有限的。也就是说，信息的稀缺性是指对使用者而言的，有用信息总是稀缺的，而并非所有的信息。

稀缺性一方面体现在量的方面，虽然人们拥有着庞杂的信息，但是由于要从其中提取有用信息，每个人都需要花费不同的费用和时间，因此会限制信息开发和及时决策。所以，每个人掌握到自己手中的信息总量并不相等。稀缺性的另一方面体现在质的方面，通俗的说是指信息价值的贬值。信息与一般物品不同，其独有特点表现为可以多人同时利用，但实际上，一条有用信息的效用和价值在其被应用前后具有差别，很有可能因为被应用这一行为而使信息的效用和价值在被其他使用者利用后大大降低。比如，一条有关政府政策的市场信息，本可以使一个濒临破产的企业重创辉煌，但是若同时被其他多个企业所获悉，那么由于市场竞争的出现使其能获取的利润大大降低，从而，这条本可以救活企业的信息却只能让企业稍有起色，此信息的效应价值因此被大大降低。

2. 消费的外部性

在经济学中，外部性又指外在性。通常在经济行为产生外部效用时，就用此概念进

① 何振．我国电子政务信息资源共建与共享：问题、思路与启示［J］．档案学通讯，2003（11）：12.

② 何振，周伟．电子政务信息资源共建共享的经济特性及其效率分析［J］．情报方法，2005（4）：11.

③ 李江．中国经济问题报告［M］．北京：经济日报出版社，1998：19.

行描述。而用具体现象对消费的外部性进行解释，则是指：一个人的行为影响了市场中其他人的行为，没能在市场中反映其价格收益成本。经济学家曼昆指出："外部性是一个人的行为对旁观者的影响[①]。"斯蒂格利茨指出："只要一个人或一家厂商实施某种直接影响其他人的行为，而且对此既不用赔偿，也不用得到赔偿的时候就出现了外部性。"[②]而在消费电子政务信息资源这个过程中，也有可能产生外部性。例如，对艾滋病预防信息进行传播和普及，可以增强国民健康预防意识，进而可以降低感染率，使国民身体素质得到提高。

3. 边际成本低廉

边际成本是指在每次增加信息消费者后，信息提供者需要增加的成本。电子政务信息资源进行共建共享过程中产生的边际成本过低，即在一定范围内，对于信息的需求，每增加一个用户产生的边际成本几乎可以忽略不计[③]。电子政务信息资源作为准公共物品，具有特殊性、部分的竞争性和排他性等特征，因此在共享中可以引入市场机制，提高电子政务信息资源的利用效率。

（三）电子政务信息资源共享的成本－效益分析

1. 电子政务信息资源的供给与需求分析

分析电子政务信息资源共享的成本效益，应先从电子政务信息资源的供给与需求开始。作为一种特殊的公共物品，电子政务信息资源有纯公共信息和准公共信息之分。对于纯公共信息资源部分，主要由政府提供，政府一般是抱着鼓励开放利用的态度。对于准公共信息资源部分，则要求有限共享，而准公共信息资源部分主要由市场来提供，信息的供给者把信息资源提供给需求者并收取一定的费用，通过供求双方的成本效益均衡分析可以实现其收费机制。电子政务信息资源共享要以需求为前提，如果说没有需求，那么供给肯定会过剩，供给也就是无效的，需求是能拉动电子政务信息资源共享市场主导发展的最大因素[④]。

2. 电子政务信息资源共享的成本效益分析

由于信息资源对信息使用者而言有诸多好处，因此对信息使用者来说，其需求是无限的并在图中表现为基于某一定价与纵轴垂直的一条直线，如图 6.1 所示。提供信息资

① [美] 曼昆著 . 经济学原理 [M] . 梁小民译 . 北京：北京大学出版社，2006：199.

② [美] 斯蒂格利茨 . 经济学 [M] . 姚开建译 . 北京：中国人民大学出版社，1997：68

③ 何振 . 我国电子政务信息资源共建与共享：问题、思路与启示 [J] . 档案学通讯，2003（11）：12.

④ 刘渊，张涛 . 政府公共信息资源开发、利用的市场主导战略选择 [J] . 信息化建设，2005（9）：39.

源对提供者而言，是很不情愿的，从其内在要求看是因为提供信息资源会影响到信息提供者自身的利益。因此，其供给线是向右倾斜的一条曲线。

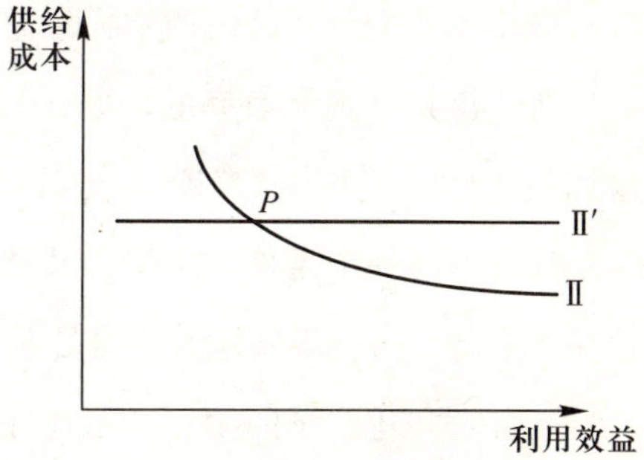

图 6.1　电子政务信息资源共享的成本效益分析

由此，信息使用者的需求线和信息提供者的供给线必定会相交，在交点处电子政务信息资源共享对于信息使用者和信息提供者的总效益呈现最优效果，过少信息使用者的需求和效益都不能达到，而过多则信息提供者的效益会有过多的损失，其两者总效益都会低于此交点处，因而此时在交点处才能达到帕累托最优状态。在这个契合点上，信息资源的利用者和提供者的利益都能够得到保障，前者可以应用获得的信息满足自己的需求获得效益，后者弥补自己受损的利益则可以通过收费或者其他补贴来实现，从而实现整个社会系统的帕累托均衡①。

3. 电子政务信息资源共享效益的实现条件

从经济学角度看，电子政务信息资源共享要达到有效状态，要求符合两个条件，其一是纯收入不为负，就是说总收益大于或等于总成本，其二是净收入实现最大化。对电子政务信息资源进行共建共享的总成本，由于受到多方面各种因素的制约和影响，会与共享度成正相关关系，后者越大前者也会越高。例如，增加使用网络的人数会拥塞使用的网络，从而增加了用户的等待时间，增加了时间成本。而边际效益递减规律贯穿于信息产品消费与使用的始终，也就是说电子政务信息资源共享获得的总收益与共享度成负相关关系，前者会随着后者扩大而减少。因此，电子政务信息资源共建共享的共享度与其总成本的关系以及与其总收益的关系可用图 6.2 表示。

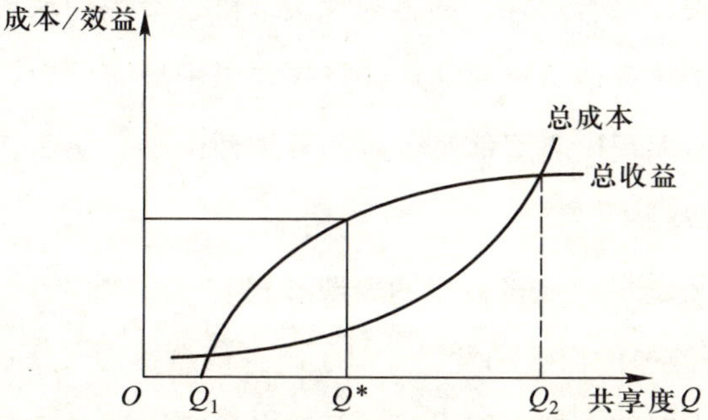

图 6.2　电子政务信息资源共享效益的实现条件

① 何振，周伟. 电子政务信息资源共建共享的经济特性及其效率分析［J］. 情报方法，2005（4）: 12.

当总收益为负，即总成本大于总收益时，使得共建共享有效的第一个条件无法被满足，则共建共享是无效率的。如，当共建共享度 $Q<Q_1$，即共享不足时，或 $Q>Q_2$，即共建共享过度时。而当共享度 $Q_1<Q<Q_2$（且 $Q \neq Q^*$）时，共建共享总成本始终小于总收益，因而符合了第一个条件。虽然，共建共享此时实现了帕累托改善，是有效的，但是它的效率并不高。只有当共建共享度处于 Q^* 时，即只有当总成本与总收益之间的差值达到最大时，有效共建共享的第二个条件才能得以实现。帕累托最优状态才是最有效率的共享状态，如图 6.2 所示。

（四）电子政务信息资源共享的经济效率需要市场导向

1. 电子政务信息资源共享经济效率的内涵

在经济学上，效率用来指资源被分配后的某一特定状态。在这种状态下，无论对已经配置完成的资源做何种改变都不可能出现在不造成其他使用者的利益受损的情况下，而使另一部分人的利益得到增加的现象。也就是说，不可能再次改善某些人的境况，而不使任何其他人受损，这时候资源配置是“有效率”的，也达到了帕累托最优状态。相反，若改变资源配置的现状，在不损害其他人利益的同时一部分人的利益增加，又或造成的损失能得到一定方面的等价补偿，那么现有的资源配置状况就可以称为“效率低或者是无效率”①。

电子政务信息资源共享的经济效率指的是对信息资源进行配置后整体利用的情况。而电子政务信息资源的整体利用，要允许共享的收益与总成本在某种条件下存在一定差异。从这种角度分析，有效的共享则是指以下两种情况：一是在相同总成本的情况下，总收益无法进一步扩大；二是在保持同等总收益的情况下，总成本已无法再降低。不符合这两种情况的共享，则都可以视作低效率。

资源的稀缺是人类社会普遍存在的客观现实，信息资源稀缺直接导致用户需求得不到满足。因而，在电子政务信息资源共建共享中要以用户需求为导向对信息资源进行合理的配置与布局，以最大程度克服信息资源的稀缺性困难，从而使电子政务信息资源共享的经济效率得到提高。

2. 电子政务信息资源共享经济效率的表现形式

随着 20 世纪电子政务的出现和发展，电子政务信息资源共享这种信息资源配置活动才得以诞生。它是指在时间上和空间上对电子政务信息资源进行分配和协调，从而使信

① 何振，周伟．电子政务信息资源共建共享的经济特性及其效率分析［J］．情报方法，2005（4）：11.

息资源在公众、企业和各部门之间配置格局更加科学合理，能够最大限度地满足用户的信息需求和最大限度地发挥电子政务信息资源的效用。虽然电子政务信息资源共享是具有特殊性的，但是作为一种经济活动，供求双方都是参与者。信息提供者是指政府、企业和信息机构，信息用户即是指政府、企业和公众等。要分析电子政务信息资源的效率应从以下几方面考虑。

第一，信息提供者的成本要素。包括时间、人力、物力、财力、难度等，如表 6.1 所示。

表 6.1　信息提供者的成本要素表

成本要素	要素说明
时间	需要投入的整体时间，如项目完成计划
人力	需要投入的人员，包括人员数量、投入的工作时间（人天数）等
物力	需要的硬件和软件的投入成本
财力	目前条件是否已经满足，是否需要额外的资金等
难度	提供这条信息在技术或者是业务上的难度系数
总体成本	综合考虑上述要素得出的总体成本

第二，信息用户或共享者的成本。主要包括资金成本和时间成本，如利用信息时支付的费用和收集、整理信息所用的时间。

第三，信息提供者的收益。首先，作为公共信息的提供主体，政府的目的是使社会价值通过信息的提供达到最大化，而不是赚取更多的利润。其次，企业或个体私营部门作为信息提供的另一主体，主要依靠信息的供给获利，并追求利润的最大化。

最后，信息用户的收益。此项收益指的是在利用信息过程中，其所发挥的所有实际效用。例如，通过网络查看近期股市情况，股民进而可以决定是否投资买股票。此外，还有两种不可避免的情况存在于电子政务信息资源共享过程中，即外在收益和外在成本。外在收益指的是不在共享体系内的个人和组织得到的收益；外在成本则指给信息提供者（个人、组织、企业或政府部门）带来的额外成本，例如，网络拥挤会使等待的时间成本提高。

因此，信息用户成本或者说是共享成本、外在成本以及信息提供者成本三者相加的总和就是信息共享的总成本；同样，信息用户或者说共享者的收益、外在收益和提供者的收益三者相加之和就等于信息共享总收益；总收益减去总成本后的差额就是信息共享的净收入。在 1983 年，英国的信息技术小组（ITAP）在其报告中建议，把政府的一部分信息以市场交易的方式提供给私营部门开发和利用，从而刺激英国信息产业的发展[①]。而

① 蒋永福．论公共信息资源管理——概念、配置效率及政府规划［J］．图书情报知识，2006（5）：14.

美国在成为第一信息大国的过程中，公共信息资源的商业化运作也功不可没。美国提倡从公共信息资源的处理到技术应用都实行外包，鼓励购买企业的信息服务，使得美国信息产业获得快速发展①。因此，如何核算信息交易的成本是信息资源开发部门应着重解决的问题。

3. 市场导向是电子政务信息资源共建共享最有效的调节机制

在电子政务信息资源共享的过程中利用市场手段，将市场机制和私人部门引入电子政务信息资源配置领域以提高利用效率。

在商品经济条件下，使消费者的需要得到满足才是信息提供的目的，但是由于利益主体之间各自经济利益的驱动，提供信息产品的各种经济利益和自我利益要得到实现，通常要在满足他人的利益之后。因此，产生了这样一个问题：在市场经济条件下，如何才能在实现信息提供者利益最大化的同时保证社会整体以及生产者自身资源的合理配置？合理有效配置资源关系到生产与经济的发展，也是人类社会发展的客观要求，且对电子政务的发展具有重要的意义。电子政务信息资源作为一种新型的信息资源，它属于一种特殊的经济资源，包括纯公共信息和准公共信息两部分，纯公共信息部分主要由政府提供，准公共信息部分主要由市场提供。企业作为市场的主体，也是准公共信息的主要提供者。

实践证明，市场机制在经济运行中有其特有的功能优势，其独特性往往是其他手段和机制不可代替的，在现有的各种机制中市场机制可以说是最有效率和活力的。约翰逊将市场竞争机制在配置资源方面的功能归纳为：市场会根据不同的消费者对消费品进行自动地分配，并且这种分配是根据消费者的消费意愿进行的。而且，如果这种收入分配状况得到消费群体的认可和接受，则这就是一种具有社会效率的分配形式。按照利润最大化的原则，市场会对生产什么样的产品进行指导，这种情况也是符合社会利益的；按照获取最大收益原则，市场则会把不同的生产要素配置在多种用途中。而可供使用的特殊种类的劳动力和资本设备的相对数量也被市场控制着，由此通过对生产要素的回报，市场在不同的经济主体之间进行收入分配，在一定条件下，市场竞争机制具有的上述配置资源的功能就得以发挥出来。

市场机制的功能之一便是有效地传递信息。而这种被有效传递的信息主体内容便是价格，此种信息结构清晰明显，任何一个经济活动参与者都可以便利地获得信息。一方

① 刘静．中美公共信息资源再利用比较［J］．四川图书馆学报，2012（6）：7.

面，作为参与者的生产者和消费者可以及时地了解市场上的供求变化信息，及时应对变化，使得平衡供需的时间减少，提高了经济效率，减少了资源的浪费。另一方面，市场的主要运营者——企业追求的是最大化的利润，因此，其也需要灵活地适应市场需求，按照市场信号及时调整经营决策。

通过针对市场中不同的用途对信息生产要素进行不同的配置，在政府各部门、企业、公众之间协调好电子政务信息资源分布并进行有效的配置，可以降低电子政务信息资源共享的成本，提高服务质量，实现社会效用的最大化。此外，市场竞争激励人们去最大限度地开发和实现自己的个人价值，促进技术的革新，激发组织、部门和结构的创新，实现资源的有效配置。

二、市场导向模式是电子政务信息资源作为准公共物品的实现条件与提供方式

以市场为导向来提供电子政务信息资源共享中的准公共信息，是由准公共信息的本质特征及其提供条件决定的，而市场导向模式为电子政务信息资源共享的最优化配置提供了必要的手段，同时也是电子政务信息资源作为准公共物品的实现条件与提供方式。

（一）市场导向模式是电子政务信息资源作为准公共物品的实现条件

要对电子政务信息资源进行共享，其条件是存在着内容的独特性。经济资源的特性决定与其相关的经济活动的特性，电子政务信息资源具有准公共物品的特殊性，因此将电子政务信息资源中准公共信息部分进行共享，这种经济行为必然是特殊的。而其实，准公共信息是源自公共物品的衍生概念，来自经济学中的公共物品理论。准公共信息是指一种政府信息服务或者信息产品，这类电子政务信息资源具有准公共物品的特性——不完全的非排他性和非竞争性，因而对其进行共享的模式是可以基于市场导向的。

因而，准公共信息的本质特征也即这两种不完全性——不完全的排他性（非排他性）或者不完全的竞争性（非竞争性）。不完全的排他性，意味着其非排他性也是不完全的，而不完全的竞争性，也意味着其非竞争性也不是完全的。从排他性来看，其介于两者之间的状态，可以游离于两者之间，时而排他，时而不排他，而这都是因为信息资源本身具有的共享性、开放性。从非竞争性看，电子政务信息资源存在着两个种类：一种是纯公共信息，另一种是准公共信息。对前者（如一般事务性信息）利用越普遍，则越增加其所有者的利益；而后者（如业务性信息）的总量不会因为被其他消费者利用和开发而减少，但会减少或者损害其原所有者或供给者的利益。因此可以看出，电子政务信息资源服务或产品作为准公共信息的不完全性，是指其具有公共物品非排他性和非竞争性的

部分特征，但又不是完全符合，并且同时具有纯公共物品和私人物品的性质。总体来说，准公共信息更加侧重于公共性。

（二）市场导向模式是电子政务信息资源的有效提供方式

共享准公共信息的有效方式之一，就是运用市场导向模式来提供。按照非竞争性、非排他性的不完全程度，准公共信息可被分成两种。第一种是弱竞争信息，其非排他性和非竞争性都很强，实际来讲比较接近公共物品。第二种是强竞争信息，其非排他性和非竞争性都比较弱，因而事实上与私人物品比较接近。准公共信息通常表现出的排他性比较多，因为其内在有共享性和开放性的存在。因此，从总体来说，准公共信息中的弱竞争信息和强竞争信息所占比例不均衡，前者占大部分而后者只有少部分，这么一比较，强竞争性信息的稀缺性会更加明显。因而，在提供准公共信息的方式上，会更加倾向于符合弱竞争信息的特点。应鼓励对弱竞争信息进行公开开发运用，合理收取一定比例的成本费，即在成本定价基础上使信息提供者获得一定的收益。大多数的时候是由政府进行补贴，有时也会直接向利用者或获益者收取一定费用。

然而，通过政府补贴或公共财力支持的方式来弥补成本，随着补贴或投入的增加，也可能会渐渐转为免费提供，最终使免费提供成为可能。然而，对于强竞争信息，政府一般不会完全开放利用，而是将开放利用的度控制在有限的范围内，依据市场定价来进行利用程度的限制，通过收费将使用者控制在一定范围内，可以在不亏本的同时还能有一定的盈利。因而，实际上提供强竞争信息的单位均实行企业化经营，盈利自己获取，亏本自己承担。大体来看，对准公共物品的消费会出现“选择性进入”（selective access）[①]的情形。在这种情况下，使用者要对某种公共物品进行利用要达到一定的约束条件，通过收费的形式才能实现服务和需求的平衡，即在信息资源配置中运用市场机制，进而促进信息资源共享。

三、市场导向模式有利于全面推进电子政务信息资源共享

在市场经济杠杆下，电子政务准公共信息资源共享得以进一步优化配置。实践证明，市场导向模式与政府主导同样不可或缺，有利于全面推进电子政务信息资源的共享。

（一）有利于解决电子政务信息资源共享的资金短缺难题

在发展电子政务的过程中，各国不可避免会遭遇到的难题之一便是资金问题。物质

① Goldin. Kenneth D. Equal Access VS. Selective Access：A Critique of Public Goods Theory［J］.Public Choice，1979：41.

是精神的基础，无论电子政务具有怎样的重要性和必要性，没有资金的支持任何电子政务工程项目都无法得到开展。在电子政务建设的传统模式中，政府直接对其进行资金投入。这样模式长期以来占有支配地位，因此需要积极引入市场的力量将电子政务的共享建设市场化，这样可以有效地将个人、有关社会团体和组织以及企业的资金聚集起来，有力地支撑和推进电子政务的发展。而与此同时，将市场力量引入、对电子政务建设进行市场化也是世界各国推动电子政务发展的一个重要趋势。

就现在而言，构建与运用电子政务信息资源共享的市场导向模式，对电子政务发展资金短缺问题的解决有积极的作用，而且对政府管理方式和管理模式创新同样有益。因此，可以将电子政务信息资源共享市场导向模式的运用看作解决其资金投入不足的重要方式。同时，新模式的运用可以逐渐改变电子政务工程项目的投资主体结构，以往都是政府作为唯一的投资主体，而现在则要加入更多不同的投资主体。作为市场的主导力量，企业若加入电子政务构建的工程项目中，一方面能够有效促进电子政务信息资源开发利用及共建共享的建设和发展，另一方面还可以更进一步地发展相关产业和经济。而且，利用经济效率的方法分析电子政务信息资源共享，可以减少政府部门运行的成本，在增加部门自身经济效益的同时，也能为电子政务建设积累大量的资金。通过电子政务信息资源共享市场导向模式的运用可以获得良好的收入，拓展社会接触面。在美国，市场化的电子政务获得了巨大的赢利。比如，在电子政务网站建设上引入网上销售，而且其销售的商品从日常用品到军用设备无所不包，2000 年为政府所属的网站创造了总额达 36 亿美元的收入，甚至超过了亚马逊等其他电子零售商。

（二）有利于政府信息更加公开化

市场导向模式可以促使社会信息更加公开、透明。通过付费的方式，社会公众可以查询部分一般情况下不可知或不可确信的电子政务信息（如行业或地区的分析报告、个人或企业的信用状况等），还可以使群众参与到政府信息公开的监督中。尽管在微观方面，世界各国对市场机制在电子政务信息资源共享中运用形式的尝试各有千秋，但是总体来说都有益于以下三方面：拓宽电子政务发展资金渠道、促进群众参与、改善政府绩效。

（三）有利于促进信息产业的发展

2012 年 3 月，联合国发布了题为《为民服务的电子政务》的 2012 全球电子政务调查报告。调查结果显示，中国以 0.535 9 的总分排名 78 位，虽然高于全球电子政务发展指数平均值 0.488 2，但是远落后于以 0.928 3 总分继续占据全球电子政务发展排行榜首位的韩国[①]。虽然这说明我国的电子政务发展程度不够，但同时也说明我国电子政务发展的空间还很大，因而电子政务发展有着极大的市场前景和潜力。此时，对电子政务信息资源进行市场导向的建设，将极大地促进信息产业及相关产业的发展。政府对电子政务实行外包模式，将会推动信息产业的飞速发展。在国际上，不少著名的系统、设备提供商都为政府这个最为重大的客户设计了符合其实际需求的电子政务平台。在内地，据估计有价值 2 500 亿的电子政务业务外包给交易市场。电子政务的市场化，可以满足企业经济行为的需要，政府信息资源具有不小的商业价值和经济价值，而基于利润的驱动，部分企业积极主动的开展技术创新，加大对新科技产品开发投资的力度，同时高薪引进高科技技术人才等，从而带动一大批民间信息服务企业的形成与发展，打造出一个政府与企业共同开发、互补互助、繁荣发展的信息服务市场，最终使得政府与企业取得双赢[②]。

（四）有利于提高电子政务信息资源共享的效率

电子政务信息资源共享市场导向模式，是以市场导向为驱动从而使信息资源的利用率和用户信息需求的满足程度大大提高，进而使电子政务系统的使用效率得以提高。换言之，在传统模式中，为了发挥已建成的电子政务应用系统的效益，政府作为责任主体有责任将其进行推广，使其被企业和居民了解使用。然而，在市场模式中，市场能起到政府不能替代的作用，通过市场机制内在的动力，能更自发有效地在全社会进行广泛宣传。

不过，也应当注意，市场主导模式并不意味着在对电子政务信息资源进行共建共享的过程中，政府完全不需要监管、规制，它的责任也并没有削弱。政府具有随时随地为人民服务的使命和任务，而运用市场机制只是使政府的这种任务和责任更加明确、合理。毕竟，在功能上，政府和市场都各有长处和短处，这一客观事实在政府权威和市场交换互动的历史过程中已得以证实。具体说来，两者相较而言，市场更突出效率而政府更追求公平，因此最佳的结果应该是两者结合。

第 2 节　电子政务信息资源共享市场导向模式的实践形式

电子政务信息资源共享机制建设中采取市场导向模式，根据电子政务信息资源共享

① 中国科学信息化工作网［EB/OL］.［2012-03-16］. http: //www.ecas.cas.cn/xxkw/kbcd/201115_85640/ml/xxhcxyyy/glxxh/201203/ t20120316_3511151.html.

② 刘延滨，魏洪雨，廖作芳 . 政府信息资源开发利用的市场化探讨［J］. 科技创业月刊，2012（5）: 86~88.

对市场和当事人的影响程度，目前主要可以运用的形式有特许经营、用户付费、合同外包等。

一、特许经营模式

政府在公共服务中引入市场机制的有效手段之一是借助特许经营形式。特许经营权是指政府授予相关企业在一定时间和范围内可以提供某项公共产品或公共服务来进行经营的权利，并要求使用产品和服务的客户需要缴纳一定的费用给相关企业，或者企业可以通过出售相关产品的形式来清偿贷款、回收投资赚取一定的利润。通过合同协议或其他方式明确政府与获得特许权企业之间的权利和义务的，政府需要向私营企业收取一定的费用①。特许经营者把自己所拥有的商品、商标、商号、价格、运作管理、广告专利品、专利技术、经营模式和销售方法等企业重要的智力资源，通过特许经营这种合同形式授予加盟者，使得授予者在授权者的经营模式下规范运营和操作，被特许人需按照合同约定的内容在统一经营体系下进行经营管理活动，并按期向特许者支付相应费用，彼此承担风险、分享利润②。

（一）特许经营在公共领域适用性分析

特许经营模式适合低边际成本的公共领域中具有投资规模大、使用寿命长等特点的公共物品。同时，特许经营模式具有诸多特点，如经营资产的独立性，实行独立核算，其实体间平等互利，在经营和管理上特许公司往往不采取强制性措施等。所有这些特点使得特许经营形式在公共领域中有较强的适用性。

特许经营模式管理通常不采用强制性措施，一方面可以通过特许经营的权利和义务来制约双方，另一方面可以通过实际性的公共服务对公共领域中的特许经营行为进行合理引导和及时指导与监督。在公共物品的提供上，特许经营可以避免由政府单独提供公共物品而陷入行政垄断及因资金缺口逐步扩大而导致政府全权负责巨大的财政黑洞。为了防止高价格低质量等危害消费者的行为发生，可以通过设立特许经营权，有效对行业准入及价格、投资等其他方面进行监控管理，同时引入科学合理的市场竞争机制，避免市场垄断，广泛吸引民间资本，补充政府资本的不足，从而有效发挥市场机制的优势。特许经营模式在公共物品提供中也有许多成功的尝试。20世纪80年代在土耳其首先出现的BOT项目方式，是现代公用事业特许经营的开端标志。目前，这种形式的特许经营

① 句华．公共服务中的市场机制理论、方式与技术［M］．北京：北京大学出版社，2006：103.

② 刘可夫．中国特许经营发展现状、优势与运作管理模式研究［J］．商场现代化，2007（10）：58.

作为一种实践和创新发展的案例已运用在世界各地。特许经营的关键就是通过竞争性的特许经营合同来实现公共物品的经营权转移，最终达到保持充分效率的目标[①]。

（二）特许经营模式是推进政务信息共享的有力杠杆

电子政务信息资源不完全竞争性、部分排他性的市场属性决定了在电子政务信息资源共享中引入市场机制实现特许经营是可能的。根据国外的成功经验，实施特许经营方式可以有效促使政府与企业之间建立良好的合作关系。也就是说，特许经营方式为政府、企业、公众这三者提供了一种新的选择。

1. 特许经营模式在政务信息共享中的优势

（1）特许经营可以弥补政府财力不足。无论是政府信息化建设，还是信息公共服务的社会项目，成本都较高昂，而且需要定期维护。同时要求具备较高技术水平的人力资源以及配备与之相符合的软硬件设施。尤其是对于政府信息化中的重大建设项目，因政府有限的人力、财力、物力，难以有效、不间断地维护电子政务信息资源共享市场的健康平稳运行，来满足社会公众日益增长的各种公共需求。

（2）特许经营可以解决国有企业效率低下的问题。我国长期以来实行计划经济体制，政府的介入与垄断遍及公共服务的各个领域，基础领域尤甚。垄断对效率的损害是毋庸置疑的。特许经营方式有利于打破垄断，有利于政府公共服务水平的提高。而且，政府直接参与投资和经营，就像是在运动场上，既当运动员，又当裁判员，不利于政府维护市场秩序和宏观调控，也不利于企业之间的公平竞争。

2. 特许经营模式在政务信息共享中的具体形式

一般来说，特许经营模式在政府信息共享中有四种表现形式，具体如下：

（1）政府与企业各有分工，政府为项目的实施提供特定独有资源，如经营垄断地位、特有位置环境、政府有关资讯、启动资金等，而企业则需负责项目的建设和运营，以提供有效的公共服务；

（2）企业负责实施项目的建设和运营，同时也需为政府提供专门的服务，然后政府出资购买企业的服务或按期为日常运行和维护的项目付款，最终使政府拥有项目的所有权；

（3）项目由政府出资建设，事业单位或企业在一定期间负责运营；

（4）政府建设和运营项目，而长期稳定的技术服务支持则由企业负责。

① 张鸿．公共物品的特许经营［J］．新疆财经学院学报，2004（3）：15.

（三）特许经营的案例分析

众所周知，一个信息系统可能因为维护更新不及时而无法运行，故需要对其进行不断的维护和升级。政府可以尝试让企业经营政府外网，而政府可以根据合同有偿或无偿给企业（网站）提供能够公布的信息，网站提供便捷的检索通道和工具让政府等用户能够有效使用网站进一步加工处理政府信息资源，企业在付出了相应的劳动这一情况下，所收取的费用不再是信息费而是运营服务费。因此，在当今强调政府信息化建设这一大背景下推行特许经营模式，能够有效地建立政府与企业之间良好的伙伴关系，该模式为政府、企业、公众提供了一种新的选择。

案例 1：香港政府电子服务推送（ESD）计划。ESD 是电子政务信息资源共享特许经营模式的一次有益尝试。作为特许经营模式典型案例之一的香港“生活易”网站，于 2000 年 12 月开始为政府、企业和社区以及广大市民提供安全稳妥、快捷高效的一站式网上服务。在政府与生活易运营商签订的合约于 2008 年 1 月届满前，“生活易”网站对五十多个政府部门及机构提供了超过 170 项电子公共服务。而其中，“康体通”设施和网上预约提交结婚通知书是 ESD 计划中最受欢迎的项目，据悉，网上申请注册结婚一度占到总数的 90%。随着香港政府对政府信息资源的掌控力度加大和投资风险的明朗化，在合同期满后，政府部门组织政府咨询科技总监办公室建立了 GovHK 香港政府一站通。但在合同期内，香港政府电子服务推送计划实行公私合营模式，利用该模式，ESD 服务有限公司负责建设、经营、开发和管理。这一模式无疑是成功的，一方面政府通过使用“生活易”网站一站式变更地址的服务在一定程度上减少了投资的风险，并且政府可利用私营企业的管理技术以及市场营销的有效经验，在随后建立的 GovHK 香港政府一站通网站上进一步为公众提供更优质的公共服务。另一方面企业能够从与政府的合作交易中，通过商业服务和广告来取得经济和政治效益，并且获得宝贵的商业机会。而对普通民众来说，利用 ESD 可以更便捷地获得自身需要的信息服务，同时也可以使得数据保护得以提升，确保一站式网上服务能够较好地应用于公共与商业领域。

案例 2：数字北京信息亭。自 2002 年 9 月起，“数字北京信息亭”总计建成开通 617 台，逐步形成了以电子地图为主要应用的核心服务，为广大市民提供电子公共服务，市民可以通过信息亭了解诸如政务信息、商业信息等其他生活类信息，并且能够通过这种信息化终端购买手机充值卡，发送电子邮件等。其总使用量超过 20 亿次，日使用量达到 60 万次，累计服务用户超过 1 亿人次。而 2008 年开始，北京市国资公司与庄希泉基金会合作，开始进行“数字北京信息亭”的升级改造和更新置换工作，由该基金会负责投资建设新信息亭终端设备。结合高科技的技术，和更为个性化多样化的信息服务，新款信息亭已经吸引了越来越多市民的关注和使用，单台日均访问量达到 1 000 次以上，超过替换前的 3 倍。数字北京信息亭是由企业投资建设运营，市政府有关部门为企业运营该项目提供有关的信息资源和特许的经营地点。项目的服务宗旨是为人们提供高效优质的便民服务，并开展商业运营和合作。无独有偶，信息亭这一便民利民的公共信息提高措施也得到了旅游大省海南省的关注，2012 年 7 月 6 日起，海南政府在网上公布，根据“海南国际旅游岛”建设及省“十二五”规划，全省建设 3 300 个信息亭，6 000 个多功能终端机①。

当然，特许经营模式实际应用在电子政务信息资源共享中也会伴有相应的风险和缺点，如法律中对管理失控的要求严格。目前，我国政府相关法律欠缺，同时缺乏管理技能和经验。特许经营在中国属于新鲜事物，加上市场体制还处于建设中，并且还有待完善，政府的职能还在不断调整中，两者加在一起，使政府一方面不适应或不愿意承担新的角色，另一方面又缺乏相关的管理技能和经验。特许经营模式在政务信息化推进过程中，既要整合政府各部门监管职能，形成相对独立的监管机构，更要形成有效、公平、合理的良性定价机制及法律制度体系。总之，电子政务信息资源共享的特许经营方式仍需日后不断探索和完善。

二、用户付费模式

用户付费模式亦称“软件计量”，这种模式让消费者根据电子政务信息资源的共享使用情形付费。如公众在网上存取、下载各种数字财产（如计算机软件、数据库或是电子书籍）时，针对下载的篇幅或是使用时间付费。用户付费模式可以有固定费率模式和交易费用模式等。固定费率模式只针对政务信息之特定内容向使用者收取费用；而交易费用模式是指公众通过政务网站来购买产品及服务。比如书籍、资料、音乐，或者数据库的某部分，都可以经由网站销售，而且通常可以通过网络传输，将产品、服务等立刻以数字格式传送给消费者②。

价格是市场中重要的信息机制，它是生产者和消费者做决策的主要依据。电子政务信息资源共享的用户付费正是充分利用了价格杠杆，让家庭、企业和其他私营部门等用户以付费的形式获取由政府提供的公共信息和服务，缴费金额的多少是根据用户消费的

---

① 海南省人民政府［EB/OL］.［2012-07-26］. http://www.hainan.gov.cn/hn/zt/jsfzl/xxznd/gzdt/201207/t20120726_732143.html.

② 原伟泽，耿建军. 网络资源用户付费应用的研究［J］. 生产力研究，2009（11）: 88.

实际信息成本来确定的，没有使用政务提供的信息服务就不用付费，较多使用了信息服务就多缴费。

（一）用户付费模式在电子政务信息共享的适用性分析

1. 电子政务资源的准公共物品属性决定在电子政务信息共享中采用用户付费模式

电子政务信息资源本身有着准公共物品的特性，虽然准公共物品具有供给的连带性，但在消费上是可进行分割的，其成本也可通过价格机制来得到部分的收回。另外，信息资源具有的成本分散性和收益集中性的特点容易诱使人们的搭便车行为。人们往往想多享用信息资源，少付出成本，这样常导致对公共服务的需求过度，用以支付信息服务的成本短缺。

电子政务信息资源的准公共物品特性决定了在电子政务信息资源共享中运用用户付费方式，将价格机制引入电子政务信息资源共享中不仅可能，而且易于操作。但是在公共服务用户付费时也应该考虑下列因素：设备或设施运行的边际成本、征收成本、服务的公益性、服务消费的强制性、收费与服务使用率的关系等。

2. 用户付费模式实施可以缓解政府的财政危机

由于政府本身及服务范围的双重增长，政府已不堪重负，入不敷出。如果采用用户付费制，可以显示公众对公共服务的真实需求，同时可以避免免费提供信息资源而导致有限资源的不合理配置和浪费现象，一定程度上缓解了政府的财政危机。

3. 用户付费模式有利于提高政府部门的供给效率

用户付费有利于提高政府部门的供给效率，有利于加强责任心和服务意识，而且还能提高政府工作的透明度。在信息资源共享中引入市场机制不仅是必要的，而且是可能的。用户付费模式能促进政府信息部门真正发挥作用，促进信息获取和利用标准化，促进信息市场规范化等。用户付费模式需政府主管部门的组织和引导，需要政府制定相关的灵活机制和政策，以促进政务信息资源合理有效地开发和利用。

（二）用户付费模式在电子政务信息共享的局限性分析

用户付费模式在电子政务信息共享中发挥了积极的一面，但同时，用户付费在电子政务信息资源共享中还有一定的局限性。

1. 用户付费模式所涉及的服务领域有一定限制

用户付费模式不能适用于严格具有公共物品属性的一些信息资源，比如政府统计年鉴，因此使用收费制度的信息共享服务受到限制。由于政府提供的公共性活动具有非营利性，所以政府直接提供的公共服务就具有明显的非价格特征，也就意味着政府不能通过明确的价格交换形式从供给对象那里直接收取费用，而是需要依靠政府的财政支出来维持正常的生产和运营活动。因此，具体的使用成本就难以准确计算出来，这也就限定了用户付费模式适用的范围。

2. 用户付费模式所涉及的费用问题对其推广有一定限制

收费的金额方面，若电子政务信息共享的服务费用过高将导致弱势群体无法承担而无法实现信息资源共享，从而进一步加剧现有的数字鸿沟现象。所以，在政府引入用户付费模式时，有关行政工作人员的首要任务是制定一套比较完整的成本会计系统来核算信息共享的成本，并完善会计管理制度体系，共同为信息共享用户付费模式奠定有效的基础。并利用价格机制来满足用户的基本需要，与此同时要在客观事实的基础上，考虑使用者的接受能力和使用水平，以此来实现电子政务信息资源共享。

（三）用户付费的案例分析

1985 年至今，国家气象部门正式开展气象有偿服务，不仅给社会各界带来了益处，气象部门也取得了社会和经济效益的双丰收。因此，进一步研究、分析并明确气象部门开展的各类收费性服务项目政策，是非常有必要的。如天气预报无论对于企业生产还是个人生活来说都是重要的信息资源，用户按照自身实际需要以及气象信息的不同用途支付相关费用给有关部门。在多年的发展历程中，国家有关部门制定了诸多的政策法规以确保气象部门有偿服务可以顺利开展，如国家气象局《关于气象部门开展有偿专业服务和综合经营的报告》；国家气象局、财政部联合下发的《关于气象部门开展专业服务收费及其财务管理的几项规定》和《关于气象部门专业服务收费及其财务管理的补充规定》；国家物价局、财政部联合下发《关于发布气象部门专业服务收费的通知》等。其中报告明确规定，有偿专业气象服务包括为农业、工矿、城建、交通运输、海洋开发、水利电力、环境保护、财贸、旅游以及文化体育等行业的企事业单位和个人（包括外资企业、外商）提供的各种专业专项服务。气象有偿服务收费原则是：一是可按照用户所需消耗的人力、物力的直接成本，加上一定比例的管理成本；二是可按照气象部门提供给使用者的服务量大小、技术难易程度以及新产生经济效益的大小，本着自愿互利、共同协商的原则，合理收费。上述有关收费的文件更进一步明确规定了有偿专业气象服务的收费范围、收费办法以及收入的分配和使用。同时，气象有偿服务也受到《中华人民共和国气象法》（简称《气象法》）的法律保护，《气象法》第三条以及二十五条明文规定："气象站在确保公益性气象无偿服务的前提下，可以依法开展气象有偿服务"以及"通过传播气象信息获得的收益，应当提取一部分支持气象事业的发展"。所以，目前气象服务有偿收费的来源主要有两个方面：一是电视台通过播放天气预报节目吸引观众，提高收视率，从而增加广告收入。二是用户通过寻呼台、电话信息服务台如“168”“160”查询天气信息，电视台根据提供的服务收取相应的费用。因此，采取用户付费模式，政府和受益者应该合理承担信息消耗的成本，同时遵守“谁受益，谁承担费用”以及“谁受益大，谁承担成本费用多”的宗旨，收费应以用户信息服务成本为依据，以补偿成本为准则。

三、合同外包模式

合同外包模式建立在合同契约关系上，其目的在于为应对和处理难以预料的事件而设置一种机制，并且为了能够更好地驾驭未来而采用合同方式来建立社会关系和交互模式[①]。为了实现某一活动的资源共享，政府一般与营利或非营利性民间组织签订承包合同以促使该类活动民营化。此种模式一般由政府确定公共服务的数量和质量标准，其他类型的外部私营部门和非政府承包商参与招标，承包者按照中标合同条款提供公共服务，而政府则用纳税人的钱购买由承包商提供的服务。合同外包形式广泛应用于各国公共部门中。美国的一项调查表明：99% 的政府实施过合同承包，至少有 200 种服务是由承包商向政府提供的[②]。

（一）电子政务信息共享中采用合同外包形式的适用性分析

在电子政务信息资源共享中采用合同外包形式，可以加强信息共享适用率。合同外包可以降低成本，并且能以更高的效率实现电子政务信息资源共建共享的预期目标。

1. 合同外包能缩减政府的资金投入

在电子政务信息资源共建共享中，政府与企业之间对于合同外包模式已经形成了一种风险共担、利益共享的意识，这可以有效地减少政府的资金投入。这种机制一方面可以提高信息工程的质量，另一方面也可以分散企业在电子政务建设中所承担的风险。

2. 合同外包有利于政府对电子政务信息资源进行统一规划和管理

在合同外包过程中，政府部门对外包企业在信息建设工程中的项目需求、项目实施等方面提出具体要求，而外包企业则为项目的建设提供技术队伍和专业服务。通过合同外包形式，可以把政府从具体的技术工作中解脱出来，使其能够集中精力更好地做规划，

① Kieron Walsh，Nicholas Deakin，Paula Smith，Peter Sporran，and Neil Thomas. Contracting for Change [M] .Oxford University Press，1997：34.

② 范丽莉 . 浅谈合同外包在政府信息资源管理中的应用 [J] . 图书情报工作，2008 (9)：123.

提需求，加强政策贯彻执行，统一宏观管理和服务。

3. 合同外包有利于政府整合资源，提高电子政务信息资源共建共享的质量

在合同外包中，由政府主导，集中自身的资源，吸收其他各方资源，合理分配任务，把具体的技术工作交付专业化公司承担，这样可以充分发挥其在技术、融资、管理等方面的优势，同时也极大调动了政府、企业、第三方科研机构乃至社会各方面工作人员的积极性，理顺了内外部关系，可以使各方面优势得到充分发挥，最终使资源达到最优配置。

不过应当注意，在电子政务实施过程中，由于政府工作内容的特殊性，信息领域要想实现全面外包是不现实的。所以，在信息化建设中必然有许多部分需要保密，导致其服务的内容受到许多限制。因此，在合同外包的决策制定过程中应该考虑部分政务信息资源的保密性。

（二）合同外包在电子政务信息共享中的实施过程分析

在电子政务信息资源共建共享的过程中，采用合同外包形式，有利于政府提高工作效率，节约资金。从本质看，合同外包属于商务领域中一个重要的系统工程，需各方实体协调控制。

在政务信息资源的建设中，首先由政府从定性（质量）和定量（数量）角度确定信息资源共享的公共服务标准，然后按照市场机制的要求招标承包商。承包商按照中标合同中的条款向政府和相关机构提供信息产品以及信息服务，进一步形成政府监督管理，各机构共享信息资源和服务的模式，如图 6.3 所示。电子政务信息资源的生产过程包括在签订合同前，确定能够共享的信息资源的数量和质量。同时，在这一过程中政策机制也发挥主导作用。最后签订合同进入实施阶段，市场机制将发挥主导作用，生产信息资源产品和提供信息服务。合同外包被认为是在保证高质量服务水平的同时，缩小政府规模以达到减少政府开销的主要途径之一。合同外包形式降低了信息资源的生产和配置成本，大大改进了政府对信息资源的有效配置，因此政府把合同外包形式作为开源节流的主要手段。合同外包与特许经营在某种程度上有许多相似的地方，在区分合同外包和特许经营这两种模式时，需要注意它们的主要区别：合同外包中政府付费给服务商，而特许经营中服务商向政府付费。

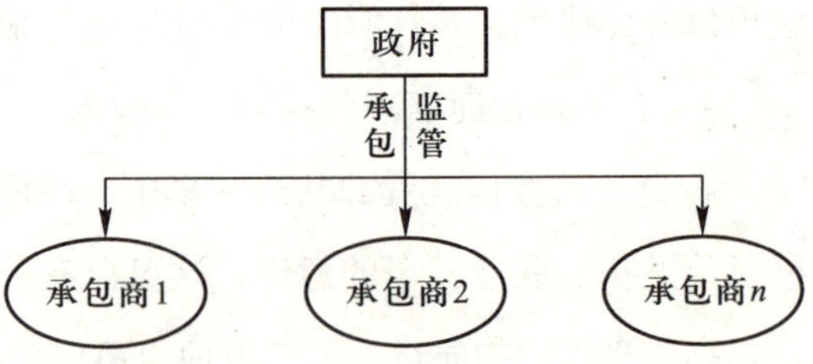

图 6.3　电子政务信息资源共享的合同外包

合同外包形式的运用是一个相当复杂的过程，涉及众多方面，如制度、政府工作人员、公众等。因此，在电子政务信息资源共享中实施合同外包模式，有几个关键问题要注意：首先是合同成本的计算及绩效标准的确定；其次是甄选承包商（信息服务机构）；再次是有效的监督；最后是承担和分担风险。

（三）合同外包的案例分析

在我国电子政务信息资源共享中，信息资源共享的主体是各级政府，政府应该本着积极的态度通过合同外包的方式，将某些外包项目承包给信息服务机构，而这些信息服务机构受各级政府的代理委托，按照质量的高低确定价格。合同外包方式既可以帮助活跃信息市场，也可以帮助形成一批具有一定基础的专业信息服务和信息咨询机构，并使其逐步成长为信息资源共享的中间力量。另外，这种做法还可以帮助政府推进机构的改革，促使一些信息中心基于政府和市场的需求，有针对性地收集、处理和研究相关政府信息，并为政府机构提供高质量的信息服务，最终提高政府信息资源的利用率。在这方面，可以借鉴中国科技信息研究所万方数据（集团）公司所进行的尝试[①]。

案例 1：1997 年，万方数据（集团）公司开始实行企业化管理，其凭借强大的中国科技信息研究所（简称中信所）这个科技信息资源平台，将公司的发展重点着眼于中文科技信息的开发与服务，自成立以来已经创建了近百万个中文科技数据库，依托在线数据库、Web、CD-ROM 和数据库提供技术咨询和专业的信息产品和信息服务，为政府和社会提供服务。万方数据（集团）公司通过转换管理模式理顺了产权关系，在 1998 年把以行政隶属管理为特征的管理模式转换成以资产为纽带的管理模式，理顺与中信所的产权关系。因此，中信所变成了万方数据的资产所有者，而万方变成了资产经营者。万方通过与中信所签订合同获得了中信所相关的电子资源加工及服务等业务，万方以优质的服务赢得了中信所的项目。这种做法一方面加强了信息服务机构本身的活力，另一方面促进了信息增值。

案例 2：合同外包形式应用于北京市信息化建设项目。始于 2007 年的北京市东城区图像信息管理系统项目，就是通过合同外包模式来运作的。2008 年 2 月，该项目建设基本完成，开始进入稳定运行状态。其他北京市信息化建设项目，如北京市医疗保险信息系统承载着近 600 万人口的医疗保险业务；北京市行政统一的电子政务网络连接了超过 1 300 多家市级行政单位；北京市社区服务公共信息平台覆盖市、区和街道三级社区服务中心等等，这

① 潘卫．政府信息化建设中的外源化模式分析［J］．情报方法，2001（12）：47.

些项目都采用了合同外包模式进行建设。北京市委、市政府有关部门在建设信息工程中，具备引进外包合同的基本条件，拥有成熟的外包市场，通过合同外包模式进行管理取得了良好的效果。同时，这些信息化项目直接交由社会机构自负盈亏，自筹经费建设和管理，政府部门只负责租赁使用，采用这种模式既方便又可靠。此外，合同外包模式边界清晰，对政府部门外包管理能力要求较低[①]。

第3节　电子政务信息资源共享市场导向模式的实践途径

在市场导向模式运用于电子政务信息资源共享过程中，出现了一些问题，所以这种模式仍然需要进一步优化。电子政务信息资源共享市场导向模式的运用是实现电子政务信息资源共享的一种有效方式。电子政务信息资源共享市场导向模式的优化升级一定要针对问题“对症下药”，确立电子政务信息资源共享市场导向意识，健全电子政务信息资源共享的市场投资融资机制，完善电子政务信息资源共享市场导向运行模式，建立完整的电子政务信息资源共享市场导向保障体系。

一、确立电子政务信息资源共享的市场导向意识

建立电子政务信息资源共享市场导向模式的先决条件是把政府监管和市场导向结合起来。政府监管和市场导向相结合能提高行政效率，同时也能提升大众福利。最初的电子政务信息资源共享和电子政务发展方式是政府主导模式，并且这也是大多数国家电子政务信息资源共享所选择的模式。然而在社会主义市场经济体制下政府主导模式有着严重的漏洞和不足，这些漏洞和不足不仅制约了国民经济的发展和社会的进步，还抑制了电子政务信息资源共享的发展，所以电子政务信息资源共享必须由市场机制进行补充和调节。市场导向具有开放性、灵活性、灵敏性和高效性等特点，可以弥补政府主导方式的不足。事实上，作为把握社会经济发展的两只“无形的手”，政府和市场是彼此相互补充、相互依赖的关系，应该将二者结合起来。因此，在政府主导这一理念下，需要摒弃传统模式中以政府为根本盲目崇拜和“铺大饼”的求全思想，建立“公众为本、效率为先、和谐共赢、持续发展”的共享意识，依靠政府和市场这两者的力量，最终为电子政务信

① 张勇进．我国电子政务服务外包模式比较［J］．中共浙江省委党校学报，2008（2）：34.

息资源共享提供便利、可靠的环境。在市场导向理念的定位中，要克服和抵制利益至上，盲目建设等不良方式，防止“市场失灵”，强化对市场机制的引导和协调，建立健康有序的发展模式，避免对电子政务信息资源共享产生消极影响。

二、健全电子政务信息资源共享的市场投资融资机制

作为电子政务信息资源共享发展的推动力，充足的资金能为电子政务信息资源共享注入经济来源。为优化电子政务信息资源共享中的投资和融资机制，首先，在电子政务信息资源市场导向模式的建立过程中，国家和地区各级部门应加大开发和利用市场信息资源的资金投入。为提高投资的效益，投资过程中需采取多样化的方式，比如对于经济效益高的数据库，应该建立国家投资机制，给建立数据库的单位分配运作资金，将筹集的资金进行投资利用，将投资收益进行分成，实现资金的有效循环和可持续发展。另外，政府也应该给予有实用价值和发展前景的分散型数据库相应的运作资金，对其进行资源的整合和优化，引导其走上规范运营的道路，突出其产业优势，以获取集中运营的规模效益。此外，维持数据库发展的费用应根据物价指数进行相应的调整。处于重要地位的建设项目，应该极力去争取政府的财政支持。最后，为了实现资金的高利用率，政府也可以适当增加一定比例的资金，合理分配财政投入到数据库的信息资源共享利用中。

三、完善电子政务信息资源共享市场化运行模式

首先，建立专业化管理机构对电子政务信息资源共享的市场化运作进行管理，加强对电子政务信息资源市场的统一管理。因为无论是电子政务信息资源或其产业发展都具有相当强的关联性、系统性和政策性，其涉及社会经济的各个领域。由于体制上的原因，会出现管理不集中、政策不统一、专业化程度低等问题，从而对电子政务信息资源市场良好发展产生了不利影响。所以相关的管理部门需强化其职能，培养专业型的人才队伍，从制度、技术、管理等层面宏观掌控电子政务信息资源市场的动态，规范业界行为活动，并对信息市场的成长成熟提出建设性的指导意见。其次，着力培养电子政务信息资源的买方。小到公民个人，大到国家各级部门都是买方成员。政府作为电子政务信息资源买方市场的特殊成员，作为国家权力的执行者，代表国家对电子政务信息资源共享市场进行组织和管理，同时也是电子政务信息资源的使用者。政府应化被动为主动，努力扩张电子政务信息资源的卖方规模。最后，政府部门应当重视技术在信息共享中的重要性，专注于信息系统、数据库系统、信息网络等项目，加强政策引导和加大资金投入，并通

过政策改革、民意调查、“看不见的手”自发调节等渠道完善电子政务信息资源共享的市场化运营模式及价格管理机制。

四、建立完整的电子政务信息资源共享市场导向的保障体系

电子政务信息资源共享是一把双刃剑。一方面大大提高了信息资源利用率和客户需求满意度；另一方面也冲击了信息所有者的权利，加大了其保护难度。所以，为了完善电子政务信息资源市场，需要构建合理的电子政务信息资源共享的市场保障机制。信息资源以绝对优势传递到各部门，从而使其完整地发挥利用价值，这是建立电子政务信息资源共享市场保障体系的最终目标。要充分保障电子政务信息资源共享的实施及有效运用，首先，要保障电子政务信息资源的适度共享，即最大限度地保障电子政务信息资源跨部门共享，同时还需要防止资源的流失。由于复杂的社会关系，我们主张的信息资源充分共享只是相对的适度共享。其次，保障信息资源交流渠道畅通，让信息资源提供者和使用者间能方便快捷地进行信息的传递、鉴定及利用。信息资源流通的方式关系到电子政务信息资源共享的充分性和有效性。再次，保障电子政务信息资源的优化配置，提高资源的可用性。从当前的国情出发，应该对电子政务信息资源进行优化整合，构建特色公共信息数据库，优化配置政府业务网络系统平台，以达到多方资源的整合与利用。最后，构建信息资源利用的防损机制，保障政府信息资源共享无风险或低风险，在面对突发状况以及危机出现时，能迅速有效地进行危机处理，减少危机造成的损失，并总结经验教训将危机处理案例归档管理。

第4节　电子政务信息资源共享市场导向模式的实证分析——以武汉市为例

近年来，武汉市加强政府建设的重点工作之一就是加快电子政务建设和发展。一方面利用网络提高政府机关办公效率和信息共享率，对公共服务项目办理程序实现电子化，另一方面努力实现政务公开，密切联系社会公众。总体来说，武汉电子政务信息资源共享工程较之前而言有明显进步，但电子政务信息服务的成熟度以及完备性等方面还有待提高。

一、资金不足是电子政务信息资源建设面临的主要问题

目前武汉电子政务信息资源共享建设遭遇四大壁垒：①体制“不通”，尚未形成行之

有效的全局领导管理模式，管理制度落后低效；②网络“不通”，体制壁垒导致网际联络缺失；③人脉“不通”，投入不足导致人员严重不足；④宣传“不通”，轻宣传导致群众认知程度低。

从表面看，四种“不通”的原因好像各有差别，有的是历史原因，如制度上的条块分割造成网络上的部门隔离；有的是经验不足，如缺乏统一的运行管理制度；有的是投入不够，如支持电子政务的网络技术人员缺乏；有的是思想观念问题，如重建设，轻宣传。但其实，武汉电子政务建设的主要瓶颈归根到底还是一个资金投入的问题。

二、以市场为导向，完善武汉市电子政务信息资源共享机制

电子政务信息资源作为一种新型的信息资源，属于特殊的经济资源，由纯公共信息和准公共信息两部分构成。纯公共信息部分主要由政府提供，而准公共信息部分主要由市场提供。企业作为市场的主体，是准公共信息的主要提供者，更是电子政务信息资源共享的经济支撑。为打破武汉市电子政务信息资源共享建设中资金不足的瓶颈，建立市场导向模式无疑是关键所在。

发达国家电子政务信息资源建设资金来源渠道主要有两个：其一，资金完全来自政府财政，主要以日本、新加坡、意大利、英国等国家为典型。在这种情况下，建立起来的电子政务系统形式单一，在功能上只给公众提供纯服务，完全没有任何盈利。其二，多资金渠道，其中最成功的代表就是美国。在这种情况下，进行电子政务建设时吸引社会资金参与，因此建成的电子政务系统在提供电子政务服务的同时也提供电子商务服务。以两种用不同的资金来源进行电子政务建设的方式各有优点，但从经济学的角度看，一套有生命力的系统必须能够解决营利模式的问题即自身资源供给问题。所以从这个角度来说，美国政府采取的多渠道筹集资金方式建设的电子政务系统相较于单一渠道资金来源建设的电子政务系统具有更高的运行效率以及更顽强的生命力。

结合上述观点，武汉市电子政务系统建设可以借鉴美国电子政务建设的市场导向方式。因为，武汉市在发展电子政务中主要面临的是资金不足的问题，而市场导向模式则恰好填补了其资金的空缺，并且还能带来可观的经济效益。与此同时，资金的注入能帮助引进所需的技术、人才，并能增强信息工作者的市场意识。相反，缺少资金将直接导致政府在建设电子政务系统的过程中面临捉襟见肘的困境，不仅项目进展停滞不前，时间、资源、人员的消耗更使得经济效益微乎其微。而美国所采取的这种以市场为导向集资的方式就恰好有这样的长处，可以在电子政务建设中有效利用丰富的社会资源和多样的管

理方式，既可以解决资金短缺的问题又可以提高政府管理的效率[①]。具体可以从以下几方面来分析。

（一）武汉市电子政务信息资源共享市场导向模式的可行性

电子政务信息资源共享市场导向模式的运用可以为武汉政府部门节约运行成本，为部门自身带来巨大经济效益的同时也为电子政务建设积累大量的资金。通过电子政务信息资源共享市场导向模式的运用可以获得良好的收入，拓展社会接触面。同时，武汉市政府作为投资主体，在电子政务工程项目建设中的唯一性将逐渐消退。而作为市场的主体，具备强大经济实力以及各类人才的企业集团的加入将给电子政务的发展建设带来更大的创造力和活力。在政府与企业合作的过程中，可以借鉴国外电子政务建设的经验。例如，新西兰政府认为电子政务建设能取得成功的基本要素，是同私营企业确立密切的合作关系；墨西哥政府凭借其与私营电信企业的战略伙伴关系解决了电子政务建设中的网络问题；而南非摒弃了原先采用的政府独资方式，选择与私营企业合资方式建设国家电子税务系统。以市场为主导的企业投资参与电子政务建设的方式使政府和企业实现利益双赢、风险共担，这种双边合作方式能使电子政务建设在更多地域大力推广。

武汉电子政务信息资源共享的建设可以以市场为导向，从而提高电子政务系统的使用效率。在传统模式中，为了发挥已建成的电子政务应用系统的效益，政府作为责任主体有责任将其进行推广，使其被企业和居民了解使用。然而，在市场模式中，市场能起到政府不能替代的作用，其通过市场机制内在的动力，能更自发有效地在全社会进行广泛宣传。因此，市场导向是武汉电子政务信息资源共享建设得以拓展的关键，是推动武汉电子政务建设的重要动力。

（二）武汉电子政务信息资源共享市场导向模式的建立

与市场接轨，以市场为导向，意味着武汉电子政务信息资源共享的建设存在盈利的问题，因而有必要建立一种政府牵头、市场拉动的盈利模式，从而可以吸引众多的社会资本参与。实际上，这种盈利模式也的确存在于电子政务网站上。作为一种特殊的经济活动，电子政务信息资源共享主体分为信息提供者和信息利用者。政府无疑是最直接的信息提供者，公众是信息利用的最重要主体，但在一定程度上，政府也可是信息利用者，而公众也能成为信息的提供者。此外，某些部门企业和机构也可成为信息来源及利用者。电子政务建设虽然不以营利为目的，但在一些电子政务准公共信息资源的建设中，也存

① 高昆．武汉电子政务建设的市场化研究［J］．武汉交通职业学院学报，2004（1）：34.

在盈利、收费等问题。对这样一些电子政务建设项目，完全能通过电子政务系统运营商来完成，政府、企业均可以获得良好的收益。通过电子政务系统，经营电子商务能取得很好的业绩。与此同时，通过付费的方式，社会公众可以查询到部分一般情况下不可知晓或不可确信的电子政务信息资源（如行业或地区的分析报告、个人或企业的信用状况等），可以使群众参与到政府信息公开的监督与开发中，不仅可为电子政务建设积累大量的资金，同时也能促使社会信息更加公开、透明。

2009 年 5 月 21 日，武汉服务外包公共平台正式开通。该平台由武汉市商务局主办，提供服务外包相关资讯、项目、人才服务、培训、企业和园区系列服务等，为武汉的企业和创业者联系国际国内市场搭建起一座全天候的桥梁。在该平台上，软件企业、发包方、服务外包企业、各类人才、客户以及其从业者都能各取所需。该平台涵盖了信息技术、业务流程外包，以及提供法律咨询、诊断三大版块，引入第四方物流管理，着重打造项目集成、资源共享、综合服务和呼叫中心四大功能。该平台分三期建设完成，一期投入达到 2 000 万元，可以拉动几个亿的产值①。这种合同外包、服务外包的形式是电子政务信息资源中增强竞争、筹集资金一种重要形式，它可以以更低的成本和更高的效率达到电子政务信息资源共建共享的预期目标。市场导向模式诸如特许经营形式、用户付费形式、合同外包形式等都有着很强的生命力，必须加以完善利用。

武汉电子政务建设秉承以市场为导向的宗旨，2010 年的“数字行政中心”便是市政府成功融资武大吉奥及江夏区共建的成果，优化了领导政务决策、政务公开，更好地服务社会公众②。此外，2010 年 11 月中国智慧城市论坛会议在武汉召开，将智慧武汉的建设纳入了武汉市“十二五”发展规划。武汉市政府以东湖未来城为中心，以提高武汉整体信息化水平为基础，举全市之力，携政府、企业及各社会团体筹集资金，利用市场为导向，共建智慧城市。科技的迅猛发展推动着电子政务新的尝试和探索，武汉市借着智慧武汉的“东风”把政府信息资源共享的建设并入社会综合建设的层面。2011 年 1 月，第一批武汉市智慧城市建设 13 个示范项目公布授牌③。武汉智慧城市建设的项目主要在医疗、农业、食品安全和政务等领域开展试点，融资总投入达 11 亿元，推动 13 个示范项目建设。这些项目都基于互联、感知、智能的泛在化发展趋势，较好地应用了物联网、

① 武汉开通外包公共服务平台［EB/OL］.［2009—05—22］.http: //finance.sina.com.cn/roll/20090522/07062855321.shtml.

② 武大吉奥打造智慧政务新典范，推进“智慧武汉”建设.［2011—11—18］. http: //www.geostar.com.cn/index.php?m=content&c=index&a=show&catid=18&id=2191.

③ 武汉市智慧城市建设示范项目授牌暨新闻发布会成功召开［EB/OL］［2011—11—14］. http: //www.whbii.gov.cn/d/a/a/2011/11/141516502.html.

云计算、三网融合等新一代信息技术和理念，能够打造服务型政府，实现“智慧通讯”“智慧医疗”“智慧生活”“智慧商贸”“智慧农业”“智慧交通”“智慧公安”“智慧城管”“智慧空间”“智慧社区”“智慧政务”“智慧政府”，构建基于政务、民生、环境、公共安全、公共服务、工商活动平台的智能化响应和智能化决策支持系统①。

智慧武汉的建设是在2009年武汉市电子政务外包平台进一步升级的基础上发展起来的，在整个战略规划中强调以市场为导向，构建电子政务信息资源共享平台。其中，武汉市行政服务中心的信息系统建设面向全社会进行招标，利用物联网、云计算等最新信息技术，依托武汉市行政服务中心“市民之家”，优化整合全市行政审批和公共资源交易。2012年9月27日，在武汉行政服务中心交付使用之际，由中国电信集团系统集成有限公司、深圳太极软件有限公司、武汉烽火信息集成技术有限公司等多家公司分工合作建设系统，逐步完善全市行政审批数据库，对具备条件的审批业务，开展全程网上审批服务，统一实现行政服务网上咨询查询、表格下载、网上登记预约、网上公示，最终实现集武汉市行政审批、公共服务、公共资源交易、政务信息发布、听政议政等多种行政服务功能为一体的现代化综合行政服务体系②。

武汉电子政务信息资源共享市场导向模式的建设归根结底就是要和私人资本融合。但是，资本的融合是有界线和最低标准的，必须政务为主，商务为辅。电子政务的建设首先要实现其服务大众的功能，如可以促进群众参与，增加政府办事透明度，提高政府办事效率，提高政府决策效率等。为明确政府与私营企业间的主次归属，须以合同的方式明确标明双方的合作方式以及成果的所属权、使用权等问题，政府是管理者，私人是运营商。例如，私人可以通过此系统营利，但是其经营的范围和收费标准应当在政府的监管调控之下。这种方式既满足了其获取经济利益的需求，又实现了政府管理者的主导地位，从而使得电子政务的建设与市场导向模式匹配，使武汉市电子政务信息资源共享建设更加完善。

---

① 王家耀，刘嵘，成毅力，孙力楠．让城市更加智慧［J］．测绘科学技术学报，2011（28）：41~42.

② 行政服务中心信息系统建设中标结果［EB/OL］．［2011—8—15］．http://www.bidcenter.com.cn/newscontent-8469791-4.html.

第7章　电子政务信息资源共享的社会运作模式

电子政务信息资源的共享除了可以由企业提供外，还可以由社会团体、第三部门、社区以及志愿服务者来提供。从目的看，以社会公共机构为主体来实现电子政务信息资源共享的模式并不是为了营利，它主要对一些竞争性不强、排他性成本不高的电子政务信息提供共享服务。

第1节　构建电子政务信息资源共享社会运作模式的现实意义

电子政务信息资源中具有不完全非排他性和不完全非竞争性的信息，称为混合电子政务信息资源，其兼有纯公共物品和私人物品的性质。这些信息资源无法通过市场和政府来供给，必须依靠社会的力量。社会公共机构和个人共同参与提供混合电子政务信息资源共享，这是电子政务信息资源共享得以有效实现的一种重要方式。

一、对“政府失灵”的补位

以“大而全”的思想来指导电子政务信息资源的开发利用，这是政府机关的通常做法，认为仅仅依靠尽可能多地搜集信息并简单地将信息堆积在一起，就能全面地发挥信息的作用。其后果就是在之后的实际操作中，或者受到自身资金状况的限制，或者由于内部人员未能对电子政务持有正确的态度，或者因为政府机关信息化现状满足不了现实需求，最终导致信息资源共享虎头蛇尾[①]。由于现实生活中政府不具备完全理想化的条件，其所进行的宏观调控出现失效也就具有一定的可能性，当政府对新的需求未能及时地做出反应时，就会导致资源配置结果达不到最优状态。在电子政务信息资源共享中，“政府失灵”现象普遍存在，值得电子政务信息资源共享主体深思。具体来说，对“政府失灵”补位的意义表现在以下几方面：

（一）有利于提高电子政务信息资源共享的效率

政府在电子政务信息共享中处于垄断地位，因此缺乏压力和责任心，竞争意识没有深入人心，许多政府网站建设虽已开启，但是往往只是流于形式，华而不实，并没有实现电子政务信息资源的有效共享。社会组织独立于政府和市场，是一支较为自由而强大的力量，这支力量不仅灵活多变、针对性强，而且有很强的专业性并重视成本效应，在体现社会公众的意愿时更为全面。社会组织的参与动摇了电子政务信息资源共享中政府对信息资源的垄断地位，在为社会提供政务信息服务时，政府部门必然受到一定压力。与此同时，社会组织还能以第三方的角色来监督政府部门，促使其更加务实，降低服务成本，减少不必要的流程，提高政务信息质量。

（二）有利于电子政务信息资源共享的公平建设

长期以来，政府一直掌握并管理着绝大部分的社会信息资源，研究资料显示，政府手中掌握着约 80% 的有用信息，超过 3 000 个信息资源数据库为政府所拥有[②]。在这种情况下，寻租现象频频出现，腐败祸根难以拔除，而社会力量能够有效应对上述困境。一方面，志愿性和非营利性是社会组织本身所具备的特点；另一方面，为了解决长期的社会问题，由社会组织设立相关的研究机构是受政府部门鼓励的。因此，社会组织获取有价值的信息是比较容易的，能够促进政府部门在决策中更好地体现公众的意愿。这对政府部门行政公开化、公平化、透明化具有重要意义，可以在一定程度上防止腐败。

（三）有利于电子政务信息资源共享的监督

全社会共同所有是政府信息的属性之一，作为一项重要的国家资源，政府信息的生产、搜集和加工的资金来源是国家财政收入[③]。但是，从传统看，政府部门习惯于依靠自身所具备的信息优势来管理社会，一些公职人员享受着信息特权，他们决定着信息是否公开，是否流动，如果监督不到位，就可能造成机会主义的滋生蔓延。因此，通过社会

---

① 魏琼，张玉亮．电子政务信息资源共建共享的理念思考［J］．甘肃行政学院学报．2005（2）：10.

② 魏琼，张玉亮．电子政务信息资源共建共享的理念思考［J］．甘肃行政学院学报．2005（2）：11.

③ 陈庆云等．电子政务行政与社会管理［M］．北京：电子工业出版社，2002：108.

力量来监督政府部门是十分必要的。由于一般公民难以亲自接触到庞大的政府机构，所以，社会组织应该作为协调机构，发挥政府与公民之间的桥梁作用。此外，电子政务信息资源是一种具有竞争性、可分割性、排他性特点的特殊公共物品，在某些领域中，由社会组织来提供效果会更好。

（四）有利于扩大电子政务信息资源共享的服务范围

政府往往过分强调公平，提供的电子政务信息总是普遍的、统一的，然而对于有特殊信息需求的公众，政府往往无法使其需求得到满足。同时，能力有限的政府承担着繁重的公共管理任务，进行电子政务信息资源共享新项目的试验范围较小，为了达到服务全体公众的目的，社会力量可以进行补充。政府按照多数原则提供电子政务信息服务，另外少数信息服务便可以留给社会力量负责，政府部门的经济效率也可以得到很好的提高。

二、对“市场失灵”的补位

市场并不是万能的，虽然这只“看不见的手”能够在配置资源和调节经济中发挥高效的作用，但是也有失灵的时候。如果处在非竞争或不完全竞争的环境中，市场就难以发挥作用，难以对资源进行有效配置。在这种条件下，往往会出现供求不平衡的现象，市场的发展受到了阻碍，市场失灵就发生了。市场失灵的发生原因主要是对经济效益的过分强调以及对行动者利益的过分追求，因而在电子政务信息资源共享过程中，社会力量可以对市场作用的缺位进行很好的补充。

（一）有利于电子政务信息资源的供求平衡

作为市场机制遵循的普遍原则，资本与效率原则又被“马太效应”渗透。市场机制自身在社会经济发展过程中发挥重要作用，从这个角度看，这是正常的经济现象。但是，企业在电子政务信息资源共享过程中不能仅仅考虑自身的利益，完全在市场信号的引导下配置信息资源，否则，电子政务信息资源处在无政府状态，无法得到有效管理，容易导致电子政务信息资源的供求不平衡，其结果是大量信息资源浪费，产生诸多社会负面影响。如果缺乏第三方监督和引导，那么社会总供求的平衡就必须经过无数次的长期循环往复才有可能实现。利润并不是社会力量追求的唯一目标，对事物的发展规划要综合进行研判。而社会力量在电子政务信息资源配置中可以发挥很好的协调作用，避免出现电子政务信息资源供求不平衡的现象，降低市场盲目性程度。

（二）有利于调节电子政务信息资源共享服务出现的矛盾

在电子政务信息资源共享过程中，条件的差异会引起信息公开的程度、方式有所不同。市场主体唯利是图，以利润最大化为追求目标，因此在提供电子政务信息资源共享服务时，可能会违背一些本应遵循的原则。社会力量的发展在一定程度上可以弥补市场的不足，缓解因唯利是图而给社会带来的不良影响，还有利于维护良好的人际关系，实现社会主体相互信任感的增强，增加社会资本[①]。

（三）有利于提高电子政务信息资源共享建设的信息对称性

电子政务信息为广泛的领域提供服务，但是在某些领域中，公众对电子政务信息服务质量的评估力不足。在这种情况下，信息不对称时有发生，如果由营利性企业来提供信息服务，提供主体就具备了巩固信息优势的动机和条件，所提供的信息服务可能以次充好、以少充多，欺骗消费者，实现自身利益的最大化。如果社会力量作为第三方力量参与进来，可以对其进行很好的监督和引导。

（四）有利于发挥社会多元组织在电子政务信息资源共享建设的重大作用

在电子政务信息资源共享过程中，市场失灵早已屡见不鲜，社会力量的发展壮大为市场失灵提供了有益补充，能充分发挥其多功能互补、多主体供给的作用。社会组织的茁壮成长，表现出了蓬勃生机，成为公共管理中的重要角色，地位日益突出。因此，对于电子政务信息资源共享活动而言，社会力量的参与可以实现电子政务信息资源共享多机制结合的局面。

随着社会主义市场经济的发展和完善，我国政府公共治理模式也随之发生变化，这种变化主要体现在政府权力领域逐渐缩小，或者从经济、社会等领域退出，或者赋予社会主体、市场主体新的地位并采取新的形式与之发生互动。通过进一步完善市场经济体制、深化政治体制改革、推动基层民主自治等一系列方式，公共管理逐渐摆脱国家一元治理的模式，转向多元主体共同参与的治理模式。社会多元治理机制主要强调在公共治理中除政府这个权力中心外，要更加重视社会多元主体的作用，它们应当拥有平等的地位，并以此为基础进行有效的协调和协商，充分表达各自利益，形成公共利益最大化的意识，从而调动一切积极因素，整合社会多方资源，达到资源利用最优。从这一层次可以看出，电子政务信息资源管理主体具备多元化的特性，也很有必要利用多元化的特点来营造电子政务信息资源共享模式。在具体管理运营过程中，多元化模式既可以避免单一管理主体造成的电子政务信息资源利用率低、信息垄断等现象，又能赋予社会各组织以平等信息权力和地位，协调电子政务信息资源管理主体利益，从而推动社会不断进步。

---

① 曾峻 . 公共管理新论［M］. 北京：人民出版社，2006：130.

第 2 节　电子政务信息资源共享社会运作模式的构建

一、电子政务信息资源共享社会运作模式构建的核心内容

参与信息共享的社会主体越多，信息资源所能发挥的效用也就越大，这是电子政务信息资源共享社会运作模式的核心价值理念。信息资源共享的这种趋势同经济领域中所谓的“规模效益”相似。从这种理念出发，电子政务信息资源共享社会运作模式的核心内容可以从参与主体、运行机制、管理体制、信息享用等四个方面去理解。

（一）参与主体多元化

随着电子政务的逐步推广，传统的政府管理模式被打破并将得到彻底转变。网络的应用改变了社会成员的关系，一种全新的联系在社会公众、政府机构、企业及各种社会团体之间被构筑起来。现代社会发展需要对政务、公务、商务进行统筹，开展一体化的管理，将各类事务的高效运行变成现实，可以把电子政务信息资源共享列为重要载体，推进这一目标的达成。我国地域广阔、人口众多，行政体系复杂，部门交叉重叠，信息源分散程度高，政务信息资源的开发和利用涉及各个领域、行业、部门，仅仅依靠一个或少数几个单位的力量，并不能完成这一复杂而艰巨的任务。分散力量来开发和利用政务信息资源往往会浪费巨大的资源，并且容易导致重复建设，得不偿失。因此，开发和管理电子政务信息资源是一项建立在多元主体参与基础之上的活动，需要整合多方力量进行共同协作来完成。换句话说，必须将国家宏观调控力量同社会各界的资源、智力、技术等力量结合起来，共同参与这一项目的实施。参与主体多元化是对理论的新突破，同时也是对现有电子政务信息资源共享格局的重新认识。因此，必须加大力度关注政务信息资源治理主体，深入探讨主体所扮演的角色、所承担的职能，以及各主体之间的分工与合作关系，以期形成多元主体共同参与的崭新格局。只有这样才能克服在电子政务信息资源共享中主体单一的缺陷，避免因此而产生的各种弊端，从而实现信息服务和信息产品在量上和质上都有所改善和突破。但是，作为一种新兴事物，电子政务信息资源共享发展的历史还比较短，因此，要全社会深入地认识和理解它的精神和理念还尚需时日，人们还处于传统观念的禁锢之中，总把政府当做这类事务的唯一承担者。目前，国家和政府已经逐渐深化认识，明确拓宽参与主体，将非政府组织纳入信息资源管理的主体范围，并且已经开始尝试将一定的主体权力和责任赋予非政府组织。但是到目前为止尚未为其安排好恰当的位置，因此非政府组织还不能发挥它们在信息资源管理中的主体作用。

所以，当前需要从思想层面着力，通过广泛宣传使全社会深入理解参与主体多元化的内涵，让理念深入人心，让全社会重视并参与电子政务信息资源共享的建设，大力创新社会运作模式。首先，实现电子政务信息资源共享参与主体多元化，能够在一定程度上防止政府“信息寻租”，对于遏制腐败具有重要的作用。参与主体多元化打破了政府对信息的垄断，为其他社会主体提供了共享信息资源的机会。这就意味着原本被政府掌握的一些相关权力将转移到政府以外的参与主体手中，这就大大减少了政府寻租的机会，降低了腐败的几率。其次，它为政府管理带来了效率压力。在电子政务信息资源共享管理中，如果政府是唯一的管理主体，政府就不会有任何的生存压力和效率压力，信息管理的官僚主义会肆意蔓延。因为在这种情况下政府没有竞争者，并且对行政效率进行测度是十分困难的。但是，将多元参与主体纳入管理体系以后，各个参与主体之间会相互竞争，信息资源的管理权会分配给不同的管理主体。任何主体想要获得某些事务的执行权，都必须提高自身的工作效率，在竞争中优胜劣汰，政府部门也不例外。最后，电子政务信息资源共享本身就是一项“民生工程”“社会工程”，它的发展和完善不仅仅是政府部门的事情，而是与社会各方面都息息相关的，社会各方同样拥有权力参与其建设并且承担着相应的责任和义务。因此，采取宣传、引导和激励等相关措施，推动社会各种力量树立主人翁的态度，鼓励它们参与电子政务信息资源共享建设是必要的。

（二）运行机制社会化

实现电子政务信息资源共享运行机制的社会化，要从多层次、多角度实现转变。

1. 进一步转变旧的思想观念，确定管理新理念

观念决定行为，思路决定出路。在电子政务信息资源共享运行机制的确立过程中，需要打破政府全面控制社会的传统管理方式，实行社会公共管理；需要改变政府主导运行全程的模式，真正做到还政于民；需要树立为民服务的理念；需要认识单一管理主体的弊端，走向多元主体合作管理；需要改变公民讨好政府的现状，做到政府讨好公民；需要认清政府并不具备无限能力，以及建立有限政府的必要性；需要消除暗箱操作现象，实行透明管理；需要重视管理中投入与产出的关系，精心计算成本；需要更多地重视绩效目标；需要突破常规管理方式，实现管理模式的创新[①]。

2. 创新运行机制的管理方式

从传统看，电子政务信息主要由政府对社会信息实行宽领域、多层次、全方位的直

① 方世南．公共管理与政府十大管理理念的转换［J］．管理世界，2002（9）：140~141.

接管理，并通过这样的运行方式实现资源的共享。但是，在社会化的运行机制下，要求转变政府统管统揽的管理方式，具体表现为：首先，必须为电子政务信息资源共享建立相应的市场规则，全力创建公平的市场环境，让各个市场主体能够在这样的环境中遵循市场规范，实现有序和良性的竞争；其次，有些公共信息无法通过市场提供，这就需要政府将此类信息公之于众，充分发挥政府的作用，解决那些不能依靠市场来解决的问题，例如基础教育、公共安全、环境保护等信息的管理；最后，有效实施宏观管理职能，运用经济手段、行政手段、法律手段调节电子政务信息资源的运行，推动电子政务信息资源共享发展的可持续化。

3. 提高国民信息技术应用能力

为了充分发挥信息技术的作用，必须强化培训工作，特别是要用信息化知识武装领导干部的头脑，普及公务员的信息技术技能，积极组织志愿者深入社会，开展形式多样的信息化知识和技能普及活动。

（三）管理体制规范化

要实现电子政务信息资源共享的社会化，务必遵循以下几个原则：

1. 统一规划，加强领导

构建电子政务信息资源共享社会运作模式，顶层设计十分重要。国家应成立信息化领导小组来把握全局，进行统一部署，在国家整体规划下实施建设，避免各自为政带来的种种弊端。在中央的领导下，理清中央与地方之间的关系，明确部门与部门相互分工合作的权责，在各自建设目标的引领下抓住建设重点，分类、分层、分步完成这一运作模式的构建。

2. 需求主导，突出重点

构建电子政务信息资源共享社会运作模式，不能孤立地进行。当前政府正在进行管理体制改革，政府职能也在发生变化，信息共享的社会运作模式的构建必须与之相结合。在构建过程中要充分考虑政府业务的需求，把人民群众的要求放在首要位置，紧紧围绕重点，稳扎稳打逐步推进。构建过程要讲究实效，既要重视经济效益的实现，也要重视社会效益的提高。当前，必须重点抓好网络平台的建设，在合理的标准下，创建统一的信息共享平台，同时要健全相关法律制度来保障该模式的有效运行。

3. 统一标准，保障安全

在电子政务信息资源共享社会运作模式构建的过程中，要加快步伐制定统一标准并加以落实。在强调发展的同时，必须重视信息安全问题，在成本和效益之间寻找最佳结合点，做到平衡稳定地发展。建立网络与信息的安全保障体系，确保电子政务建设的顺利进行与网络信息安全的落实[①]。

（四）信息享用公平化

信息享用公平化是指在公平、开放的条件下展开互动交流，主要是通过各行政部门、行业组织、企业开展的联合宣传、教育、咨询、公益信息发布等活动来实现。信息享用公平化是一个复杂、庞大的系统性工程，鉴于此，每个国家及其政府必须从制度层面出发，建立起具体的相关制度，确保信息享用的公平化。

1. 确立法律法规，保障公民的信息权利

所谓信息公平，其实质是信息权利的平等；相应地，信息不公平本质上就是信息权利的不平等。而信息贫困概念的内涵，本质上体现的就是信息权利被剥夺的问题。显而易见的是，获得信息权利不一定就能实现信息公平，但是可以肯定的是，信息权利的获得是实现信息公平的先决条件和必要途径。从现实看，在缺乏相应信息权利的情况下，权利主体无法真正地获得开展信息活动的自由。让每一个公民都有机会平等地获取信息，这是保障公民获得充分信息权利的关键。只有将身份歧视消除，确保信息面前人人平等落实到位，才能实现公民的信息权利。在现实生活中，法律的“授权”是正当获得权利的前提。因此，保障信息权利的实现，必须依托于国家的相关信息立法。从这一点出发，形成了“信息立法→信息权利保障→信息公平保障”的条件序列，也就是说首先必须由法律来认可公民的正当信息权利，公民依照法律的规定来行使这一权利，最终才有可能实现信息公平。

2. 反信息垄断

所谓信息垄断问题，从本质看反映了信息独占与共享之间、信息保密与公开之间相互对立的问题。信息垄断是对信息共享原则的违背，并且极有可能对信息消费者的权益造成侵害。立足于信息共享原则，可以看出，信息垄断本身就体现出信息不平等，信息不平等严重侵害了信息公平。诚然，某些特殊的信息是需要垄断的，即出于现实需要，某些信息必须在特定的时空范围内“独占”和“保密”。但是，应当认识到，这类信息的垄断，其出发点不是为了实现特权利益或让部分人在竞争中获得不公平的优势，而是为了实现公众的利益。因此，我们所反对的信息垄断主要是那些特权性的信息垄断。在信息领域中，价格垄断和部门垄断是特权性垄断的主要表现形式。这种特权性垄断，不利

---

① 宁家骏．关于加强我国新时期电子政务信息安全保障体系建设的一些刍议［J］．电子政务，2010（7）：22.

于信息市场的有序竞争，广大信息消费者置身于这样的竞争环境中，必然遭受到利益的侵害。所谓特权性信息垄断，垄断的是公共信息资源，它导致在信息使用过程中公平性的丧失，是“信息霸权”行径最典型的表现。信息垄断包含了许多方面，例如对信息内容、市场、技术的垄断等。以电信市场为例，其垄断行为几乎涉及每一个信息消费者，波及面非常广，最容易导致不公平现象。为了保障广大消费者公平消费，政府必须反对不正当竞争，通过制度设计来规制信息市场，确保市场竞争的公平性，平抑市场价格，消除特权垄断，让“劣币驱逐良币”的现象在信息市场没有生存的土壤。我国目前已制定有《价格法》、《消费者权益保护法》、《反不正当竞争法》等法律，并且《电信条例》等行政法规也已颁布执行。但是目前还没有制定《电信法》，信息法律体系有待进一步健全，与此同时执法力度还应加大，真正将这些法律法规落实到位，从制度上消除信息垄断，保证信息公平。

3. 政府信息公开

除了某些“特殊信息”，比如有关国家形象或同国家安全息息相关的信息外，其余的政府信息都应公之于众。因为从本质看，政府信息是一种公共信息资源，理应分享给公众。此外，民主政治建设要求保障公民的知情权，为满足民主政治建设的这一内在要求，同样需要公开政府信息。知情权的含义可以从两个层面来理解：一为信息公开权，即政府承担着信息公开的责任和义务，必须向公众公开政府信息；二为信息获取权，公民具有了解或知晓政府信息的权利。由此可见，知情权既包含信息公开权，也包含信息获取权，是二者“合成”的权利。知情权对公民而言是一项基本的信息获取权。从政府信息公开这个角度来看，政府及其相关部门担任着义务主体的角色，而公民本身则处于权利主体的地位。由此可见，知情权是作为一种基本人权而存在的，它是一项政治权利，而不是一项民事权利。从一定程度上来讲，社会信息公平主要由政府担责，社会信息中有 80% 为政府控制着，如果将政府信息关在“匣子”里不对外公开，那么在政府与民众之间就必然会形成严重的信息不对称。步入 21 世纪以后，政府信息公开制度建设已经在我国逐步展开。目前，我国已经公布《中华人民共和国政府信息公开条例》，并且从 2008 年 5 月 1 日起正式实施，另外，不少省、市级政府也已经制定政府信息公开条例或相关规定。通过这些努力，在政府信息不公开环境中所产生的一系列问题会迅速得以解决。

4. 信息扶贫

在信息时代，社会贫困通过新的方式表现出来，其中信息贫困就是主要的表现形式之一。信息贫困是由多方原因造成的，历史因素和地理因素是其中的一方面，社会信息制度不公平也是造成信息贫困的原因。从本质看，信息贫困既可以从信息能力方面体现出来，也可以在信息权利方面体现出来。因此，关注信息贫困者，向他们提供一定的政策倾斜，将更多的信息权利赋予他们，让他们从信息贫困状态中摆脱，这是国家及政府的责任。信息政策是信息扶贫的主要实现手段，从这个方面来理解，即信息扶贫主要以政府为主体，通过实施积极的信息政策，将更多的信息权利赋予信息贫困者，让信息贫困者掌握更多的社会信息资源，或者让信息贫困地区获得更多信息及相关技术设备，通过这样的方式达到摆脱贫困状态的目标。显然，信息扶贫为信息公平提供了制度上的保障，这对信息公平的实现是不可或缺的。从法律意义的角度来看，信息扶贫是公民的权利救济的重要组成部分。从现实意义的角度来看，在每个国家或者地区发展的道路上，都会遇到数字鸿沟问题所造成的困扰，其区别仅仅体现在程度上。数字鸿沟问题，从本质上看正是信息贫困问题，政府有责任采取相应措施阻止数字鸿沟问题的扩大。通常可将信息扶贫政策划分为两种不同的类型，即国家扶贫政策和国际扶贫政策。我国对信息扶贫工作非常重视，现已采取了一系列相关的政策措施。例如，《国家八七扶贫攻坚计划》中提出了“帮助贫困地区培训人才、推广技术、沟通信息，发展经济技术合作”的要求。根据这一要求，国务院经济贫困地区经济开发办公室联合《经济日报》社、电子工业部、广电部，于1997年共同承担了“信息扶贫致富工程”的实施工作。这项工程的目的，就是打破贫困地区的“信息孤岛”现状，充分挖掘当前我国所拥有的技术力量，搭建起一座沟通发达地区与贫困地区之间信息资源的桥梁。为促使这个目标的实现，需建设双向沟通的信息服务体系和覆盖全国2 200个县的信息网络。2004年1月，国家信息产业部发出了《关于在部分省区开展村通工程试点工作的通知》，4月又颁布了《农村通信普遍服务——村通工程实施方案》，采取“分片包干”的方式，将电信普遍服务的义务指定给6家基础电信业务运营商。具体的任务是：在2004—2005年期间，为至少4万个行政村开通电话。

二、社会运作模式与政府主导模式、市场导向模式的关系

社会运作、政府主导、市场导向模式，这是电子政务信息资源共享所具有的三种运作模式，这三种模式是一脉相承的，是电子政务信息资源共享的实体表现，它们之间有着密切的关系。

（一）社会运作模式与政府主导模式、市场导向模式的区别

政府主导模式更加注重政策上的把握和引导，起到一种宏观调控的作用。政府主导

模式是电子政务发展和电子政务信息资源共享的传统模式。政府提供电子政务信息共享服务更多的是一个政治过程，一般而言这样的过程是非营利性的。这种模式下政府主要是处于“大政府”和“积极政府”的位置，这种政府主导模式强调等级原则与专家主义，实行集权和直接控制，主张政府应积极、主动、全面地对电子政务信息资源共享实施管理，向社会提供公共服务。

电子政务信息资源共享市场导向模式，主要是把电子政务信息资源定性于准公共物品。这种运作模式是目前许多发达国家在电子政务建设中广泛运用的信息资源共享方式。在电子政务信息资源共享中，引入市场化的运行机制和运作模式，不仅有利于充分挖掘信息资源的经济价值，更好地为信息需求方服务，提高信息的使用效率。而且按照“谁投入，谁收益”的原则，也有利于调动信息资源共享各方信息资源建设的积极性，开创“有力共建和有效共享”的电子政务信息资源建设良好局面。再者，市场机制本身有其优势。约翰逊将市场竞争机制在配置资源方面的功能归纳为五点：①市场将消费平均分配给不同的消费者，消费者的个人意愿决定了这种分配，同时假定在人们的认识中这一过程是富有效率的；②从利润最大化原则出发，生产什么产品是由市场来引导的，若第一条件中假设成立，那么这也同社会利益相符合；③从获取最大收益原则出发，在不同用途中市场会配置不同的生产要素；④可供使用的特殊种类的资本设备和劳动力的相对数量被市场控制着；⑤市场以生产要素回报的形式，将收入分配给不同的经济主体，在一定条件下，市场竞争机制所具有的上述配置资源的功能就能够发挥作用，以此来完成效率的实现①。总之，电子政务信息资源共享的市场运作模式主要侧重于经济效率。

电子政务信息资源共享社会运作模式转变了传统观念和战略，将过去由政府统包统揽电子政务信息资源共享管理和服务转向注重社会力量的发挥，通过充分调动社会积极性，让更多人参与到信息资源共享的各个环节，包括信息的开发、生产、技术处理等，从而降低管理成本，提高行政效率。这里的社会力量包括非营利组织、志愿者组织、各类社会团体和个人等。可以这样来理解，电子政务信息资源共享的社会运作模式在政府中枢机关指导下方能得以实现。其原因在于电子政务信息资源共享涉及面广，是一项复杂的系统工程，需要一个强有力的政府中枢机构来协调各种矛盾，理顺各种关系，改善相应的业务流程。在这种模式下，电子政务信息资源共享建设需要整合多方的力量，充分发挥非营利组织、志愿者组织、社会公众的力量，例如将电子政务理念、管理方式方法，

① 句华. 公共服务中的市场机制：理论、方法与技术［M］. 北京：北京大学出版社，2006：30.

以及资金、技术、信息、人才等加以整合，形成合力，以弥补政府部门在电子政务信息资源共享建设中的不足。

从表 7.1 可以看出，提供公共服务可以借助电子政务信息资源共享平台，在政府主导模式下，强制力措施是追求和维护公共利益的主要手段；在市场主导模式下，自愿交易作为实现私人利益的方式占据了主导地位；在社会运作模式下，则是把公共利益作为追求的目标，主要通过自愿交易方式进行。

表 7.1　电子政务信息资源共享政府主导模式、市场导向模式与社会运作模式比较

动机 手段	公共利益	私人利益
强制力	政府主导模式	
自愿交易	社会运作模式	市场化模式

（二）社会运作模式与政府主导模式、市场导向模式的联系

1. 政府与社会对电子政务信息资源共享的管理应是一种积极互助的关系

在马克思看来，就国家和社会的关系而言，社会居于国家之上，居于第一位，而国家则居于第二位，国家是为社会服务的一种手段，社会才是目的，社会会不断地发展进步，渐渐臻于完善，与此相伴的是国家逐步从凌驾于社会之上的地位走下，慢慢回归到社会中。从理论上讨论，电子政务信息资源共享的社会运作模式同马克思的这一思想基本相符合，国家权力终将回归于社会，这是历史的基本趋势。电子政务信息资源共享社会运作模式的构建依然要依托于政府，而不是完全脱离政府的管理，它需要政府和社会在平衡点上以最佳的方式结合。政府掌握了过多的职能，社会运作模式要求政府返还从社会中所获取的多余管理职能，使政府由集权型向民主型转变，由全能型向有限型转变，由从经济建设型向社会建设型转变，由管理型向服务型转变，让政府管理的整个过程始终有社会力量的支持，这样才能实现政府管理效率的提高和运行成本的降低。在社会运作模式的实施过程中，政府推动了社会的发育，扮演了其保护人和推动者的角色。政府与社会的关系应该有计划地进行调整，循序渐进地改善。一方面，在电子政务信息资源共享中，社会组织尚存在许多不足之处，必须努力加以弥补；另一方面，还要不断提升政府的行政能力，开创政府与社会双赢的局面。为了完善电子政务信息资源共享社会运作模式，政府应当制定相关政策以提供保障，对于电子政务信息资源共享的管理活动的权力，不应该放权于下级而应该放权于社会，应该把电子政务信息资源共享的管理职能与管理权力从政府中分离，让其最终回归社会。值得注意的是，政府应当为社会组织的发展提供条件，而不仅仅是指挥其参与电子政务信息资源共享，应充分利用社会力量来实现电子政务信息资源共享的目标，不断提高社会力量在提供电子政务信息资源共享服务中的比例。同时，为了防止电子政务信息资源共享受到利益集团的操纵，损害社会公益，政府应该努力使电子政务信息资源共享服务的覆盖面更广、服务更加人性化。通过实施宏观调控，促使社会力量采取相应措施，满足电子政务信息资源共享的需求。

2. 电子政务信息资源社会运作模式与市场导向模式是对政府主导模式的有益补充

在电子政务信息资源共享服务中，社会运作模式对形成电子政务信息资源的“市场均衡”有一定的促进作用。在获取电子政务信息资源时，由于种种原因可能会导致共享的不公平现象发生，这时社会组织可以通过组织活动，向市场主体施加压力，维护弱势群体的权利和利益，呼吁社会公平和公正，达到“市场均衡”的市场效果，从而促进电子政务信息资源市场运作模式的健康发展。再者，电子政务信息资源共享社会运作模式倡导通过资金分配、服务传递、公众教育和科学研究等，促进公民参与，加速社会资本、资金的形成和转化，有利于电子政务信息资源的开发与传递，这也成为电子政务信息资源市场运作模式不可缺少的保护层。

3. 电子政务信息资源共享政府主导模式、市场导向模式与社会运作模式三者之间是一种共存、互助、互补、动态平衡的关系

这种动态就犹如旋转中的陀螺，只有在动态中才能保持平衡。电子政务信息资源共享政府主导模式主要是指政府宏观调控，讲究公平、公正，而市场运作模式则主要追求经济效率，社会运作模式是两者之间的桥梁，强调非营利组织、志愿者组织和公民的参与、监督。在任何市场经济社会里，都存在一个相当规模的第三部门或民间非营利部门。历史经验表明，市场经济的发展必须伴之对人、自然和社会的保护机制的建立，否则市场经济会危及人类的生存。其他国家的经验表明，在市场经济条件下，光靠政府并不能对人、自然和社会提供充足的保障；非政府组织或民间非营利部门是对市场和政府部门的必要补充，三足鼎立的体系才是稳定的[①]。政府部门、私人部门和第三部门各自的优势和各自的适用范围如表 7.2[②] 及表 7.3[③] 所示。

① 向军，戴树根．我国非政府组织的发展如何走出困局［J］．求索，2007（10）：78.

②［美］奥斯本・盖布勒．改革政府：企业精神如何改革着公营部门［M］．上海：上海译文出版社，1996：329~330.

③［美］奥斯本・盖布勒．改革政府：企业精神如何改革着公营部门［M］．上海：上海译文出版社，1996：330~331.

表 7.2　政府部门、私人部门和第三部门各自的优势

对提供服务者服务质量的期待（H= 高；L= 低；M= 中）

	政府部门	私人部门	第三部门
政府部门优势			
稳定性	H	L	M
处理中心任务以外的问题的能力	H	L	M
不受偏爱的影响	H	M	L
私人部门优势			
对迅速变化的优势作出反应的能力	L	H	M
革新的能力	M	H	M
模仿成功的倾向	L	H	M
放弃失败项目的倾向	L	H	M
愿意冒风险	L	H	M
产生资本的能力	M	H	L
职业专长	M	H	M
获得规模经济的能力	M	H	L
第三部门优势			
向各色人等服务的能力	L	M	H
同情心和责任心	M	L	H
对问题的全面处理	L	L	H
产生信任的能力	M	L	H

表 7.3　政府部门、私人部门、第三部门的适用范围

适用范围（E：有效果；I：无效果；D：取决于环境）

	公共部门	私人部门	第三部门
最适合政府部门			
政策管理	E	I	D
管理实施	E	I	D
实行公平	E	I	E
防止歧视	E	D	D
防止剥削	E	I	E
提高社会凝聚力	E	I	E
最适合私人部门			
经济任务	I	E	D
投资任务	I	E	D
产生利润的任务	I	E	I
提高自足能力的任务	I	E	D

续表

	公共部门	私人部门	第三部门
最适合第三部门			
社会事务	D	I	E
制约志愿劳动的任务	D	I	E
产生微利的任务	D	I	E
提高个人责任心的任务	I	D	E
加强社区的任务	D	I	E
提高对他人福利的责任心的任务	D	I	E

第3节　电子政务信息资源共享社会运作模式的实践形式

鉴于电子政务信息资源共享中非营利组织、社区、公众对电子政务信息资源共享的影响，以社会运作的方式实现电子政务信息资源共享，可以采取三种具体模式，分别是非营利组织参与模式、社区自治模式以及公众直接参与模式。

一、非营利组织参与模式

（一）非营利组织的内涵

非营利组织属于非政府系统社会组织，它具有正式组织形式，不以营利为目的，且具有一定的志愿性、自治性、互益性或公益性[①]。非营利组织这一概念来自西方社会，是在西方社会背景下孕育和发展起来的，如果以西方普遍接受的定义来衡量，我国可能无法找到完全符合标准的非营利组织。这是因为在我国正式登记的非营利组织都有业务主管部门，难以享有纯粹的“自治性”和“民间性”。大体上我国非营利组织可以分为社会团体、民办非企业单位和事业单位。一般来说，这些非营利组织包括:（1）一些民间非企业单位，以及某些国家事业单位，这些单位主要为社会提供公共信息服务或者准公共信息服务，包括档案馆、公共图书馆等;（2）无偿为社会提供公益信息服务的民间公益组织，如慈善机构和志愿者组织等;（3）行业组织和社会团体，它们向内部成员提供具有互益性的公共信息服务，包括各类商会、学会以及行业协会等，这些组织都不同程度地承担着整合行业信息资源的任务，以此为协会成员参与决策提供服务;（4）一些民间

① 王名．非营利组织的社会功能及其分类［J］．学术月刊，2006（9）：9.

社会组织，它们往往会收取一定额度的成本性费用，这类组织主要有非营利性质的民办信息咨询机构、某些市场中介组织等[①]。

（二）非营利组织在公共管理中的特点

非营利组织在公共管理中发挥着巨大的作用，是政府、市场和公众的重要补充者和合作者。有些学者从聚、立、推、拉四个方面来概括非营利组织对社会发展的推动作用。“聚”即非营利组织将一批热衷于公益事业的志愿者集聚在一起，积聚他们的力量影响政府，反映多元主体的利益要求；“立”即以自身的具体行动来支持社会格局多元化，弘扬社会正义，培养民主作风，维护人们的多元利益，保障基本人权；“推”即推动综合处理因市场功能失灵和政府功能失效所遗留的社会、环境问题；“拉”即开展能够体现资助者价值的活动。

在我国，非营利组织一般是具有公共性的组织，且独立性较强。非营利组织大部分以服务于公众为工作目的，这些特性都促使非营利组织在政务信息化中发挥重要作用。非营利组织能连接政府与公众之间的互动，把政府信息化的要求与公众的利益结合，及时进行整合、集中，同时组织自身的人力、物力资源直接参与政务信息化的建设。非营利组织在这个过程中起着重要的利益表达和利益协调作用，能促进政府和公众的合作，推动服务型政府理念的实现。

（三）非营利组织参与模式在电子政务信息共享的适用性分析

在电子政务信息资源共享中借助非营利组织的独特优势来提高共享的效率，这就是非营利组织参与模式。长期以来，在电子政务信息资源共享角色定位中，政府一直占据着主角的地位，人们甚至认为电子政务信息资源共享的责任仅仅该由政府来承担。然而，实际情况却复杂得多，电子政务信息资源共享是一项主体多元化的系统工程，既需要财力、物力资源和强制性机制，也需要多元的管理主体。可以看到，非营利组织具有多方面的优势，例如较高的灵活性，高度专业化的技术力量，科学的组织机制，这些优势让其具备足够的条件参与电子政务信息资源共享，它们可以在该过程中发挥重要作用。

民主思潮的推进激励人类更加积极地追求信息公平的权利，要求相关社会组织能够提供大量的信息服务，以便利人的全面发展。因此，可以认为政府信息资源不仅关系着个人与社会的发展，还与每个社会组织都存在着一定利益关系。非营利组织在政府信息

① 夏义堃．政府信息资源管理与公共信息资源管理比较分析［J］．情报科学，2006（4）：534.

资源建设中的作用显著，和一般的企业不同，非营利组织在电子政务信息共享过程中有着较强的适应性，主要体现在以下几方面。

1. 非营利组织参与电子政务信息共享由非营利组织和政府的特殊关系决定

对于两者之间的关系问题，不同学者从各自的角度出发，提出了许多观点。康晓光曾经在“转型时期的中国社团”中提出，非营利组织和政府的关系实际上是一种国家与社会的关系，学界还出现了“中国特色论”、“多元主义论”、“法团主义论”。张丹丹提出，就实然与或然的角度看，非营利组织与政府之间应该是一种相互合作、相互补充的关系。就中国当前的实际状态而言，二者是一种建设性伙伴关系，目前需要在彼此的合作中促进和完善这种关系；但从应然的角度来看，政府机构改革和职能转换同样需要非营利组织充当合作者与补充者，让它们关注社会需求，尤其是特殊群体的需求[①]。从以上分析得知，非营利组织和政府这种合作互补的关系，直接决定着非营利组织在参与电子政务信息共享中所能达到的深度和广度。

2. 非营利组织参与电子政务信息资源共享具有一定的现实可行性

非营利组织的迅猛发展为其参与电子政务信息共享提供了基础。目前，几乎所有国家都有一个庞大的由非营利组织组成的部门存在。当前，全球各类非政府组织数量多达数百万，国际性非政府组织超过 35 万个。近年来，东亚地区的非营利组织数量急剧增加。随着我国社会转型及市场改革的推进，非营利组织获得了前所未有的发展，在教育、环保、扶贫、救灾、社区建设等领域都发挥着重要的作用。目前，我国非政府组织处于大发展阶段。1989 年中国非政府组织只有 4 446 个，而据民政部 2013 年第二季度发布的社会服务业统计季报显示，全国共有社会团体 27.4 万个，并且这一数据不包括一些“草根组织”和大量的民办非企、基金会。这些非营利组织在规模、建设、运行机制上具有一定优势，在电子政务信息资源共享过程中发挥着重要的作用。

西方非营利组织的发展达到了非常高的水准，它们在国家建设中发挥了十分重要的作用。它们拥有许多成功经验，给予我国许多启示。以美国为例，一方面，当遇到困难时，许多民众不需要直接找政府求助，更多情况下，他们会联系非营利组织，在非营利组织的帮助下克服困难，解决问题；另一方面，非营利组织是提供社会服务的一个重要主体，大部分社会服务是由它们实施的。可以借鉴美国非营利组织运作的经验，在电子政务信息资源共享服务中纳入非营利组织的力量。

① 张丹丹．合作与互补：非营利组织的发展及其与政府关系之探讨［J］．华东理工大学学报（社会科学版），2004（2）：27.

3. 非营利组织参与电子政务信息资源共享由其独特的特点决定

非营利组织效率高、独立性强的特点让其有效补充了政府职能的不足，因此，在电子政务信息资源共享建设中，它们成为最好的主体选择之一。美国约翰·霍普金斯大学非营利组织比较研究中心提出，非营利组织具有五个重要特征，即民间性、组织性、自治性、自愿性和非利润分配性。政务信息资源主要是为政府所掌握，但是政府的管辖范围并非是无限的，在电子政务信息共享中，各类信息包罗万象，在社会的每个领域都有活跃的影子。这些内容复杂、分布广泛的政务信息，需要灵活性更强的主体来管理，而非营利组织所具备的特点正好赋予其自身灵活机动性，在一定程度上弥补了政府在这方面的不足。

二、社区自治模式

（一）社区自治模式的内涵

社区自治作为基层社会治理的一种形式，指的是社区居民通过一定的组织形式依法享有自主管理社区事务的权利及其实践过程，是社区居民参与社会管理的高级形态，是民主精神在城乡基层社会的必然要求和体现[①]。实行基层群众自治，是基层民主政治建设的一个最重要的实际步骤。

电子政务信息资源共享的社区自治模式，是指将特定社区范围内的政务信息资源，比如社会保障、社区管理、文化娱乐、医疗卫生、安全保障及一些公共政策的宣传、执行，置于社区内部的局域网络平台上，利用网络完成实际操作，通过这样的方式推动社区成员自我服务、自我教育和自我管理的强化。在社区自治模式下，社区政策资源能够更好地同社区政策利益进行整合，通过理清二者的关系来贯彻执行党和国家制定的各项路线、方针、政策，以此达到最大化电子政务信息资源效用的目标，更好地为社区成员提供服务。

（二）社区自治模式在电子政务信息共享的适用性分析

社区作为现代城市的一个基本组成单位，其信息化工作是城市信息化的一个组成部分。实行电子政务信息资源共享的社区自治模式既同现代社区发展的一般趋势相符合，又同我国的政治体制改革总体要求相适应。社区信息化本身是一项复杂的系统工程，不仅是一个技术系统，而且还是一个社会系统，既涉及技术，还涉及管理、体制与机制等各个方面，将社区自治模式融入电子政务信息共享建设中，能充分发挥已有管理优势和

---

① 陈伟东 . 社区自治［M］. 北京：中国社会科学出版社，2004：41.

技术优势，能减少中间管理环节，极大提高电子政务信息资源建设的效率。

1. 社区信息化为电子政务信息共享的建设提供了良好的基础

我国的信息化建设已有了良好的基础。作为电子政务的末梢，社区信息化建设在我国政务建设中有着举足轻重的作用。社区信息化建设运用各种信息技术和手段，在社区范围内为政府、居委会、居民和包括企业在内的各种中介组织和机构搭建互动网络平台，建立沟通服务渠道，从而使管理更加高效，服务更加优质。社区信息化建设要满足普通百姓对信息的实际需求，要实现住宅小区与城市公共服务网互通、资源共享，住户通过网络终端实现医疗、文娱、商业等公共服务和费用自动结算，要预留接口，为将来升级作准备。在基础好的社区要能够实现安全、通信和管理的自动化，同时社区内部交通与城区的规划应该有序结合，建筑、绿化、道路组合也要相协调。

目前，我国社区信息化建设在政府的引导下，以电讯、有线电视、网络公司等资源为主要支撑力量，构建了以社区服务和社区管理为主要内容、市区街道及居委会之间互联的网络平台，而且按信息点、站、处为单位逐步推广，最终形成比较成熟的社区信息系统建设模式，提升了居民的生活质量，同时为公众参政议政提供了条件。因此，我国社区信息化建设的成果直接为电子政务信息共享提供了良好的物质基础和技术支撑。

2. 社区自治模式有利于减少电子政务信息资源共享的管理层次

电子政务信息资源的共建共享，实质上就是电子政务信息资源优化配置的一种方式，通过协调电子政务信息资源在政府各部门、企业、公众之间的时空分布，使布局更加合理，真正适应网络环境下信息资源地理分布零距离的共享特征，使用户的信息需求得到最大的满足，使电子政务信息资源发挥最大的效用①。电子政务信息共享实质上是地理空间政务信息的合理布局，社区自治模式在电子政务信息共享的应用，建立在各个职能部门之间电子办公网络建设的基础上，通过专用计算机网络与上级政府有关职能部门实现无缝连接，利用计算机网络信息技术实现办公自动化、管理信息化、决策科学化，并对办事处组织结构和工作流程进行重组优化，超越时间和部门分隔的制约，形成一个精简、高效、廉洁、公平的社区政务平台。社区自治模式的这些优势在一定程度上能减少不必要的管理环节，精简机构，提高电子政务信息资源建设的效率，进一步促进政务信息公开化。

3. 社区自治模式有利于电子政务信息的生产、收集、处理、传播

一切产生于政府内部，以及那些虽然是在政府外部产生的，却能够影响政府各项业

① 何振，周伟．电子政务信息资源共建共享的经济特性及其效率分析［J］．情报杂志，2005（4）：10.

务活动的信息，被统称为政府信息资源①。从微观层面看，社区等基层组织及个体直接产生了公共信息，这些信息具有公共敏感性，通常情况下与基层社会事务有着紧密的联系，但是这些信息却有可能超出了政府的管理范围②。大量信息资源产生于社区公共生活中，对政府各项业务活动造成了深入的影响。例如，社区自治组织可以将社区举办慈善活动的信息通过网络发布给公众，并且借助网络来传播和反馈。因此，采用社区自治模式对电子政务信息共享进行建设，有利于生产、收集、处理和传播电子政务信息，有利于社区成员充分参与社区事务。

4. 社区自治模式本身是公众参政议政权利和义务的体现

平等参与、竞争与合作是人们认同的电子政务信息资源在社区范围内进行优化配置的有效途径。让人们参与立法是让人们理解法律的最好办法，让人们参与政府管理是让人们学会管理的最好办法，类似地，让居民直接参与社区治理也是要让人们认同社区的最好办法。参与本质上不是社区发展的手段，而是社区成员自主选择机会、权利和自身能力的扩展。参与既是多元化组织（包括各种正式及非正式组织）自我生成的过程，也是社区成员自由结盟的过程，同样还是培育现代化公民社会的过程。

当然，在把握社区自治模式对电子政务信息资源共享的重要意义的同时，也要对如何更好地实现社区自治进行分析和探讨，以便使其在电子政务信息资源共享中的作用得到更好的发挥。在社区公共生活中，各社区成员之间必然存在潜在和现实的公共利益，但公共利益不会自然地成为社区成员合作的纽带，公共利益是需要由社区成员来感知的，只有被社区成员集体认同的公共利益才会成为他们合作的利益纽带。因此，要提高社区居民对电子政务信息资源共享积极意义的认识。通常，公民对公共利益的确认，是通过公民因权利而关心公共利益来表现的，只有义务而没有权利的社会，人们不会有强烈的社会责任感，不会主动承担社会责任，而会尽力逃避社会责任。由此可见，社区自治模式在电子政务信息共享建设中是不可或缺的。

三、公众直接参与模式

（一）公众直接参与模式的内涵

人们通过各种方式参与到影响自身生活和利益相关的行为中，这就是所谓的公众直接参与。参与对于公共机构而言，就是要倾听民众的心声，给予他们表达意见的机会，

---

① 马费成．信息资源的开发与管理［M］．北京：电子工业出版社，2004：73.

② 夏义堃．公共信息资源管理的多元化视角［J］．图书情报知识，2005（2）：22.

充分考虑民众的诉求，决议的形成要公开透明。公共权力以开放的方式获取公众和利害相关者所掌握的信息，公共机构在做出立法决定、处理公共事务或者制定公共政策之前，可以听取更多的意见，并且将这些意见反馈到治理行为中，这样的行为就是公众参与，它是一种制度化的民主方式。公众参与是这样一个过程，公众可以直接同政府进行互动，或者同其他公共机构沟通交流，以此来影响公共治理或者参与公共事务的处理。公众参与要遵循公开、包容、互动、尊重民意等基本原则①，强调决策者同受决策影响的利益相关人进行协商对话和双向沟通。

公众直接参与模式指的是，公民在遵循法律法规的前提下，采取各种方式，通过多种途径，加入到电子政务信息资源共享的建设过程中，并对其产生一定的影响，行使自身的民主权利。这种以个人为单位的没有组织的参与方式在历史上的任何时期都广泛存在着，只是表现的形式有所不同而已。

（二）公众直接参与模式在电子政务信息共享的适用性分析

1. 我国的政治体制为公众参与电子政务信息共享的建设提供了政治基础

我国宪法第三十五条规定："中华人民共和国公民有言论、出版、集会、结社、游行、示威的自由。"②这就为电子政务信息资源共享的公众直接参与提供了法律依据。党的十六大提出："健全民主制度，丰富民主形式，扩大公民有序的政治参与。"并对推进参与式民主决策提出了具体意见："各级决策机关都要完善重大决策的规则和程序，建立社情民意反映制度，建立与群众利益密切相关的重大事项社会公示制度和社会听证制度等。"③在党的十七大上，胡锦涛同志又进一步提出，"坚持国家一切权力属于人民，从各个层次、各个领域扩大公民有序政治参与，最广泛地动员和组织人民依法管理国家事务和社会事务、管理经济和文化事业。""要健全民主制度，丰富民主形式、拓宽民主渠道，依法实行民主选举、民主决策、民主管理、民主监督，保障人民的知情权、参与权、表达权、监督权。"④推进决策科学化、民主化，完善决策信息和智力支持系统，增强决策透明度和公众参与度，制定与群众利益密切相关的法律法规和公共政策，原则上要公开听取意见。这些都为我国公众直接参与模式在电子政务信息共享的应用提供了政治基础。

① 蔡定剑．公众参与及其在中国的发展［J］．团结，2009（4）：32.

② 中华人民共和国宪法［EB/OL］.http：//www.gov.cn/ziliao/flfg/2005-06/14/content_6310_4.htm.

③ 党的十六大报告全文［EB/OL］.http：//www.ce.cn/ztpd/xwzt/guonei/2003/sljsanzh/szqhbj/t20031009_1763196.shtml.

④ 胡锦涛在党的十七大上的报告［EB/OL］. http：//news.xinhuanet.com/newscenter/2007-10/24/content_6938568.htm.

2. 我国电子政务的发展为公众直接参与电子政务信息共享提供了物质基础

中国互联网络信息中心（CNNIC）于 2013 年 1 月 15 日发布了第 31 次中国互联网络发展状况统计报告。截止到 2012 年 12 月 31 日，我国网民规模约 5.64 亿，互联网普及率保持低速增长，达到 42.1%，另外共有手机网民 4.2 亿，微博用户规模达到 3.09 亿[①]；网站总数约 268 万个，域名总数为 1 341 万个，并且拥有约 1 899 792 Mbps 的网络国际出口带宽数。电子政务正在全国渐渐发展成熟，这为公民提供了渠道去获取相关知识，让其具备政策参与的能力。与此同时，电子政务的推广让政府信息及时准确地发布在网上，政府更为公开透明地履行行政职能，民众的信息获取渠道更畅通，为公民参与提供了必要条件[②]，又为这种公众参与提供了实践可能。

3. 公众直接参与电子政务信息共享是保证公共利益、保障公民知情权的需要

公众参与模式实践的重要领域之一就是政府信息公开领域，政府应当鼓励公众参与实践，这既要表现在理念上，也要表现在行动上。强调政府信息公开制度实施中自下而上的推动力，不仅可使我们获得制度实施的增援力量，而且凸显了公民知情权这一信息公开制度的核心基础。公众直接参与电子政务信息资源共享也充分体现了政府向公众开放信息不是恩赐，不是“自我革命”，而是一项义务，是对公民知情权的回应。而这正是现代社会中政府信息公开制度的本质所在。

电子政务信息资源共享需要公众的支持与配合，成熟而广泛的公众参与不仅可以丰富和充实电子政务信息资源的内容，推动电子政务信息资源共享的进程，而且还可以提升电子政务信息资源服务的品质，提高电子政务信息资源共享的效率，保证公共利益的实现。我国政府也在这方面作了积极的尝试。如网上评议政府就是电子政务信息资源共享公众参与的表现形式之一。网上评议政府是一个新生事物，不仅需要观念上的更新，也需要相应的调查技术不断完善，要多渠道动员公众参与、采取不同的意见表达方式，全方位、立体性地反映政府运作状况，褒奖优秀的政府部门和官员，创立绩效考核的标杆，同时针对存在的问题做出及时有效的解决，全面推进政府建设。

2008 年，胡锦涛同志以在线方式同网友直接交流，把人民网作为沟通平台，倾听人民群众的意见，他认为互联网是一个了解民情的重要渠道，通过互联网能够更好地汇聚民智，收集更多来自民众的意见和建议。胡锦涛同志通过网络与民交流的举动具有丰富

---

① 我国网民规模达到 5.64 亿［EB/OL］.［2013—01—15］. http: //news.xinhuanet.com/fortune/2013-01/15/c_114378202.htm.

② 陈艳珍 . 中国与西方国家公民参与公共政策之比较分析［J］. 中共山西省委党校学报，2007（6）: 55.

的时代内涵，由此开启我国由党内民主到人民民主的新时代。由此可见，广泛的公民参与是现代民主政治的重要标志，也是现代民主社会的普遍现象。公共政策的制定需要民主化，而公共政策制定的民主化，从根本上讲就是要扩大公民参与范围①。实践证明，公民参与是十分有益的，公民参与不仅可以增强官员的回应性，而且可以提升政府公共服务的绩效②。首先，要将主人翁意识深深印刻在公民心中，让其充分理解，电子政务信息资源共享的参与过程正是实现他们自身权利的过程。这个过程所体现的不仅仅是一种价值，更是一种美德。其次，要加强公民法治意识的培育，养成公民有序参与的习惯，任何时候都要自觉地遵守法律法规，行使参与权必须在制度的限制范围内。最后，应采取多样化的决策途径。当信息还没有达到完备的状态时，公民的参与是有限的。所以必须通过多样化的途径了解公民的需求偏好，把握公民的偏好程度，从而使公民更方便地参与电子政务信息资源共享的建设。

第4节　电子政务信息资源共享社会运作模式的实践途径

以互联网为基础，通过社会化运作的方式对电子政务信息资源实施共享，是电子政务信息资源共享的有力保证，因此，逐步完善电子政务信息资源共享社会运作模式是我们的根本目的。

一、构建社会共有的电子政务信息资源数据库

（一）数据库建设现状

数据是电子政务系统的基础，也是影响电子政务信息资源共享机制的核心因素。电子政务信息资源数据库应当是一个“大而全，大而精”的政府信息数据库群。近年来，我国十分重视电子政务信息资源数据库的建设。国家在十五时期启动了人口基础数据库、宏观经济数据库、自然资源和空间地理基础信息库、法人单位基础信息库。为了满足电子政务信息资源共享的需要，部分城市也相应开发了一批实用性强、应用范围广、动态更新的大型数据库，如北京市信息资源网建设已经启动，将建立重点专题数据库2万个、

① 杨明伟．当前我国公共政策的制定与公民参与［J］．成都行政学院学报，2007，15（3）：3.

② 周映华．公共决策中的公民参与——论约翰·克莱顿·托马斯的公民参与的有效决策模型［J］．四川行政学院学报，2009（3）：13.

主题数据库 1 000 个，预计共享数据库将超过 20 万个。数据库的建立正呈雨后春笋之势，但由于缺乏力量对其进行统一协调，各个数据库分别归属于不同的政府部门，从而引发了一系列问题。例如各信息部门各自为战，仅仅运用自身的力量来开发信息资源，独占使用信息资源，造成了信息系统封闭的后果，大量数据库不能发挥其应有的作用，无法实现信息增值而成为“死库”。

（二）丰富数据库内容

我们应该鼓励社会多方力量来支持数据库的完善工作。首先，电子政务要实现政府部门之间、政府部门与公众之间不同结构的数据资源的信息共享，基础数据库的建立非常重要。数据安全性和可靠性的管理控制能力、数据间的层次性和依赖性以及数据的使用特性是电子政务信息资源数据库建设中需要重点考虑的因素。基础数据库最终服务的对象应是全体公众。这也符合电子政务发展的核心价值即改善公众服务。其次，在建立电子政务信息资源数据库时，应针对电子政务信息资源数据的特点，从为全社会公众服务的角度出发来进行设计和规划。数据库不应该是虚有其表，而要能够突显公众所需信息的全貌，真正实现电子政务信息资源为公众提供便捷服务的目标。因此，在设计和规划过程中，应该以社会服务为最终目的来创建电子政务信息资源数据库。这种电子政务信息资源数据库特点明显，主要包含以下几个方面：电子政务信息资源数据量较大，电子政务系统要处理的数据种类繁多，主要包括汇总生成数据、业务系统报表数据、业务机关办公使用数据、分析结果数据等等。电子政务信息资源数据成分复杂，来源广泛，既有企业申报、政府审批的各种信息，也有来自社会、由公众提供的信息。电子政务信息资源数据的安全性要求高，由于电子政务系统涉及政务资料、企业税收、财务等信息，所以在保障社会各主体参与建立数据库的同时，更要保障其安全性，避免因信息泄露造成不必要的损失。电子政务系统是政府权威的代表，在政府制定发展规划时，能够提供大量的对策信息，对挖掘全社会信息资源数据、整理与分析这些数据信息起到了非常重要的作用。电子政务信息资源数据库的部署应该适应不同的环境，适应社会不同群体的要求，具备分布处理能力是至关重要的[①]。与此同时，数据从分布走向集中是必然要求，掌握这方面的传输方法和手段也是工作的重中之重。要积极探索寻求社会共同建立、享用的电子政务信息资源数据库模式。比如数据仓库模式，它能够提供较好的数据共享和各部门之间的可控数据管理，是一种应用性很高的方案。另外，数据网格模式是结合新

① 姚云鹏，沈建京，周烈强，吕东锋．逐级扩展的非关系数据库分布策略［J］．信息工程大学学报，2013（4）：499.

一代网络技术的比较前沿的数据共享方案，具有较好的发展前景，已被部分城市采用。

二、构建社会共治的电子政务信息资源管理体系

在全球信息化浪潮的推动下，我国的政府上网工程于1999年初开始实施，电子政务信息资源的开发利用和管理工作已取得了不小的成就。政府信息资源管理涉及宏观、中观、微观各个层面，涵盖同政府信息资源开发和利用相关联的各类活动，包括决策、计划、预算、组织、指导、培训和控制等方面，尤其是相关资源的管理，如所需人、财、物、技术等方面[①]。这说明电子政务信息资源管理涉及范围较广，难度较大。加强我国电子政务信息资源管理水平需要社会各个方面的努力，而这需要政府采取鼓励引导政策。

（一）采取多赢策略

在电子政务信息资源共享中应采取多赢策略，即妥善处理信息资源提供者的利益问题，使得各信息资源提供者在电子政务信息资源共享中“得多于失”，这样，才能促进电子政务信息资源共享机制的可持续发展。在电子政务信息资源共享过程中，如果忽视信息资源提供者的合理利益，就会影响该组织或机构对信息资源共享的态度，从而导致共享最终无法实现。所以应充分调动各方力量的积极性，依据不同组织的实际问题来认真选择解决办法，形成共同管理的格局。

（二）加强统一领导和规划

在实行电子政务信息资源管理时，需要重点加强统一领导和统筹规划。我国管理电子政务信息资源的活动涉及面十分广泛，地域上涵盖了全国各省、市、自治区，覆盖了各个领域和行业部门，因此，为使电子政务信息资源开发利用有序进行，需要政府、市场和社会三方力量互相配合、相互支持，制定详细而周密的开发和利用计划，保证电子政务信息资源的有效性和经济性。为充分开发和有效利用电子政务信息资源，政府应该从宏观把握，有组织地收集、处理、传输、发布各种信息，同时市场主体和社会力量应该对政府的各项工作和重大决策提供相应的信息库支持，扩大非密集信息开发，使信息资源的真实性、准确性、科学性、适用性得到提高，并尽量减少重复开发。[②]

（三）加快立法步伐

应加快电子政务信息资源管理的立法建设步伐。电子政务信息资源管理的成熟与发展，需要一个好的环境。为了更好地促进多方力量的参与和支持，我国政府应该尽快制

① 陈婧．政府公共信息资源协作管理研究［D］．南开大学博士论文，2010：10.

② 陈婧．政府公共信息资源协作管理研究［D］．南开大学博士论文，2010：10.

定政府信息采集和登记办法、政府信息公告办法、政府信息交换管理办法、政府信息资源条例、政府信息资源库建设标准、政府信息网络建设实施标准等法律法规，详细全面地规定政府开发管理信息资源的机构组织及其职责、信息收集和发布办法，保证政府信息资源的开发利用和管理有章可循，从而依法向社会和公众开放更多有用信息。

三、构建社会共享的电子政务信息资源享用机制

（一）提高沟通效率

政府是最大的信息资源创建、采集、消费和发布方，我们应该将政府信息资源开发利用作为优化政府管理体制的主要手段，通过开设政府网站、设立政府信息资产目录、开展政府信息定位服务等方式，将获取政府信息视为公众的一项权利，让社会公众方便地获取政府信息资源和服务。政府与社会之间的信息共享，其本质就是信息公开问题，政府部门将自身所掌握的信息资源依法向社会公开。当然这种共享也包括实现电子政务系统与其他类型信息系统（以企业的信息系统为主）之间的对接，通过这种对接可以实现信息在政府与社会之间高效流动，提高信息沟通效率。

（二）加强机制推动

信息资源在电子政务所处社会环境里并不是均匀分布的，其差异性极大。政府与社会之间信息不对称现象十分明显，我国政府掌握着绝大部分信息资源，远远超出社会所掌握的信息资源，在数量上和质量上都是信息的最大拥有者。由于利益问题，有些部门并不愿意将自己所掌握的信息拿出来共享，而是通过行政管制和法律等手段封闭共享渠道，人为限制信息自由流动，以维护既得利益。上述种种原因导致电子政务信息在政府与公众之间、政府部门与其他部门之间不能很好地共享，使电子政务中的信息资源交互难以进行，影响电子政务发展的进程。根据《中国电子政务发展报告》（2005 年蓝皮书）所述，政府信息资源的共享没有有效的机制和制度保障，以至于政府信息资源共享程度尚处在较低水平，对原始数据的深度加工及有效整合不足。这种状况既造成政府信息资源建设的低水平重复，又影响政府部门在决策过程中及时有效地运用信息资源，从而导致信息闲置和信息浪费。[①] 这更能说明电子政务信息资源共享需要依靠“机制”的力量来推动，仅仅依靠个别人来重视，仅仅依靠一两个部门的努力，仅仅依靠随机的强制性政策或宣传倡导是无法真正实现电子政务信息资源全社会共享的目标的。

---

① 王长胜．中国电子政务发展报告 2，电子政务蓝皮书［M］．北京：社会科学文献出版社，2005：138.

第5节　电子政务信息资源共享社会运作模式的实证分析——以红网为例

一、红网关于政务信息资源共享的基本情况

红网是湖南省第一新闻门户网站，并逐步发展为湖南省第一商务平台，同时更是湖南省第一电子商务平台，其内容丰富，分类详尽。2001年元旦，红网开始试运行，到目前已发展了十余年，目前为湖南出版投资控股集团所有。红网以服务湖南为目标，从一开始就立足湖湘大地、影响湖南，并且向全世界展示湖南，传播湖南。网站每日的新闻和信息更新数目在3万条以上，平均每日约有150万网民访问红网，拥有40万余无线增值用户。2005年12月，红网作为唯一一家新闻网站入选“未来50家中国最具商业潜力网站”。红网致力于新闻自采业务的加强以及湖南媒体新闻资源的整合，开拓业务，在电子商务、网络技术服务、网络游戏、无线增值等方面的发展都有突出成绩，完整的营利模式逐步形成，成为综合型的网络服务平台。红网为政府、公民、企业设计了相互交流的通道，为政府与企业、政府与公民、政府部门之间的沟通打造了一个整体的信息服务平台。红网主要由13大板块构成，包括新闻、消费、政务、论坛、社区等方面，综合了湖南省各级政府部门信息，同时提供许多有关联的网站及网页的链接服务。通过红网，公众可以获得全天候的免费查询服务，用户可以从红网上点击链接，进入省、市、县门户网站及公共职能部门网站，电子政务信息资源共享的效率得到了很大的提高。网站还将多媒体技术纳入平台建设，通过视觉类、听觉类乃至触觉类媒体和网页信息的提供丰富了信息服务的形式。红网的信息资源共享有着丰富的内容，既有常规信息的存取，也涉及以多媒体形式表现的业务流程、政务活动等。红网做到了以公众为中心，是一个真正意义上的“一站式”政府门户网站，为推动湖南省各级政府部门信息资源的建设，更好地为公众提供社会服务，实现信息资源共享，作出了巨大贡献，加快了湖南省社会生活和经济发展信息化步伐。从一定意义上讲，电子政务信息资源共享理念在“红网”的建设过程中得到了很好的体现，是行政机构进行电子政务创新的一个“前端”。

二、红网政务信息资源共享社会运作不足及其主要原因

红网为开发及共享政务信息资源提供了一个良好的平台，其发展速度令人瞩目，初步形成网络化、数字化的电子信息资源开发与共享环境，但还存在着以下一些问题。

（一）信息社会公开度有待进一步扩大

政府工作的透明性正成为时代的要求，为了提高工作的透明度，各类政务信息必须及时准确地发布，这也是建设政府门户网站一个最基本的要求。信息资源的丰富程度决定了网站质量的高低。从当前情况看，在红网建设过程中仍有许多问题需要解决。例如，一些陈旧的信息急需更新，信息资源的内容需要加以充实，网页更新周期有待缩短等。甚至在有些网页中，页面结构比较单调，只公布一些诸如新闻消息、机构设置或者政策法规相关的内容，提供少量照片和地址等基本信息。形成这些问题的原因多种多样，既受到观念认识的制约，比如说服务意识尚浅，信息共享意识不够深入人心；也有客观条件因素的制约，例如人力的不足、物资的缺乏、技术的落后、设备的紧缺等。

（二）信息整合集成能力有待进一步提高

门户功能的真正实现对门户网站而言至关重要，而要实现门户功能，整合信息和服务是最为关键的一环。信息集成能力还处于比较低的水平，这是当前红网的一个薄弱环节，也成为各级政府门户网站资源整合的一个瓶颈。信息数据条块分割仍是多数站点的弊病，汇集信息和服务的方式仅限于一般链接，影响了信息共享的效率，还需投入更多的力量创建便捷高效的信息交换平台和科学的信息服务分类体系。

（三）信息社会化服务有待进一步完善

信息社会化服务能力还处于低水平阶段，这是红网的又一不足，其主要表现是轻交流，重宣传；轻服务社会，重服务政府。政务信息的发布是红网的主要服务项目，就信息的准确性、时效性和实效性看，还需大力提高，尤其需要增加与公众生活息息相关的信息服务，提供更多个性化的、便民的信息服务。

三、加强红网政务信息资源共享社会化的政策建议

为了确保红网政务信息资源共享的社会化，必须从以下几方面努力。

（一）统一理念，深化认识

政府信息公开是政府所有工作人员的事，仅仅依靠某个部门或单位无法完成。因此必须建立一种规范信息资源共享社会化的制度，彻底排除各级政府和各个部门之间的信息障碍，改变互相封锁、各自垄断的情况，应当公开的信息必须主动无条件地、及时地提供，特别是同公众、企业、商务及旅游等息息相关的信息，必须在第一时间公布。

（二）切实加强红网信息统一管理和规划

加强信息统一管理和编辑职能设置，安排专门人员统一公布政府各个部门的信息，

科学建立信息网络编辑制度，以保证信息披露的规范性、及时性。此外，提高公众参与度，是红网更好地为公众服务的关键。红网应建设成为一个透明的“金鱼缸”，将一切政务活动都在网上公之于众，保障公众的知情权，便于公众了解政务动态，并且有利于实施监督，真正实现红网电子政务信息资源共享社会化。

（三）红网的管理机制有待健全

管理体制是红网建设成功的保障，但是从目前的实际情况看，红网建设中尚存在很多管理上的不足。例如没有专门的管理维护机构和缺乏专业的管理人员，或者管理维护机构与政府业务部门脱节。网站的建立只是完成了第一步，随着技术的改进和用户需求的变化，不断更新和维护网站成了工作的重点。① 如果不能及时地更新网页内容，提供的信息总是落后于媒体的网站，其结果必然是用户很少去访问政府网站，导致网站服务于用户的宗旨无法实现。另外，评估红网建设成效的方法有待完善，服务的实现程度及应用水平是评估政府网站绩效的重要依据，应当重点考查，实现以评促用。

① 朱丽荣，臧丽红．政府网站建设的现状及问题分析［J］．辽宁行政学院学报，2008（1）：19.

第8章　电子政务信息资源共享模式的优化

电子政务信息资源共享是一项流程复杂、任务繁重的系统工程，不是一蹴而就的，随着政治、经济、文化、技术等社会环境的变化而不断革新。随着我国电子政务的不断发展，政府信息资源共享获得了不少成就，然而许多问题也接踵而至。例如不少部门信息化工作基础薄弱、政务信息资源数字化程度不高，信息共享机制、管理制度和标准化建设等落后于共享工作的实际需要，各级政府和部门对信息资源共享的认识不足，协调、配合困难等。因此，必须根据新的情况对其进行不断的优化。

第1节　电子政务信息资源共享模式实践存在的问题分析

一、电子政务信息资源共享政府主导模式存在的问题

电子政务信息资源共享作为一项巨大的、复杂的系统工程，是以网络、机器设备等一系列的硬件建设及信息资源、数据库、信息标准、应用软件与规范等相关的软件建设为基础的，涉及观念意识、社会文化、管理体制、人员素质、法律法规、信息化规划以及经济条件等多种因素。一旦某种因素运行不正常，都会对电子政务信息资源共享形成制约。当前，我国电子政务信息资源保持着总量上日益增多，质量上持续优化的态势，初步构建了政府信息资源共享与开发的环境，但是就目前发展状况而言，受传统观念、

部门利益、行政体制、技术手段等诸多不利因素的影响，现有的信息资源共享模式仍存在不少问题。

（一）电子政务信息资源共享政府主导的机制不健全

由于职能赋予的权力，政府部门所采集的信息资源通常成为独家垄断，加之有效的信息共享制度和机制尚未完全建立，因此，在权力和利益等问题驱动下，实现电子政务信息资源公开和共享变得十分困难。许多政府部门往往存在重硬件、轻软件的观念，经济学家吴敬琏概括为重新建轻整合，重硬件轻软件，重管理轻服务，重电子轻政务。据调查，2010 年全国平均仅有 28.08% 的政务部门向其他部门提供共享信息，31.01% 的部门能获得这些部门提供的信息，共享信息覆盖的职能业务仅占政府核心职能业务的 34.5%，信息资源共享率低[①]。由于政府部门都是根据自身业务范围来利用和开发信息资源，并没有设立统一管理和协调政府信息资源利用、开发的组织机构，而且政府信息资源发布与储存、公开与保密、共享与交换、采集与监督等机制还不健全，从而导致开发信息资源的组织、规划、体制和资金方面都存在各自为政的现象，造成信息难以有效、充分共享。主要表现在以下三方面：

第一，在经济利益方面，政府与政府之间、政府与企业之间、政府与公众之间、政府部门之间还需进一步理清关系。政府、企业、公众都是具体的“经济人”，在运行时无法避免存在多干与少干、干好与干坏、干与不干的现象，各个“经济人”利益分配大相径庭。在这种状态下调动大家的积极性变得十分困难，所以，必须完善贡献与利益一致的信息共享机制，确保多干多得。

第二，在政府权力方面，上面有政策，下面有对策，阳奉阴违，对权力的执行、贯彻完全落不到实处。特别是应对一些关系到公众生命和企业财产安全的突发事件时，政府稍显无力，原因在于尚未建立特殊作业的信息共享机制来确保信息资源快速、充分、有效地在政府各部门之间实现共享。

第三，在信息资源方面，毋庸置疑，政府拥有数量庞大的信息资源，是信息资源的生产者和使用者，然而能对政府、企业与公众产生价值的信息资源还相对较少。在这种状态下，经常会出现本不应该共享却共享、该共享却流失的局面，使得信息资源总体质量比较低。显而易见，政府亟须建立理性决策的信息共享机制来扭转这一局面，确保高质量和高效率的信息资源共享目标得以实现。

---

① 肖拥军，姚磊，李宏伟．我国电子政务发展研究［J］．中国信息界，2012（2）：5~9.

（二）电子政务信息资源共享政府主导的制度不完善

一方面，因为政府在统一规范和管理信息资源方面十分薄弱，导致多头采集信息资源的现象较为普遍，并存在重复建设、浪费严重等问题，又加上大多数数据库不允许共享或共享的范围十分有限，造成了使用成本过高的局面。另一方面，因为客观上信息是以多部门、多行业、多地域进行存储和分布的，而分布式的信息资源采集、加工、存储方法，通常容易造成信息资源不集中，检索信息较为困难，并且导航、整合、定位和检索信息资源的途径十分有限，从而难以实现信息资源共享。

2012 年第 29 次中国互联网络发展状况统计报告的数据显示，我国政府网站为 51 185 个，仅占中国分类 CN 域名数的 1.5%，可见用于政府信息资源建设的在线数据库数量也不多，政府信息资源共享程度不高，[①] 而用于政府系统内部共享的就更少。调查证实，很多信息没有留存主要有三方面的原因：一是“有人办、无人管”，没有及时归档、失控；二是“有保存，无管理”；三是没有意识到电子文件科学管理的必要性，在各自摸索管理过程中总是出漏洞、走弯路，导致信息资源损失严重。

合法性、有效性、安全性及公开性是政府信息资源共享最显著的特点，因此，运用法律法规保障政府信息资源共享显得极其重要。一些发达国家已经在政府信息资源共享方面颁布和制定了一些法规和法律，比如《个人隐私权保护法》、《政府信息公开法》、《美国联邦信息资源管理法》等。伴随着信息资源应用的深入，法律缺失问题愈演愈烈，政府亟须加强法制建设，消除壁垒对信息资源共享的阻碍，保障信息资源共享的健康快速发展。

（三）电子政务信息资源共享政府主导方式纵强横弱

我国政府主导电子政务信息共享的方式从组织结构上可分为垂直型（也即纵向）和水平型（也即横向）两种。垂直型是指依据上下级组织的行政隶属关系进行信息资源共享，构建一种基于电子政务信息资源共享的垂直型共享方式。垂直型方式主要有两种情况：一是直接由中央到地方乡镇五级政府之间双向（自上而下和自下而上）运行，二是由中央职能部门到地方职能部门内部之间形成一种条形网络信息共享方式运行，与政府间的骨干信息结构大致相平衡。水平型是指平行的行政部门及各行业单位之间进行信息资源共享，主要侧重于同级政府组织之间的政务信息资源的共享。处于同级的政府组织之间尽管在业务上并不存在上下级领导或指导关系，但就其工作内容与业务程序而言，却具

① 郭娟．电子政务环境下政府信息资源共享的实现途径研究［J］．办公室业务，2012（6）：96~97.

有一定的相似之处。

广东省原信息产业厅厅长徐志彪指出："当前，很大一部分政府部门之间没有互通互联的网络，从而形成'信息孤岛'，极大地影响到电子政务的建设与推广。并且，部门之间、部门内部、部门与领导之间交流和沟通难以在网络上进行，造成共享信息十分困难。"① 从目前来看，政府部门权力流动等因素对政务信息资源共建与共享影响较大，使上下级政府系统中的政务信息资源比较集中，信息共享程度高；而由于缺乏统一规划，同级政府系统中的信息资源则比较分散，大部分横向部门电子政务发展相对落后，信息共享程度低。这就是我国电子政务信息资源共享政府主导方式的"纵强横弱"现象。

二、电子政务信息资源共享市场导向模式存在的问题

近十年来，电子政务在我国的发展十分迅速，并取得了较好的成绩，但与美国、日本等一些发达国家比较，还存在不少的问题。

（一）电子政务信息资源共享市场导向模式存在的问题

1. 政府合作和保障机制未建立健全

政府自身应该有良好的定位，不能越位和缺位是电子政务信息资源共享市场导向模式的一个突出特点。换句话说，该模式很大程度上需要政府的重视和鼓励，而且为了保障政府与市场主体之间在电子政务信息资源共享方面开展有效合作，需要建立和完善合作保障机制。但是就目前的情况看，在市场导向模式的构建和发展过程中，这种相互合作的保障机制若不完善，政府就会存在十分严重的越位缺位现象。一方面，本该属于市场主体的一部分权力被政府垄断，尤其是当政府超越其自身的职权范围和职能体系对电子政府信息资源进行控制和垄断的时候，这就会压缩掉原属于市场主体的那部分生存和发展空间。在实践市场导向模式时，甚至会遇到政府内部施加的压力，许多政府官员担心在这一过程中丧失一部分自己拥有的权力，从而不想让企业单独建设和共享电子政务信息资源。还有些政府官员担心因此减少了本部门的财政预算，从而采取一种消极抵制的态度对待电子政务系统的市场化。因此，许多人认为是政府本身在阻碍电子政务的建设和发展。另一方面，在为市场主体提供社会保障与公共服务方面政府做得还远远不够，电子政务信息资源共享市场运作得不到进一步发展的原因就是政府组织越位与缺位的阻碍。

---

① 中国政府信息网．广东电子政务已现"孤岛"窘境［N］. 中国经营报，2004-5-10.

2. 市场主体还没有发育成熟

就目前来看，我国电子政务信息资源共享市场主体尚未成熟。虽然一部分市场的发展取得了一定的成绩，但是电子政务信息资源共享以市场为主导还难以实现。表现在以下这些方面：现存的市场主体从规划看还比较小，管理制度存在很多不合理的方面，不能对市场风险进行有效的预测和避控，以及缺少统一规划与指导等；在推进电子政务信息资源共享市场化方面，预期目标很模糊，具有一定的盲目性；共享机制存在缺陷，信息资源共享不够顺畅、有效、充分。这些都严重阻碍了我国电子政务信息资源共享市场导向模式的发展，影响了政府行政质量和效率，降低了政府的监督服务能力，从而阻碍了电子政务信息资源共享的发展。

3. 基础设施建设比较落后

只有同时存在电子政务信息资源的买、卖双方市场，才能构建出电子政务信息资源共享市场导向模式。因此，要实现这一条件，必须拥有健全的基础设施。例如，电子政务信息资源共享所需要的硬件设备以及充足的政务信息。当前，我国在网络建设方面存在以下几个问题：第一，相互独立，难以互联互通，导致重复建设严重，布局不一致；第二，业务系统不先进，难以实现全面的服务与应用；第三，开发信息资源不及时，缺少资金，技术有限，而且在传统思想的阻碍下，政府常常忽略电子政务信息资源共享市场机制的建设。重硬件，轻软件，更轻资源建设的思想根深蒂固，从而导致电子政务信息资源十分缺乏，高质量、共享范围广的信息资源更是匮乏。

（二）电子政务信息资源共享市场导向模式存在问题的原因分析

目前，中国不完善的信息市场对电子政务信息资源共享市场导向模式发展造成了很大的影响。就目前看，虽然中国信息市场呈现出不断向前发展的态势，但要满足社会发展与国民经济日益增长的需求，其发展速度和状况还存在较大的差距。总体来说，我国信息市场体系正在逐步统一与完善，但由于信息政策的缺失，导致信息市场较为混乱，并且信息基础设施建设比较薄弱，各个地区存在不均衡发展的状况。具体地说，影响电子政务信息资源共享市场导向模式建立与完善的原因主要有以下几方面：

1. 信息市场规模小、水平低、技术手段落后

其原因主要表现为：在现在的信息市场环境中，流通的商品和服务质量相对较低，还没构建好成熟的信息市场体系。如信息商品的信息服务手段以及传输与生产手段等方面，我国一些信息市场中心的技术手段和发达国家相比还很落后，基础设施建设也有待进一步发展。我国目前的信息市场体系，应当将国家级信息市场作为龙头，由地区级的

信息市场作为支撑力量，数量多而密集的基层信息市场作为基础，从而建立一个紧密联系、互相促进、多向传递的信息市场成熟体系。但从现实状况看，这样完善的信息市场体系还没形成。

2. 信息市场地区、部门分割，无统一的信息市场体系

当前，地方市场相对独立是我国经济发展过程中的新现象，它造成了社会资源最优配置无法实现，统一全国性的政务信息市场无法形成，严重阻碍了信息资源共享市场导向模式的建立，同时影响了社会主义市场经济体系建设的发展，在体制上阻碍了社会经济的前进。无论从经济利益角度分析，还是从政府、市场、企业三者之间关系的角度考虑，市场相对独立性本质上是由地区利益驱动形成的。专业性信息市场由于构建时间比较晚而需要持续稳定的发展。一般来说，综合信息不能由专业信息所顶替，综合信息所需要的市场也不能等同于专业信息的市场，要想使得信息市场更高级，国民经济更优化，就必须构建综合性信息市场。

3. 信息市场运营的规范性不够，政策指导性不强

在市场交易的过程中，都需要一些政策措施来规范信息商品的质量、价格、中介活动和买卖行为等方面。为了维护市场秩序，就必须遵守市场准则，从而公平竞争才能得以实现。就目前来看，我国信息市场的外部环境较差，内部管理较乱。在构建和完善信息市场方面，没有成立统一的权威性管理部门，这样就会出现优质的信息资源没有被利用，而用户的信息需求又不能得到满足的现象。又加上中国电子政务信息资源市场的规章制度尚不够完善，与信息市场相关的办法又不够健全，制约了信息市场的向前发展。

三、我国电子政务信息资源共享社会运作模式存在的问题

（一）社会组织结构条块分割

首先，在“本位主义”思想的严重影响下，各种社会组织对自己掌握的信息保护严重，造成组织之间、地区之间和部门之间难以进行有效的信息交流；其次一些社会职能部门并没有树立“以公众为中心”的服务理念，错误地认为电子政务建设与社会职能部门无关，纯粹是政府的一项简单的“政绩工程”和“形象工程”；再次是各社会职能部门缺乏信息资源共享意识，一些部门认为权力大的象征就是手中掌握着足够多的信息资源，因此不希望也不愿意将手中的信息拿出来进行网络共享。对于国家的各个行业来讲，信息资源极其重要，各个行业不但能产生很多高质量的信息资源，而且还需要消费信息资源，若行业之间能相互共享信息资源，将极大地推动科技的进步。要实现这一步，就必须构

建高层次、跨行业、权威性强的机构来统一管理政府信息资源，保障这一产业链优质运作，为国家规范行业行为、发展协作性生产体系以及政府信息化战略的推进创造良好的外部环境。

（二）社会各职能部门利益条块分割

目前，电子政务信息资源采集权、所有权、经营权、开发权以及转移等方面管理还缺少详细的准则，因此，导致一些职能部门将电子政务信息资源当成本部门私有财产。有些部门为了获取政治与经济上的利益，私下将政府信息资源当做交易筹码，严重阻碍了政府信息资源的共享；并且，共享信息资源也具有经济效益的特征，数据的提供方在很长一段时间内必须不断耗费巨额财务成本来维持数据库的正常运行，而国家很少支持和资助数据提供方，导致电子政务信息资源共享很难在这种单方获益的情形下维持长久。比如，一些拥有大量基础信息的部门往往在信息共享中处于优势地位，如公安、工商、城建、统计等。反过来看，社会基层群众以及企事业单位在信息资源共享方面没有优势，想要获取有用的信息资源需要向上级部门层层申请，这就容易导致信息获取滞后，难以实现有效的信息共享。

任何国家在建设信息化方面都是为了实现社会能够高效、高质、便利地得到信息资源这一目标。发达国家在信息化的投入资金方面，与设备和技术相比，对资源利用的投入份额较大。在我国，正好相反，购买电子政务建设的硬件设备资金已占八成以上，而在软件开发和信息资源利用方面的投入非常少，从而导致一些网络基础设施浪费严重，许多信息数据库没有发挥应有的作用，公共服务更是薄弱，造成电子政务产出效益日益剧减[①]。

（三）社会信息服务平台条块分割

政务信息化发展都是由初级阶段到中级阶段，再到高级阶段的一个发展过程。在计算机应用的初级阶段，人们由文字处理、报表打印慢慢开始使用计算机，由于业务的拓展开始引进或开发各种应用系统。这些分散开发或引进的应用系统为了追求“实用快上”的目标一般不会统一考虑数据标准或信息共享问题，从而导致信息孤岛的不断产生。长期以来，企业和政府部门普遍存在着“重硬轻软，重网络轻数据”的认识误区，这很大程度上是由于信息化教育的深度和广度不够。信息孤岛的产生存在一定的必然性，它使信息资源的建设停留在初级阶段而发展缓慢，旧的问题长久得不到解决，还让新的信息

① 山红梅．电子政务信息资源共享的制约因素分析与对策研究［J］．现代情报，2008（1）：57.

孤岛不断出现，导致无法通过调整系统配置满足信息共享的需求。信息孤岛是政府信息服务平台条块分割的根源。信息孤岛在目前电子政务发展过程中已经成为瓶颈，要实现电子政务服务平台的低成本和高水平服务，就必须打破这种孤岛，实现政务统一。

从交易成本分析的角度讲，为解决信息孤岛问题，各行政部门、各社会职能部门之间应该采取以下措施：第一是运用灵活的协商机制。为了降低部门之间通过协商而建立行政信息互联互通制度的成本，可以在行业内部协商和地域内部协商两种办法中灵活地选取更为合适的方式。第二是加强透明交流。在行政信息制作工作中，既要加强行政单位之间、企事业单位之间的透明交流，也要加强行政单位与企事业单位之间的透明交流。合理化和公开化的政府信息成本的形成需要通过透明化来促进，从而实现行政信息互联互通协议成本的降低。第三是建立约束机制。为了保障签订的协议不被破坏，上级行政机关需要约束行政信息互通互联协议的执行过程，加强对违反协议单位的处罚力度。

现如今，信息数据管理维护还处于一种相互独立的混乱状态，这种状态正是由于没有统一规范电子政务信息资源开发建设导致的。由于数据概念不一致，数据要素不全面，造成低水平重复建设严重；由于没有构建统一的信息交换规范与标准机制，使得整合、交流以及再使用信息资源难以实现；由于信息系统集成不足，信息数据管理模式较为落后，导致信息资源共享难以实现；另外，随着网络的发展，信息混乱、信息失真、信息安全等问题变得十分突出，导致电子政务信息服务平台条块分割，严重影响政府信息资源共享。

第 2 节　电子政务信息资源共享模式的优化设计

一、电子政务信息资源共享模式的优化原则

（一）弹性化原则

弹性化指的是能不断地适应环境变化的特性，其灵活度很高，持续发展能力也很强。根据弹性化原则，我国在建设电子政务信息资源共享时，必须符合实际状况，适应我国电子政务的发展。

1. 强调电子政务信息资源共享建设的灵活性

强调其灵活性，也就是要增强我国当前电子政务建设进程的适应性，就目前来看至少要做好三个方面的工作：第一，办公自动化（Office Automation），必须通过应用计算机来协

助处理一般性的办公业务；第二，在信息公布方面需要借助网络的作用；第三，办公的网络主要是由局域网构成，也需要结合广域网的优势。我国建设电子政务是以建设政府信息资源共享为主要内容，因此，政府信息资源共享优化模式也需要适应我国电子政务的发展。

联合国与美国行政学会（NU/ASPA）认为，电子政务发展需要经历五个主要阶段：第一，初始阶段（Emerging）：国家已经搭建好一个或几个具有权威性的官方网站，公众可以通过这些网站获取公共事务的静态信息；第二，改进阶段（Enhanced）：政府官方网站已经对政府文件、法律法规、工作报告等信息进行分类汇总，公众可以通过该网站便利地获取多种形式的公共事务信息；第三，互动阶段（Interactive）：公众可以通过政府官方网站下载公共事务办理手续表格，填写好后可以上传给政府办理；第四，在线处理阶段（Transactional）：公众可以通过政府官方网站直接享受到政府所提供的服务，如网上缴费、交税、证件办理等；第五，全方位整合阶段（Connected）：政府官方网站提供“一站式”服务，通过后台系统把政府所有的资源整合在一起为公众提供全方位的服务。不仅对中央与地方政府之间进行垂直整合，对政府各职能部门进行水平整合，而且对公众、学术机构、非政府组织、私人部门以及社区等其他利益相关者进行系统整合。[①]联合国经济和社会事务部已经发布的《2008年度全球电子政务调查报告：从电子政务到整体治理》显示，我国电子政务建设正处在第一、二阶段，主要是发布政务信息，并能在一定程度上和公众沟通。逐步形成资源整合、在线处理、便民网上服务则是我国电子政务下一个发展目标[②]。

2. 强调电子政务信息资源共享建设的可发展性

要强调其可发展性，根据发展的需要既要源于现实又要超越现实。随着网络信息技术的不断发展，电子政务所提供的新型信息交流机制搭建了一个平台，为政府信息资源共享的统一管理提供了可能。由这个平台所创造的网络信息空间可以从四个方面来发展自身：一是一个统一的信息处理系统处理来自各类信息源的政府信息资源；二是政府信息资源通过系统化、统一化以及整体化的程序来处理；三是对政府信息资源利用者的权限进行限定；四是构建能够对政府信息资源分门别类并储存管理的信息中心或基地。总之，就是创建信道一体、整体运作、管理集成、资源优化的运作模式。创造这种模式不仅需从全局的角度考虑所有政务信息，而且还要考虑处理和运作与政务活动有关信息的需要，

① 联合国.2008年度全球电子政务调查报告：从电子政务到整体治理（2008 Global E-Government Surver：From E-Government to Connected Governance［R］.United Nations. 2008：16.

② 联合国.2008年度全球电子政务调查报告：从电子政务到整体治理.2008 Global E-Government Surver：From E-Government to Connected Governance［R］. United Nations 2008：32.

不能局限于某一种信息形式的需要。电子政府信息资源和传统政府信息资源差别很大，主要表现在形式、类别、运行和分布方式等方面。“电子政务环境下的信息资源范畴比传统环境下的要广，如一些信息在传统环境下不算信息资源，在电子政务环境下则需要对其进行管理。在电子政务环境中，任何文件都需要借助数字编码技术才能出现在屏幕上，并在政务信息集散规律的作用下运行于同一个信道。”[①]

（二）效益化原则

1. 效益化原则的内涵

在经济学上，广义的效益是指投入所产出的有益成果。电子政务信息资源共享的目的在于使每个组织和个人都能够在一定范围内最大限度地利用政府信息资源，其实质是政府信息资源在空间上进行合理配置，通过协调信息资源在区域、时效、部门数量上的分布，使政府信息资源的分布更为合理，从而在既定资源的约束条件下既最大限度满足使用者的信息需求，又能使现存信息资源的作用得到最大的发挥。

2. 电子政务信息资源共享效益的表现形式

电子政务信息资源共享的效益包括以下四个方面：第一，在政府部门之间实现只需收集一次信息资源，就能多部门共享的效果，这既可以大大减少重复收录信息的成本，而且还可以降低录用信息的错误率，使得政府和企业的工作效率得到较大的提升；第二，有利于弥补信息不通畅所造成的政府管理漏洞，提高政府直接效益；第三，有利于信息跨部门、跨时间和跨空间进行高速、高效、高质地流通，从而增强政府工作流程的透明度，实现高效、精简、公平、廉洁的政府运作模式，提高利用社会资源的公正化和效益化；第四，有利于增强政府工作人员和公众的洞察力，拓宽他们的视野，提升他们的远见，提高政府工作人员和公众的创造能力，为构建学习型和知识型的社会奠定基础，促进社会的发展与进步。

3. 电子政务信息资源共享成本的表现形式

电子政务信息资源的共享不是没有成本的，在获取效益的同时，信息共享也需要付出一定的代价，主要表现在以下三个方面：（1）构建和运行维护信息共享系统需要投入较多的成本。硬件设备的购买、专业人员的培训、应用软件的开发、设备系统的维修和信息数据的维护等方面都需要投入大量的人力、物力、财力和时间；（2）在推广信息共享系统时，需要投入行政协调成本。为了改变政府部门的工作流程以及工作人员原有的工作习惯，加大工作量，进行相应的学习等，同时或多或少会影响一些部门的利益，在

① 张虹．电子政务与文档一体化［J］．浙江档案，2002（10）：7.

这种情况下行政协调不可或缺；(3) 承担风险的成本。当信息共享实现时，就会增加进入原来政府部门独立系统的通道，这样不仅给系统带来许多复杂的管理问题，而且还危及系统的安全。另外，电子政务信息资源共享的成本会随着共享规模的扩大而不断增长，当共享规模超出一定的程度时就会超出合理的范围。

（三）协同化原则

电子政务信息资源共享不是一种个体性行为，而是需要广大政府部门共同参与的群体性行为。它作为政府部门办公与服务的一种形式，要求在全国各级政府部门的信息系统之间毫无阻碍地传递政务信息，它既是一个多种政务信息集成的信息交流系统，又是一个整合各个政府部门的办事系统。在电子政务信息资源共享的环境下，政府内部和各机构之间可以形成一种水乳交融的关系。

由于传统的政府部门地理分布较为分散，职能分工差异很大，导致信息交流各自为政，而电子政务信息资源共享注重的是部门之间的协调合作。重组、整合、高效、优化是政府信息资源共享优化模式建立的指导思想，它冲击着传统意义上的政府部门行政观念，对于形成优化流程、协同管理、全程设计的新型理念有着重要意义。可见，在电子政务信息资源的共享过程中，急切需要加强各级政府以及政府各部门之间的协同运作。

1. 横向协同

各级政府、政府各部门及其领导与职员是电子政务信息资源共享的多元主体，他们之间社会角色的差异导致了他们对政府信息资源共享的需求存在差异。这种差异直接反映了各主体所代表的利益差异，反映了各主体的价值取向。当然，各主体共同利益的存在，也暗含了价值取向协同的可能性和必要性。努力协同多元主体需求是保证电子政务信息资源共享的重要条件。这就要求不能仅仅从单一主体的价值取向去把握各类主体的各种价值需求，还要从全方位把握，按照一定的层次区分各种需求的相对重要性，然后把握评价的价值主体对各种需求的权重。在电子政务信息资源共享中，在价值主体需求的表达时，不仅要考虑作为具体政府部门或内部机构方面应有的需求，还要能站在整个政府系统的立场上思考它应有的合理需求，尽可能把这种整体的政府需求同个性化政府需求结合起来考虑，以防止电子政务信息资源共享中的片面性。比如政府在进行政府信息资源建设过程中要考虑自身工作的方便性，也要为其他部门使用信息资源提供方便。

2. 纵向协同

纵向协同主要包括两种形式：一是纵向层级协同。这是指有隶属关系的上一行政层级与下一行政层级之间在电子政务信息资源共享过程中所进行的协同活动，具体包括中央行政机关和地方行政机关之间的协同、地方上级行政机关和下级行政机关之间的协同。这种协同的主要任务是理顺中央和地方在电子政务信息资源共享中的关系，明确划分各层级在信息共享中的权职范围，充分调动双方面的积极性。凡需要国家统一管理的事务，由中央直接管理；凡需要因地制宜处理的，归地方管理；介于两者之间的事项，由中央与地方协调管理，上级行政领导应对下级合理授权。二是纵向时间协同。这是把事物的现实条件和未来发展以及各种主体当前的需求与长远的、未来的需求统一起来考虑，从而做出实事求是的选择。① 在电子政务信息资源共享过程中，必须处理好当前需求与长远需求、继承与发展的关系。这是一个动态整体性问题，应积极采取继承、迁移、改造的对策，充分整合、发挥现有政府信息资源的价值。例如，我国各地区、各部门信息资源共享的发展很不平衡，如果现在强行推行一种软件，将导致许多单位要抛弃原有的软件，造成巨大的资源浪费，特别是那些已经用得很好的东西，更是没有必要推倒重来。

（四）网络化原则

1. 层级结构组织的缺点

“管理幅度”理论认为，一个管理者由于精力、能力、知识、经验等的限制，所能管理的下属数量是有限的。随着下属人数的增加，可能存在的相互人际关系数就会呈指数增加。管理难度也是如此，当下属人数达到一定程度，就会降低管理者所能有效管理的范围，而且越往高层，一个管理者所能有效管理的下属数量越少。由此，产生了传统的层级结构组织形式，这一组织形式适用于相对稳定的环境以及信息技术落后的情况。但是，由于受思维观念、等级观念和封建权力观念的影响，有些政府部门和官员认为拥有信息越多，权力就越大，信息的掌握程度是与权力相对应的，他们不愿将信息进行共享，而是通过限制上下级的信息沟通来保持自己的权力。因此，这种层级结构组织形式庞大的中间管理层减缓了信息传递的速度，且容易造成信息的过滤、堵塞和失真。一般情况下，层级越多，政府组织系统内部的信息传递就越慢，信息失真就越严重，政府的运作效率就越低。

2. 由层级结构向网络型信息空间结构转变

在设计电子政务信息资源共享模式时，应该充分考虑信息传递的层级结构的限制，注重减少信息传递层次，使网络信息空间的结构形态实现由金字塔模式向网络型政府组织系统转化。这里所强调的网络型信息空间，是指一个并行网络计算的管理系统，基于

① 彭劲松．论利益关系协调的原则［J］．唯实，2000（4）：9.

现代信息技术建立起来的。在这个空间当中，每一个政府部门与社会公众所处的地位都是平等的，都是其中的一个网络节点，信息流动基本上不会受到组织层次的限制，基层管理者也能够轻松的与高层管理者进行沟通，上下级之间的关系是一种团队成员之间的合作关系而不是传统的发号施令者与被动执行者的关系，各个成员、各个部门都可以从网络计算机信息管理系统获得有关自己业务的信息。从一定意义上说，网络化信息空间是一种非层级的信息组织手段和管理手段。2012 年十八大报告中再次指出，要深化行政体制改革，并提出了要建设职能科学、结构优化、廉洁高效、人民满意的服务型政府的目标，其中“结构优化”要求改变传统的纵向管理层次过多等结构不合理的问题。在整合与优化电子政务信息资源共享模式时，应该着重考虑这些理念。

（五）制度化原则

1. 制度化原则的内涵

人类的相互交往，包括经济生活中的相互交往，都是以一种秩序为基础，而要维护这种秩序，就要依靠禁止各种不可以预见行为和机会主义行为的规则，我们称这些规则为“制度”。人们日益认识到，制度是重要的社会资本，可以说，它们是引导人际交往和社会发展的“软件”。

政府信息资源的可共享性体现在资源总量不会在供他人享用后而减少，但却因为资源被他人享用而导致其所有者利益受到损害，从而造成资源贬值，这一点与其他信息资源截然不同；此外，虽然它是公共物品，但其拥有者作为“理性经济人”本身也有着自己的利益需求。因此，建立一种信息资源共建共享机制来协调各方面的利益关系显得尤为重要。

2. 制度化原则在电子政务信息资源共享的表现形式

“行政权力、所有者利益及其信息资源是电子政务信息资源共享实现的三个主要要素，它们之间既相互联系、相互作用，又相互独立。三者之间的相互独立为其相互联系和作用奠定了基础，相反，三者之间的相互联系和作用使之成为一个有机的整体。实际上，我们发现，软件通常比硬件（有形物，如物质资本）更重要[①]”。电子政务信息资源共享的制度化原则，其实就是对政府组织所代表的行政权力、信息资源以及所有者隐含的利益关系这三种要素之间的相互联系和相互作用所做出的有目的制度性安排。三者之间的逻辑关系是权力、信息及其所有者利益构成信息共享形式的静态要素结构；信息流通引

① [德] 柯武刚，史漫飞. 制度经济学 [M]. 北京：商务印书馆，2003：3~7.

发的权力变化、利益增减及其三者之间的互动作用构成共享的动态运作模式。在电子政务信息资源共享中，通过制度的安排，将这三种要素充分进行整合，推动信息的快速流动，营造利益递增的有利环境，促成合理的权力引导，进而突破原有的行政桎梏，拓宽信息渠道，形成新的利益平衡。在具体整合这些要素时，要侧重从权、利实现的条件与权利和责任的关系角度加以剖析，正视权利实现中的冲突和妥协，从而避免个体主义方法论所导致的“公共电子牧场的悲哀”[①]，即过分强调自我权利而忽视对他人权利所应承担的义务。

（六）兼容化原则

1. 兼容化原则的内涵

在电子政务信息资源共享的过程中，共享不能单纯停留在政务信息的网络传输与利用阶段，还应该涵盖政务信息在不同的应用系统间进行智能理解与自动交换等方面。随着网络信息技术的快速发展，人类可以便捷地享用电子政务信息资源，但这并不代表政务信息共享是有效率的，更不能代表共享活动对于所有公众或机构组织是平等的。由于大型网络的复杂性，异质网络的共存问题是亟须解决的难题，电子政务信息资源共享必须强调各级政府、政府各部门以及部门内部各个共享界面、网络节点对接等技术上的兼容。

2. 电子政务信息资源共享兼容化程度不高

电子政务环境下政府信息资源在各级政府不同部门中条块分割较为严重，大部分建成的信息资源共享系统由于标准的缺乏，或者标准过多的缘故，往往彼此孤立，各个系统间互联互通十分困难，给政府信息资源共享带来很大的不便。[②]要解决目前不利的局面，实现电子政务信息资源跨部门、跨地区互联共享，可以从硬件设备、网络协议和信息标准三个方面着手。路由器（router）可以采用不同网络模式的物理或逻辑连接，而不同网络模式的数据通信可以通过采用不同网络模式都可以识别的网络协议，使网络系统能支持多重协议（如选用 TCP/IP 网络作为底层通信网，利用 IPSEC 或其他安全协议构建安全通信通路，采用 IPX、Apple Talk、DECnet 等）形成一个开放型网络，支持多种协议的互联。所有对接必须以信息标准为基础，各个环节在信息标准的串联下连接成一个有机的整体，各个环节之间相互联系并为对方协调提供技术准则。系统兼容的实现建立在技术和标准的兼容前提下，在保证电子政务信息系统兼容后，系统的安全就得到了有效保障。

---

① [美] 理查德・A. 斯皮内洛. 世纪道德：信息技术的伦理方面 [M]. 刘钢译. 北京：中央编译出版社，1999：46.

② 曹新明. 论知识产权冲突协调原则 [J]. 法学研究，1999（3）：72.

二、电子政务信息资源共享模式的优化趋势

（一）信息资源的高度整合

我国电子信息资源共享的坚实基础，是在我国电子政务经过十多年的发展后得以实现的。1993 年国务院部署“三金工程”（金桥、金关、金卡），电子政务信息资源共享开始引起人们的广泛关注。随着 1999 年“政府上网工程”的开辟，2002 年“电子政务年”的设立，2004 年“两办”34 号文件的颁布，2005 年《电子签名法》的签署，以“三网”（政府内网、专网、外网）、“四库”（宏观经济数据库、法人单位数据库、地理信息数据库、人口资源数据库）、“十二金工程”为核心内容的中国电子政务战略框架已经建立。2006 年 1 月 1 日中国政府网的开通以及 2008 年《中华人民共和国政府信息公开条例》的颁布，使我国电子政务信息资源共享迎来了快速发展的新时期，网上工商、税务、采购、政策咨询等在线办公与信息共享项目如雨后春笋般涌现出来。但随着我国信息化、网络化的迅速发展，人们对获取政府有关政策法规、各类统计信息、社会保障信息等快捷、透明和综合程度的要求越来越高，对政府部门的办事效率、服务水平等提出了更高的要求，对政府部门职能的监督也日益强化。我国电子政务信息资源共享仍然存在着信息资源结构混乱、“信息孤岛”林立等问题。因此，在《2006—2020 年国家信息化发展战略》文件颁发后，如何高度整合政府信息资源受到各方重视。2012 年 5 月，国家发改委发布了《“十二五”国家政务信息化工程建设规划》，提出通过实施国家政务信息化工程，形成统一完整的国家电子政务网络。[①] 各方面政务信息资源的高度整合，将解决我国政务信息资源分散性与信息用户日益高涨的信息需求之间的矛盾，是我国电子政务信息资源共享发展的必然趋势。

“整合”一词英文中为 integration，原词还有“集成”、“联合”等意思。“整合”通常被解释为将原本分散但有内在联系的内容，整理成有机整体的过程。单个事物在完成整合后，一般会形成规模更大的事物的集合，这时的集合效益要明显大于单个事物和单个事物效益的简单相加[②]。而本文所谈论的整合电子政务信息资源，是指各个主体在电子政府的环境下互相合作，运用一系列技术对分散存储于各处、不同形式的信息资源进行处理，使信息资源成为一个统一的整体。它不是一个简单的技术层面的问题，而是涉及政策、技术、管理等很多方面，其主要内容包括战略规划整合、数据整合、应用系统整合、

① 丁艺，王益民，胡红梅．中国电子政务发展环境分析［J］．电子政务，2013（10）：82~88.

② 侯艳筠．电子政务信息资源整合的概念与内容［J］．中国信息界，2007（10）：14.

业务流程整合等。

1. 战略规划整合

战略规划整合是电子政务信息资源整合的宏观层次，主体形式是政府战略的集成和优化。战略整合是对电子政务信息资源整合的统一规划，是信息资源数据整合、业务流程整合、应用系统整合的标准化、统一化和有序化，其所生产的信息产品能够适应用户需求，在跨部门范围内实现协同工作。

2. 数据整合

电子政务信息资源的基础整合是数据整合。数据交换平台问题、数据标准问题以及数据源整合问题在进行数据整合的过程中最为重要的。完成整合的数据应当形成统一标准的格式，可以集中通过元数据进行描述，避免冗余和重复输入更新，方便统一集中管理、便于应用和进行数据挖掘。

3. 应用系统整合

我国已经拥有了很多运行良好的电子政务应用系统如内容管理系统（CMS）、电子政务门户系统（Portal）、办公系统（OA）、工作流系统（WorkFlow）等，因而如何对这些系统进行一种无缝整合，推进不同应用系统之间的整合工作成为了当前的重中之重。应用系统整合主要应做好以下三个方面的工作：一是要提供一套使得遵循规范的应用系统能够方便地整合起来的访问接口；二是提供一个使所有纳入整合的应用系统能够通过统一的技术框架进行快速整合的开放式整合框架；三是要将应用门户与信息门户集成起来，提供一站式整合服务的统一门户。无论在任何时候、任何地点，政法部门工作人员、企事业单位或是社会组织团体与社会公众都可以进入政府网站获取所需的信息和服务。

4. 业务流程整合

电子政务信息资源共享往往需要跨部门、跨地区进行协同，传统的职能化、集权化政务流程已无法适应政府信息资源共享的这种要求。业务流程整合就是要按照电子政务所倡导的信息公开、互联互通的原则再造政府业务流程，是对政府业务流程重新进行分析、梳理、重组、优化，清除不必要流程，合并相似流程，简化复杂流程，实现政府业务流程的功能整合、整体优化、高效精干。

战略整合、信息用户数据整合、业务流程整合、应用系统整合等这些都是电子政务信息资源整合的重中之重。要实现集成整合的战略目标，必须抓好顶层设计工作，将数据整合、应用系统整合、业务流程整合一起构成一个相互影响、相互促进的有机整体，如图 8.1 所示，最终达到一个虚拟的联盟，任何部门、企业、社会组织和公众都可以从这

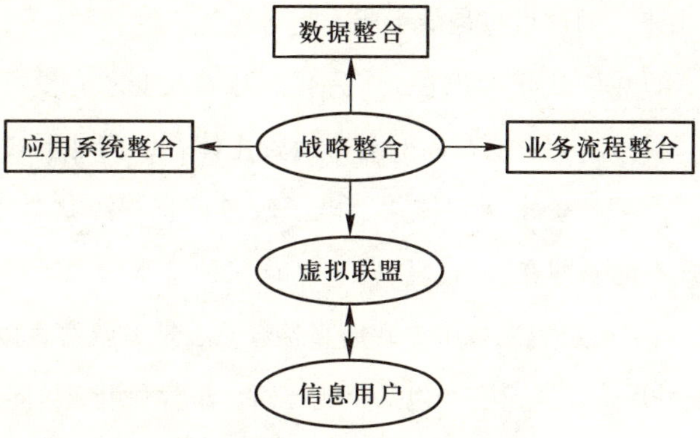

图 8.1　电子政务信息资源整合模式

个虚拟联盟中方便、快捷地获得本部门所需的信息。

（二）电子政务信息资源的多元化共享

电子政务信息资源的多元化共享是指电子政务信息资源投资建设主体的多元化和调节机制的多元化。在市场经济条件下，多元化共享是我国电子政务信息资源共享的发展方向，特别在政府财政紧张的背景下尤为突出。

1. 投资主体多元化

公共物品理论认为，在市场经济条件下，市场性和非市场性是公共服务产业投资的两重属性。公共服务产业公益性决定了它的投资的非市场性，政府要直接参与该领域的投资，保障必不可少的公共利益；公共服务产业收费性决定了投资的市场性，这类服务投资可以进行竞争的根本原因就是收费，企业和私人等进行营利性投资得以实现就是由这种收费性决定的。公共服务产业投资的市场性和非市场性决定了政府投资和非政府投资这两种投资活动可以同时存在于电子政务信息资源共享中，并且这两种不同形式的投资相互影响，相互促进，具有很强的互补性。事实证明，当这两种投资相互补充的时候，就会产生良好的投资整合效应，如图 8.2 所示。

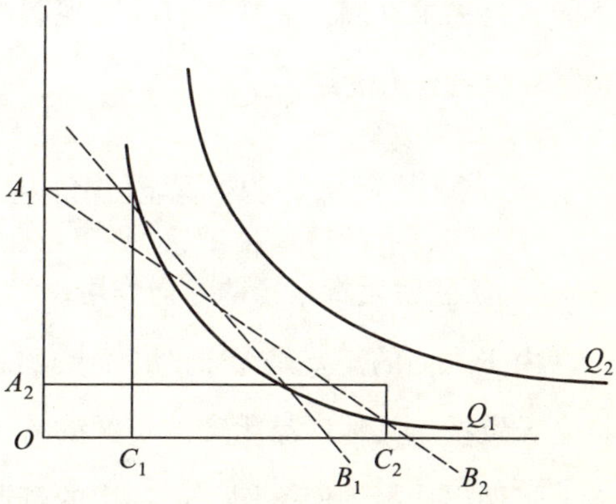

图 8.2　政府投资与非政府投资的互补性贡献

非政府投资与政府投资的效率相比，一般而言其机会成本更高。如图 8.2 所示，在 B_1 预算虚线中，最小成本组合是来自政府机构的公共投资 A_2 和来自非政府的投资 C_1；在相对成本预算约束 B_2 的条件下，同样数量的产出 Q_1 由非政府的投资 C_1 和来自政府机构

的公共投资 A_1 生产出来，而这也将是最小成本组合。[①]

电子政务信息资源共享投资建设主体多元化意味着改变原有投资主体的单一化，引入包括企业、第三部门和社会公众在内的多个投资主体，以多种形式参与到电子信息资源共享的建设中来，实现投资多元主体化。电子政务信息资源共享建设主体的多样化，意味着其在经营方式不能停留在公营、民营、私营三种基本形式上，应根据不同的主体而进一步多样化。公营生产可以采取中央政府直接经营、地方政府直接经营和中央政府与地方政府合作经营三种形式。民营生产包括企业经营、非营利组织自愿经营、社区经营等。

2. 调节机制多元化

调节机制的多样化指改变电子政务信息资源共享单一的行政机制，以行政、竞争、公益等多种机制相结合的调节机制取而代之。政府的垄断性与企业的公有性的共同作用造成了我国电子政务信息产品和服务的供给效率低下。实质上，这是一种纯行政方式在运作，政府的低效率、寻租腐败现象的频频发生便是由其垄断特性导致的。对消费者来说，维护自己利益的关键是竞争而不是所有制。同时，还需要一种特殊的驱动机制，即公益机制。它和行政机制、市场机制不同，更多考虑的是公共需求，可以来维护社会公众尤其是弱势群体的利益。

行政机制、竞争机制、公益机制三者不是独立存在的，他们之间往往是相互影响、相互作用的。政府在提供电子政务信息资源的过程中十分重视公共需求，与此同时，在充分考虑社会效益的情况下，也不能忽视效率。企业在提供电子政务的信息产品与服务时，不能盲目追求利润，无视政府的宏观调控与引导。由此可知，电子政务信息资源的共享是三种机制合力的结果。

三、电子政务信息资源共享模式优化过程中应该注意的问题

（一）正确发挥市场的导向作用

由于人们的需要是无限的，而资源总是有限的，投入到某种产品生产的资源的增加将会导致投入其他产品生产的资源的减少，因此，这就需要对各种资源在各种可能的用途之间做出选择，使一切可以利用的资源都能按合理组合得以有效利用，以获得最佳的经济和社会效益。这种以最小的投入获得最大产出的过程，就是资源的合理配置过程。而市场机制是人类迄今为止所发现的较为有效的配置资源的形式，在资源的配置过程中，

---

① 冯云廷等．中国公共事业管理体制改革研究［M］．沈阳：东北大学出版社，2003：188~189.

它有其自身的优势。首先，市场机制能自主优化资源的配置，提升资源配置效率，同时能够调整产业结构。其次，由于市场的竞争性和互益性，它还可以调动市场主体的积极性、主动性和创造性，促进产品的创新和科学技术的进步。再次，市场条件下还有利于优胜劣汰，不断提高产品质量。在电子政务信息资源共享的优化模式中，应正确发挥市场的导向作用。恰当地运用价格机制、供求机制和竞争机制来组织和优化电子政务信息资源共享中的资源配置，让市场这只“无形的手”的作用充分发挥出来，给信息提供主体以体制的压力、动力和活力，促使他们想方设法最大限度满足广大信息用户的信息需求。

但必须指出的是，电子政务信息资源共享的市场导向模式作为一种优化的必然趋势，并不意味着就能自动实现。由于电子政务信息市场的信息提供主体同样存在追求利益最大化的问题，最终也会像经济领域一样出现“市场失灵”的现象，导致信息资源垄断、盲目投资、信息共享有失公平等问题。因此，在充分发挥电子政务信息市场导向作用的同时，还必须通过政府的宏观调控和科学管理，才能真正实现电子政务信息资源共享模式的不断优化。

（二）合理定位政府角色

在传统的电子政务信息资源共享模式中，政府扮演着单渠道投资、全方位集权管理的角色。政府这种大包大揽的定位在我国电子政务发展的早期起到了显著的作用，能够在短时间内聚集大量的人力、物力、财力投入建设，同时可以有效地对其进行规划与管理。在此过程中，政府扮演着“第一推动力”的角色。然而，随着电子政务的深入发展，电子政务信息资源共享的政府推动效率和利益呈递减趋势，政府作为政务信息的提供主体往往出现积极性不高，资源严重浪费等问题，在电子政务信息资源共享的优化过程中必须实现政府角色的转变。由企业和各种社会组织通过公开招标承接包括设计、建设、运行、维护、培训等项目在内的能获得高利润的政府信息资源增值服务，使其成为电子政务信息资源的提供主体，让信息市场在资源配置中起基础性作用，而政府由传统的直接参与、全方位集权管理的角色逐步过渡到宏观调控和市场监管的角色。在这种情况下，政府主要应做好以下两件事：

1. 做好一名“指导员”

制定和实施具有导向性的电子政务信息资源共享发展战略和政策，引导信息提供主体和信息市场沿着正确的轨道发展。由于市场机制有其固有的缺陷和消极方面，单靠市场机制无法自动实现政府信息资源的长期、充分共享，不可避免的会出现“市场失灵”现象，这就从客观上要求政府作为一个自觉意识的行为主体对企业和电子政务信息市场的发展进行强有力的引导和干预，使之符合全局利益和长远利益。

2. 当好一名“裁判员”

市场机制条件下的电子政务信息资源共享，政府是最大的非营利组织，它除了充当市场主体指导者的角色外，还要当好“裁判员”这一重要角色，也就是对电子政务信息市场进行有效的监管。政府部门通过法律监督和管理市场主体及其行为，将市场在资源配置中的基础性作用充分发挥出来，建立一个以统一、竞争、开放、有序为特点的现代电子政务信息市场体系，消除贸易壁垒、市场垄断和歧视政策，使市场主体根据合理的价格信号获取资源，在公平、公正、公开的环境下作出投资决策与交易。政府要健全符合市场机制要求的电子政务信息市场准入制度、认证许可制度、政府采购制度、建设工程投标制度、价格听证制度等，同时强化市场监督，规范电子政务信息市场的行为，真正意义上发挥“裁判员”控制全局的作用。

（三）创建良好的政务信息共享环境

任何事物的发展都是作为整个社会发展中的一个子集，不可能独立于社会之外，而总是同所处的环境保持着千丝万缕的联系，电子政务信息资源共享也毫不例外。我们必须清醒的认识到，在电子政务信息资源共享的过程中，环境建设发挥着重要的作用，它为电子政务信息资源的持续发展奠定了基础。

1. 政策环境

公共政策在政府提供公共产品和服务方面的功能最为明显，公共产品或者服务需要公益性政策为其创造良好的供需保障，政策支持在电子政务信息资源共享的顺利开展过程当中更是必不可少。公益性、连续性、稳定性是电子政务信息资源共享政策所应该包含的特点，连续性和稳定性意味着需要明确在政策条款中规定其有效期，同时在政策调整的过程中，尽量保持政策的连续性和继承性。应包括发展战略、总体规划、资金政策、人才政策、技术政策以及教育政策等主要内容。

2. 法律环境

发达国家为了实现电子政务信息资源共享标准化、程序化、高效化，纷纷建立和健全相关的法律法规体系，合理规范政府部门、企业、民间组织等主体提供电子政务信息资源的行为。我国电子政务建设起步比较晚，相应的法律法规建设相对滞后，与电子政务信息资源共享发展的要求很不相适应。因此，应组织力量进行广泛的调查，参考国外的一些有益经验和做法，制定符合本国国情的电子政务信息资源共享法律法规或管理办法，培育、规范电子政务信息市场，对信息提供主体、共享行为和信息用户，以及共享信息的收费、信息安全等进行明确的界定和规范，为电子政务信息资源共享的快速、健康、有序发展提供良好的法律环境。

3. 制度环境

著名制度经济学家道格拉斯·诺斯认为："制度是一个社会的游戏规则，更规范的说它们是为决定人们的相互关系而人为设定的一些制约。"[①] 简单地说，制度就是一种调整各方面利益关系，规范个人和组织行为的规则体系。毫无疑问，电子政务信息资源共享建设的方方面面都离不开制度环境建设，开展制度环境建设，首先必须成立一个专门的机构对政府信息资源共享进行管理，在各个不同层次对电子政务信息资源的共享活动进行组织和协调。其次，应制定包括信息提供主体与信息用户的权利、责任、义务、程序、范围、目标、技术规范、重大事件的决策程序等在内相应的运行管理制度。

4. 文化环境

所谓文化是指人们所共同拥有的规范、信仰和追求，它具有强大的心里激发力、精神感召力和能量诱放力，犹如一股强大的无形的力量，把每个个体行为整合起来，引导人们朝着一个既定的目标去奋斗。[②] 培养一种良好的电子政务信息资源共享文化环境，能对电子政务信息资源共享活动起到一种示范、引导和规范的作用。一方面，要建立一种政府信息资源共享的行政文化环境，让信息资源共享的理念深入到各级政府和部门的每一个角落，形成一种各级职能部门以及行政人员都乐于共享信息、争相共享信息的良好局面，而不是把自己所掌握的政务信息视为"私人财产"。另一方面，要培养一种电子政务信息资源共享的群众文化环境。一是要使广大社会公众充分认识到政府信息资源共享的重要性，促使他们积极主动地去获取有益的政务信息；二是要让社会公众充分认识到获取合理的政府信息资源是自己的一项正当权利，以迫使各级政府和部门最大限度的开展电子政务信息资源共享活动，满足人民群众的信息需求。

（四）积极鼓励社会力量的广泛参与

一方面，电子政务信息资源共享是基于特定信息用户群强烈的信息需求而产生的，拥有足够多的信息用户，这是其不断发展的前提条件。如何发现、挖掘更多的信息用户，意义非常重大。由于我国电子政务建设起步比较晚，发展还很不成熟，社会公众对电子政务信息资源共享的必要性和重要性认识不足。因此，必须要通过大量的宣传教育来提高社会公众的信息意识和信息素养，广泛发动更多的社会力量参与到电子政务信息资源共享中，形成一种社会力量自觉参与的良好局面，才能有效地拉动信息需求，为电子政

---

① ［美］道格拉斯·C. 诺斯 . 制度、制度变迁与经济绩效［M］. 上海：上海人民出版社，1994：1.

② 陈亭楠 . 现代企业文化［M］. 北京：企业管理出版社，2003：3.

务信息资源共享的长远发展提供源源不断的动力。另一方面，电子政务信息资源共享作为一项耗资巨大的复杂工程，光靠政府的投入是不够的，只有鼓励广大社会力量的积极投入，才能为电子政务信息资源共享提供充足的资金保障。

第3节　基于政府网站的电子政务信息资源共享模式优化的实证分析

当今世界发展的总趋势是信息化，信息化水平的高低已成为衡量一个国家和地区发达程度的重要指标。而在全社会组织中，政府是最多的信息拥有者，如何有效地利用信息技术，实现信息资源共享，塑造一个办事更有效率、服务更为周到的电子政府成为信息化水平提高和发展的一项重要课题。

政府网站是我国电子政务的重要组成部分，也是政府向社会公众提供公共服务的一个重要窗口，是实现政府信息资源共享的一个主要途径和重要载体，是政府与社会公众互动交流的一个重要平台。因此，政府网站的设计直接关系到政府形象的树立，影响政府职能的实现。因此，加强政府网站建设，提高政府服务水平，有利于提高政府办事效率，促进政务信息资源共享。经过多年的努力和发展，我们的政府网站在网站设计和信息资源共享方面取得了明显的进步。但是，各政府网站仍然存在诸多缺陷和不足，需要不断改进和逐步完善，本节选取湖南省14个地级市政府门户网站作为研究对象，找出这些网站在信息资源共享方面所存在的问题，并提出改善建议。

一、调查说明

通过使用搜索引擎、相关链接等方法，查找搜索出湖南省14个地级市人民政府网站，如表8.1所示。

表8.1　调查对象表

地级市	网站名称	网站地址
长沙市	长沙市政府门户网	http：//www.changsha.gov.cn/zjcs/
岳阳市	岳阳市政务公开网	http：//www.yueyang.gov.cn/
常德市	常德政府门户网站	http：//www.changde.gov.cn/
衡阳市	衡阳党政门户网	http：//www.hengyang.gov.cn/Main/Index.shtml
株洲市	株洲综合经济经济信息网	http：//www.hnzz.gov.cn/
郴州市	郴洲市人民政府网	http：//www.czs.gov.cn/

续表

地级市	网站名称	网站地址
邵阳市	邵阳市政府门户网	http：//www.shaoyang.gov.cn/
永州市	永州政府网	http：//www.yzcity.gov.cn/
湘潭市	湘潭市人民政府门户网站	http：//www.xiangtan.gov.cn/
怀化市	怀化市政府公众信息网	http：//www.huaihua.gov.cn/
益阳市	中国益阳门户网站	http：//www.yiyangcity.gov.cn/
娄底市	娄底市人民政府门户网站	http：//www.hnloudi.gov.cn
张家界	张家界政府公众信息网	http：//www.zjj.gov.cn/
湘西自治州	中国湘西网	http：//www.xxz.gov.cn/

二、调查结果

（一）网站内容服务

从表 8.2 可以看出，湖南省 14 个地级市网站的栏目都涉及机构设置类、政务公报类、政策法规类、政务要闻类、办事指南类和办事规程类几项。其中所有网站的栏目都涉及机构设置类、政务要闻类。大部分的网站涉及政策公报类。相比之下，这些网站涉及办事规程类、政策法规类和办事指南类的栏目则较少。

表 8.2 内容服务调查结果

栏目类别 地级市网站	机构设置与职责类	政务公报类	政策法规类	政务要闻类	办事指南类	办事规程类
长沙市	√	√	√	√	√	√
岳阳市	√	√	√	√	√	
常德市	√	√	√	√	√	
衡阳市	√	√		√	√	
株洲市	√	√	√	√	√	
郴州市	√	√		√	√	√
邵阳市	√	√	√	√	√	
永州市	√	√		√	√	
湘潭市	√	√		√	√	
怀化市	√		√	√	√	
益阳市	√	√		√	√	
娄底市	√	√		√	√	
张家界	√	√	√	√		
湘西自治州	√	√	√	√		

随着信息技术不断成熟，网络的发展也趋向大众化，人们获取信息的渠道也不断拓

宽。为了节省时间、提高效率，越来越多的人选择通过网络的途径来获取各种信息。作为一个地级市人民政府，经常与社会各界进行交流，因此政府门户网站上的办事规程与办事指南栏目信息就成为人们关注的重点，通常也是点击率较高的栏目，因此在政府门户网站上设置办事规程和办事指南栏目是非常必要的，不仅要设置这些栏目，而且要及时更新每一项为人民服务的项目，这其中包括办理程序、办理依据、办理时限、收费项目、收费标准等，这也会更好的保障公众对政府工作的知情权。

长沙市政府门户网站设置的公民服务是一个典型的办事指南栏目。该栏目通过按主题分类和按机构分类将公民服务分成若干个子栏目，如按主题分类，可以分为婚姻生育、儿童服务、户口管理、教育培训等。用户可以根据自己的需要点击相应的主题，从而获取自己需要的办事信息，提高办事效率。

必须指出的是，虽然所调查的这些网站全部设置了机构设置与职责类和政务公开类栏目，但是，这类栏目普遍存在信息公开缺乏深度的问题。如娄底市人民政府门户网站设置的政务公开栏目中有政府领导的子栏目，该栏目只是简单地介绍了政府主要领导的名字、出生年月、学历以及职称，并没有详细介绍领导的工作经历和所承担的主要工作职责。相比之下，张家界市政府网站的该栏目则信息量较多，把主要领导干部的工作经历均向社会公众公开。

（二）网上应用功能服务

从表 8.3 分析得出，14 个地级市的政府门户网站全部涉及网上办公，这是我国加强

表 8.3　网上应用功能服务调查结果

应用功能 / 地级市网站	网上办公类	网上咨询类	网上查询类	网上监督类
长沙市	√	√	√	
岳阳市	√	√	√	√
常德市	√			√
衡阳市	√	√	√	√
株洲市	√			
郴州市	√	√		√
邵阳市	√	√		
永州市	√		√	
湘潭市	√			
怀化市	√			√
益阳市	√		√	√
娄底市	√		√	√
张家界	√	√		
湘西自治州	√	√		

信息化建设以来取得的巨大成绩，大大提高了办事效率，节省政府成本，缩减办事程序。然而，政府实现网上办公只是政府门户网站建设的一个方面。从表中不难发现，14个地级市委的网站在网上咨询、网上查询、网上监督等方面不齐全，这不但影响了政府网站完整功能的建设，而且严重阻碍了政府信息资源的共享，不利于政府网站功能的发挥，难以形成公平、公开机制，使政府的透明化进程减缓。

衡阳党政门户网站设置了政民互动栏目，在该栏目下还设置了政务信箱、网上评议、网上调查、民意征集、政务热线、12345服务热线、信箱论坛回音等子栏目，全方位地保证用户及时了解政务信息，方便用户快捷方便地获取所需要的信息，树立了良好的政府形象，使信息资源通过政府门户网站得到最大程度的共享。

岳阳市政务公开网设置了招商引资栏目，在该栏目下设置招商项目这一子栏目。子栏目又分为农业项目、工业项目、交通项目、城建项目、投资服务等内容，这极大地方便了投资商有针对性的查询对自己有价值的项目进行投资，这不仅便利了投资商，而且更加有利于吸引投资商前来融资，形成竞争机制。

（三）网站质量服务

从表8.4可以看出，湖南省政府网站的服务质量亟待提高。在14个网站中仅有7个网站给用户提供了外文版。当今世界一体化进程不断加快，中国融入世界，世界融

表 8.4　网站质量服务调查结果

服务类型 地级市网站	提供外文版	公众反馈	政府信箱	网站导航	旅游观光
长沙市	√	√	√	√	√
岳阳市		√	√		√
常德市	√	√	√		√
衡阳市	√	√	√		√
株洲市	√	√	√		√
郴州市	√	√	√	√	√
邵阳市			√	√	√
永州市		√	√	√	√
湘潭市	√	√	√		√
怀化市		√	√		√
益阳市		√	√		√
娄底市			√		√
张家界	√		√		√
湘西自治州		√	√		√

入中国的程度都在不断提高，对于一个开放的政府不应只停留于用本国语言建设政府门户网站。值得一提的是，张家界政府公众信息网站为用户提供了5种语言的版本，包括德语、日语、韩语、英语及中文。这极大地方便了外国友人了解张家界独特的旅游资源信息，有效地实现了政务信息资源与国外友人的共享。在网站导航和公众反馈方面，这14个网站还有需要改善的地方，例如在如何及时更新和回复公众给政府发送的网络邮件，如何使网站的设计更加人性化，让社会公众使用网站更加舒适等方面也有待加强。

三、湖南省政府网站信息资源共享的不足

（一）网站建设缺乏统一标准，缺乏统筹规划，网站建设水平需要提高

从这14个政府的门户网站不难看出，各网站建设都是各自为政，网站的建设水平也是参差不齐，网站栏目的设计也缺乏统一的标准。如有的网站提供了多种语言的版本，有的网站却只有中文版本；有的网站设立了网站导航，有的设立政府采购栏目，有的网站设立旅游观光栏目等，综合分析，各网站建设水平都有待进一步提高。

（二）网站的实用性不强，服务功能相对较弱，功能定位有待完善

作为一个政府的门户网站，其最重要的功能就是方便用户查询政府信息、指引公众办事，反映民情民意、实现网上办公等。然而众多网站只是简单地罗列一些政策法规及办事的程序，或者简单地发布政府信息，供公众了解，并没有真正意义上实现网上办公。政府网站是政府信息共享的一个重要载体和主要途径，所以政府应努力打造“阳光政府”，让公众享用到政府网站的服务功能。政府应该意识到信息共享中最重要的就是及时向公众发布政务信息，倾听民意，加强网上办公等功能。

（三）网站信息更新慢，内容缺乏丰富性

从这14个网站的信息更新频率看，这些网站的信息更新速度有待提高。一些栏目的设置形同虚设，内容缺乏丰富性。娄底市人民政府门户网站下设的交流互动栏目有三个子栏目，分别是在线提案、民意调查及论坛，但这三个子栏目却没有任何内容。衡阳党政门户网设置了“投资衡阳”栏目，下设“衡阳经济”一子栏目，然而在该栏目中，信息发布没有及时更新。政府门户网站是公众获取信息的一个主要途径，但是，从调查的这些政务网站看，其服务范围窄，有效信息少，更新不够及时，有待于进一步改善。此外，网上办公、网上咨询、公众反馈、公众投诉、办事规程等服务功能的栏目需要加强。除此之外，政府网站也应根据实际情况向公众提供内容丰富的各种特色信息，如最新的

投资政策、投资项目、旅游景点、部门结构信息等。

四、促进政府网站信息资源共享的几点建议

（一）加强电子政务的相关立法

加强立法是保证电子政务健康稳定发展的前提条件。目前，我国在电子政务方面的立法还不完善，有关信息安全、信息公开与共享方面的法规、政策和标准还不统一，加上地方政府也相继出台各自电子政务的法规政策，使得电子政务的发展处于一个不规范的环境中，不利于电子政务的发展。因此，要尽快建立统一的电子政务相关法律，如信息公开法、电子版权法、数据保护法等。在电子政务的立法方面，国外很多国家做得比较好，如美国的《政府信息公开法》和《个人隐私保护法》。

（二）明确政府网站建设的指导思想

在电子政务的建设过程中，必须牢牢树立邓小平理论和“三个代表”的指导思想，各项政务工作要适应我国改革开放基本国情和现代化建设的要求。电子政务建设要以需求为导向，促进信息技术在各个行业、各个领域的推广与应用，加快政府职能的转变，增强政府工作的科学化、民主化，从而推进国民经济持续快速发展和社会全面进步。

（三）重视电子政务信息资源共享的外包模式

电子政务信息资源共享工作的开展离不开相关政府领导的重视与支持。当前，各地电子政务的发展不容乐观，其中一个很重要的原因就是电子政务的发展缺乏足够的重视，没有投入足够的资金、技术和人才。有的地方政府口头上表示重视政府网站的建设，但是却没有很好地落实。因此，政府领导应该转变观念，了解电子政务的重要性。例如，政府可以定期邀请电子政务专家对政府网站的建设建言献策，设定专职工作人员对政府电子政务进行管理。把电子政务信息资源共享的外包模式当做一种重要手段，是目前最重要的工作。实践证明，电子政务信息资源共享外包模式已经成为政府提高效率、精简机构、减少开支、提供专业服务的重要途径。政府以各种形式将电子政务信息资源的维护和采集、处理等过程外包，费用由政府按约定付给应用服务提供商。

第 4 节　电子政务信息资源共享模式优化的实践途径

美国信息系统界著名的学者劳顿（Laudon）夫妇曾指出：信息系统不只是一个单一

的系统，应该是一个管理系统、组织系统，更是一个社会技术系统，只有从技术、管理和组织三个维度考量才能对信息系统有全面、深入而准确的理解。[①] 电子政务信息资源共享，也可以说是一个复杂的信息管理系统。作为一项复杂的系统工程，它不只是一个技术系统，还是一个管理系统、组织系统。因此，对于电子政务信息资源共享模式优化途径的研究也可以从技术、管理和组织三个维度来着手。

一、从技术维度上优化电子政务信息资源共享模式

信息资源从整理、交换、传递、获取到共同利用的管理流程，以及信息资源共享系统从预警、救治到恢复的处理机制，每一个环节都与计算机网络基础环境、信息处理环境、信息和网络安全环境、系统运营环境等密切相关，而这些环境的构建离不开现代信息技术的支持，因此，保障政府信息资源共享需要一系列高新技术给予支持，如图 8.3 所示。

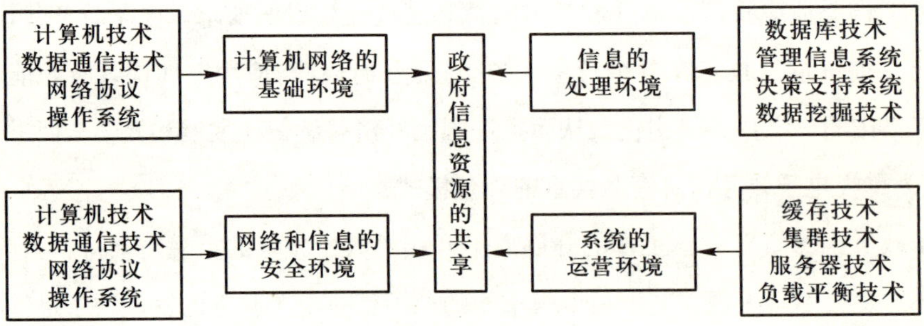

图 8.3　政府信息资源共享的支撑技术图

图 8.4 表明，如何有效保障信息安全，对网络环境下的政府信息共享来说，既是技术保障的重点又是难点所在。有专家认为，信息系统建设总投资的 10% 应该用在信息安全建设投资上，但对国民经济要害部门或公检法、海关、税务、交通、电信、金融等基础产业来说，网络安全信息投资应占总投资的 15% 以上。当前，发达国家的网络安全投资占总网络投资的 20% 以上。可见，有效信息安全保障就显得尤为重要。

（一）确立保障信息安全的整体策略，准确把握政府信息资源共享全局

政府信息资源在共享过程中会面临来自各方面的信息安全挑战，所以，为了有效应对来自全方位的挑战，国家亟须制定国家主导、社会参与、全局致力、积极防御、等级

① 张凯兰 . 危机信息系统的三个维度与政府危机管理机制创新［J］. 当代经理人，2005（15）: 86.

保护的信息安全保障整体策略。政府信息资源共享是国家的一项公共服务型事业，所涉及的领域十分广泛，如何有效保护信息安全成为涉及国家安全的大事。在这种情况下，需要充分发挥国家在电子信息资源共享中的主导作用，在对各级政府的基础设施建设进行宏观把握的同时，还应该制定相关技术标准与法律法规来规范信息产品的开发与安全保障体系的建设。

同时，国家安全仅仅依靠政府是不够的，还需要科研机构和各种专业技术人才的加入。只有整个社会的安全意识得到提高，安全技术才能得到长远的发展。在保障信息安全时，需要充分考虑政府信息共享系统工程复杂性的特点，从系统多层次性、完整性的角度来保障信息安全，要使用全局治理的方法来把握信息安全，任何方面的建设都应该得到重视。否则任何疏忽都将形成信息安全缺口，使所有的努力付诸东流。因此，摒弃盲目堆砌、被动防护的陋习，采用综合的动态安全监控手段，将原本孤立的安全产品串联成一个整体防御体系，这样才能避免“头痛医头，脚痛医脚”的顾此失彼现象，才能很好地起到主动、积极防御的效果，才能应对日益增强的动态安全威胁。同时，盲目追求政府信息资源共享的“最高”安全性是不现实的。因为任何事物都不存在绝对安全，所以比较可取的方法是根据信息的价值等级、所面临的威胁等级、机密等级来为其选择强度适中的安全机制与安全技术，使其能在风险与安全成本间找到平衡点，并对信息资源配置进行优化，以实现政府信息资源共享。但不能为了保障信息安全就拒绝信息共享，必须妥善处理信息安全与信息共享之间的关系。

（二）加强安全技术的研发，提高政府信息资源共享的系统防护能力

通过分布的格局可以看出，全球软件产业的分工体系以美国、欧盟、日本、印度、中国等为主，如表 8.5[①] 所示。拥有全球 1/3 顶尖软件人才的美国掌握着全球最先进、最核心的软件技术，无论从市场份额还是从技术发展上在全球软件产业中都处于绝对的统治地位，有居于产业链高端的 IBM、微软、甲骨文、谷歌等全球最强的软件企业。日本、德国、英国、法国等大力推动软件产业发展和软件技术研发，在某些领域具有全球竞争优势。我国虽然从 2006 年以来软件产业规模逐年增长，但是很大一部分原因是跟印度等亚洲国家一样，利用自身劳资优势，大力发展软件外包，成为全球软件外包的主要市场，而技术创新水平还很欠缺。

① 李德升．全球软件产业发展特点与趋势分析［J］．经济管理，2012（4）：53.

表 8.5　2006—2011 年主要国家软件产业规模

年份	软件产业规模 / 亿美元						
	中国	美国	欧盟	日本	印度	韩国	其他
2006	621	3 357	2 510	1 118	397	215	532
2007	822	3 430	3 600	1 120	520	226	682
2008	1 115	3 739	2 731	1 121	595	256	506
2009	1 398	3 525	2 551	1 011	638	234	501
2010	2 024	3 751	2 781	1 124	670	263	621
2011	2 309	3 938	2 863	1 080	772	270	651

根据表 8.5 可知，想要改变当前受制于人的局面，必须加快我国信息技术发展的速度与力度，推动核心技术的开发。对国防、经济、安全战略等方面来说，信息产业极其重要，因此迫切需要对微电子技术、计算机、通信等领域进行研究。从技术层面看，亟须加大政府信息共享系统层、物理层、网络层等层次的自主信息技术研发力度，并尽快推动本国计算机软件操作平台及计算机核心硬件的开发与生产，尤其是要尽快研发出诸如身份识别、电子信息泄密防护技术等。另外，着力推动以自主技术为基础的信息安全产业，为技术研发提供良好的外部环境，由此建立起相对完整的政府信息资源防护体系，具体如图 8.4 所示。

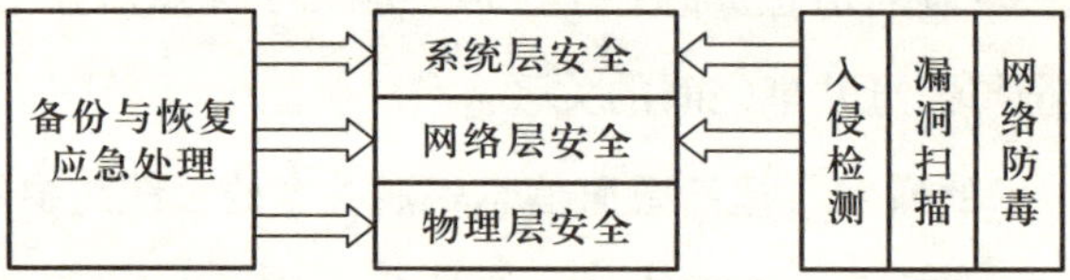

图 8.4　网络环境下政府信息资源共享防护体系

（三）建立健全信息安全管理体制，加强政府信息资源共享的安全管理

首先，建设专业化的组织机构对各级政府信息资源共享进行管理，并且对各机构的责任进行明确的划分。在国家层面上，建立如信息安全专业委员会等的核心管理机构，从宏观上对国家信息化安全事务进行掌控；在地方政府层面上，应建立类似于 CSO 制度的安全组织，以避免发生“政出多门”与“政策撞车”等现象，同时明确安全领导责任人及安全组织的分工。除此之外，还应该在各级部门之间设立专门的安全管理机构来制定与规范内部的信息使用制度，以保证用户能正常使用政府信息资源并防止外部用户非法访问本网站及内部用户利用网络进行各种违法活动。其次，要完善政府信息资源共享的信息安全制度建设，要有严格的业务行为规定。基本内容包括：向安全监督机关和上

一级主管部门报告；收集安全记录，发现薄弱环节及时进行改进；根据使用人员权限的不同进行相应的授权管理，及时更换口令、密码，加强保密性；充分重视对软件的使用和数据库的维护问题，加强对数据存储的管理，禁止使用非法软盘及其他非法存储软件。依靠多种渠道对计算机系统管理员、操作员及主管计算机应用工作的领导进行网络安全法律法规、计算机及其安全技术知识等方面的教育与培训，尤其是要加强对内部操作人员的安全教育与监督，使相关工作人员在熟练掌握计算机专业知识的同时，还能遵纪守法、恪守职业操守。

二、从管理维度上优化电子政务信息资源共享模式

（一）电子政务信息资源共享的管理机制现状分析

规范管理是优化电子政务信息资源共享模式的重要途径。近年来，国内外因为管理不当或者缺乏规范管理，给电子政务信息资源共享带来了不少问题，最为突出的问题有以下几个方面：（1）目标选择的短期性。地区电子政务信息资源共享既要与当地的社会条件相一致，也要考虑国家信息化建设的整体方案，只重视短期目标而没有长期规划就会制约电子政务信息资源的有效共享。（2）硬件系统建设具有盲目性。例如，有的部门或地区为敷衍上级检查就随意购置一些过时的硬件设备；也有的地区购置最先进但并不急需的设备，成为耗费大量资金的形象工程①。（3）软件开发具有随意性。例如美国每年需花费数亿美元来维持美国地理信息系统的正常使用，以进行有效的信息交换。这主要是因为地理信息系统在初期的开发过程中采用了功能单一的代码，② 给后期维护带来了巨大的影响。（4）管理人员存在疏忽大意性。一个美国黑客在美参议院证词中说，在他的成功入侵中，有高达九成是利用了组织内部人员安全意识的缺乏。政府从管理层面上优化电子政务信息资源共享模式，需要从下面两点入手：一是规范网络系统的管理，包括故障管理、配置管理、技术性能管理、设备关键性技术管理等，这是为了使信息资源能在各网络平台及各网络主体间自由流动，进而实现电子政务信息资源的顺利共享。所以要杜绝硬件系统建设的盲目性与软件系统开发的随意性，确保各部门、各地区技术标准的统一，对不同技术、不同时空开发的及不同形式、不同内容的信息资源进行整合。二是规范网络系统的行政管理，包括对网络系统安全组织机构设立、安全监督、安全责任、人事等方面的管理，杜绝信息资源共享中目标选择的短期性以及管理人员的疏忽大意。

① 朱庆华，杨坚争．信息法教程［M］. 北京：高等教育出版社，2001：216.

② 何德全．提高网络信息安全意识构建信息保障体系［J］. 求实，2000（21）：55.

（二）从管理维度优化电子政务信息资源共享模式的措施

管理维度上可以从电子政务信息资源共享的管理体制、信息标准规范及行政人员三方面入手实现电子政务信息资源共享模式的优化。

1. 完善电子政务信息资源共享的管理机制

横向职能制与纵向层级制的矩阵结构是我国组织结构的主要形式。层次高的管理层次低的，是纵向层级制最显著的特征。在层级制中，权力从上到下垂直贯彻执行，形成了不同的层次，系统呈现“金字塔”形的阶梯等级。横向职能指行政组织同一层级横向划分为若干个部门，部门之间相对独立，每个部门业务性质和基本职能相同，但互不从属，是一种相互分工合作的组织体制。条块模式在保证中央政令畅通方面作用显著，但是从另一方面来说，它的缺点也十分明显，尤其在电子政务信息资源共享中表现得尤为突出。这种条块模式给信息管理、信息开发和利用等方面带来了许多问题。现实中一些政府部门和行政人员还停留于传统管理体制的思维，习惯于把所掌握的政府信息视为自己的“私有财产”和权力保障，进行信息封锁，甚至想方设法地阻碍信息的正常流通，以实现信息垄断。显然，要真正实现电子政务信息资源的共享，就必须对其管理机制进行进一步完善。

（1）领导机制的完善。不断完善领导机制，是电子政务信息资源共享持续发展的重要机制保障。目前，我国可以考虑建立行政 CIO（chief information officer）管理机制。所谓 CIO 就是首席信息官，原是企业的最高信息官制度，现在被很多国家用在政府机构中。CIO 的职位要求其是经济与人文、技术相结合的高层次、复合型信息管理者，必须具备信息开发利用的强烈意识，拥有信息资源价值的识别能力，并掌握信息处理的主要手段，通过宏观的管理与思考能力，将自己的想法付诸实施；必须具备专业背景知识、信息管理专业知识和基础素质知识，将新知识、新技术应用于政府机构的具体实践中。简单地说，就是一个既熟悉信息技术、了解业务需求又具有很强管理能力的“明白人”，能把技术和业务有效结合起来，从战略和全局的高度对业务流程进行整合。当今的国际发展趋势是开展政府信息资源管理及设置政府信息主管。例如，在美国，国会早已经通过了有关 CIO 的法令，不仅设有管理议事机构——联邦 CIO 委员会，而且在各联邦机构及各州政府也都设有专门的 CIO 高级行政职务。在我国，目前大多数政府部门设置了被媒体称为 CIO 的信息中心办公室主任或信息化办公室主任等职位，但从总体看，我国 CIO 设置情况存在不平衡性，在经济高速发展的沿海开放城市，CIO 的发展相对完善，且企业 CIO 及政府 CIO 群体也开始形成，而在偏远地区则相反。我国应重视和加强对 CIO 人才的培养和选拔，并尽快建立完整的CIO制度。这样我国就可以对电子政务建设进行宏观统一领导，有效处理不同部门之间的信息共享问题，同时确保我国的电子政务建设在法律法规的规范下进行，从而最大程度实现电子政务信息资源共享。

（2）维持机制的改进。一个良好的信息资源共享系统不是一次性就能设计成功的，而是要经过长期实践和不断改进才能完成，它可能需要很多届政府持续维护和完善。因此，建立一种长效维持机制，以保障其不至于因为政府领导人的更换而中断是非常有必要的。第一要提供充足的资金储备。以往人们对此认识不足，简单地以为硬件配备了，系统建好了就万事大吉了，后来才发现系统的维护、数据的更新、人员的培养等还需要花费很多的资金，结果因为资金的缺乏而使已有的系统和设施得不到有效维护，成了摆设。因此充足的资金储备是保证系统长期持续运行的重要措施。第二，建立专门的组织机构。它的存在对于业务的长久发展起到重要作用。将信息共享部门的工作人员和部门表现纳入年终考核的范畴，强化工作人员的责任感与职业道德。第三，建立信息共享用户的意见反馈机制。信息消费者的反馈意见对于资源共享系统意义重大，它引导着系统改进的方向，同时对于系统长期运行、长期改进至关重要。

（3）监督机制的健全。电子政务信息资源共享过程中往往会遇到多方面利益的冲突问题，因此，建立一套科学的监督机制，对于其具体工作的贯彻落实具有非常重大的意义。首先，要建立科学的监督体系。如可建立监察部门、新闻媒体、社会公众和各部门内部行政监督的多维度监督体系。我国在行政管理实践中已形成了较为系统的多元监督体系，有监察、审计等部门的专门监督，上级行政机关的一般监督，还有权力机关监督、司法机关监督、社会组织监督、舆论监督等。目前，最为重要的是杜绝监督“缺位”、“越位”、“不到位”等现象，明确各监督主体的职责、权限和地位以及监督行为的范围、方式和程序等，把不同层次、不同职能的监督主体整合为协调运转的有机系统，形成一个全方位、多层次、强有力的电子政务信息资源共享监督体系。其次，要进行全过程监督，即电子政务信息资源共享活动的全部过程都应接受监督。监督主体应积极主动的参与、坚持标准、全程介入，既要对电子政务信息资源共享的基础设施建设、信息资源建设等进行监督，又要对共享的内容、方式和途径等进行监督，还要对政府的信息管理与服务等活动以及共享的公正、公平等进行监督。

2. 加强电子政务信息标准化建设

标准化是经济、技术、科学及管理等社会实践中，对重复性事物和概念，通过制定、发布和实施统一的规定，达到统一和最佳秩序，以获得最大经济效益和社会效益。信息标准化是指在信息管理实践中，对管理对象、管理过程及信息技术做出统一规定，以能获得信息的最大经济效益与社会效益。主要包括应用、网络、信息基础与技术三个方面的标准。国际标准化组织主席海因茨先生指出“生产发展与技术进步为同全球标准化的发展提供了互换性与通用性[①]。”同样，信息标准化在电子政务信息资源共享的发展过程中也具有十分重大的意义。它能扩大网络的外部性，增进系统间的兼容性，减少了信息共享过程中的诸多不确定性因素，提高网络和信息产品的使用价值，加强政府的业务合作，在整个政府信息化乃至社会信息化的过程中都发挥着无可替代的作用。就这个意义上说，信息标准化可以被视作电子政务信息资源共享的前提与基础。

电子政务的发展过程中，发达国家普遍重视制定统一的整体规划和信息标准，以规范和促进电子政务信息资源共享。2002 年 1 月，我国国务院信息化工作办公室和国家标准化管理委员会在北京成立了国家电子政务标准化工作组，至今，工作组在电子政务信息标准化方面进行了广泛的研究，也取得了很多的成绩，但就目前的总体情况看，我国电子政务的信息标准化建设依然任重而道远。地区间、单位间的软硬件系统普遍缺乏必要的通用性、兼容性。一是硬件系统接口制式不一，或直接缺少接口；二是软件系统互不通用，各自为政，重复建设严重；三是信息资源建设各搞一套，不仅重复建设、挂一漏万，而且结构格式混乱，信息无法共享。为保证我国电子政务信息资源的长期有效共享，必须采取有针对性的措施，迅速提高我国整体的信息标准化水平。

（1）建立信息标准转换体系。从本质看，标准就是统一，标准根据类型和级别的差异而从不同的方面进行统一。信息标准化并不是要全面推翻原来的全部标准而建立一套全新的现代标准。一方面，在我们这样一个幅员辽阔且地区间的社会、经济发展极不平衡的国家进行电子政务建设，出现各个系统的异构在所难免。单靠一个新的国家标准就想废弃已有的系统而完全新建一个统一的系统，这与当前我国电子政务建设的具体国情不相适应，是不现实的。另一方面，我国政府信息化领域的相关标准并不缺乏，仅国家级标准就达 800 多个，只是缺乏信息标准的统一规划，结果造成了“一边标准林立，一边‘孤岛’丛生”的尴尬局面。如果要全部推倒，势必会因为引起尖锐的矛盾而难以实行，也会造成严重的资源浪费。在这种情况下，最好的办法是建立一套能实现不同标准间相互转换的科学标准转换体系，这样电子政务信息就能在不同系统间互通和共享，如图 8.5 所示。

① 梁燕君．我看未来标准化［J］．企业标准化，2002（1）：19.

图 8.5　信息标准的转换

标准转换体系就像一个电路系统中的变压器，通过它可以实现电流在不同系统中的顺利流通。“标准转化体系的建立，是尊重信息资源共享各方原有的业务分工、数据标准、信息系统构架的表现，这种情况下信息共享的各个主体的抵触情绪被很大程度上缓解，从而推进了共享的向前发展。”[①]“中国电子口岸”就是这样一种模式。2001 年由海关总署牵头、国家 12 个有关部委联合开发了口岸执法系统。该系统通过信息标准转换体系，将涉及中国进出口管理和服务的海关、国检、外贸、外汇、工商、税务、银行等单位联结起来，把这些部门分别管理的进出口业务信息流、资金流、货物流等数据的电子底账集中在统一、安全、高效的公共网络平台上，建立电子底账，实行联网核查，实现数据共享和交换。

（2）完善信息标准化体系。电子政务信息资源共享的信息标准化建设是一项复杂的系统工程，其作用的发挥不仅依赖于单项的技术或管理标准，还有赖于是否有一套完整的、科学的信息标准化体系。技术标准的水平在一定程度上取决于体系的合理性，而技术标准的效果则取决于体系的有效性。[②]因此，研究并建立一个完善、先进的信息标准化体系是电子政务信息资源共享信息标准保障的核心。电子政务信息资源共享的信息标准化体系主要包括四个方面：①信息基础与技术支持标准（A），包括术语、分类与编码、数据库交换、信息安全、计算机硬件、计算机软件、网络通信设备等标准；②网络标准（B），主要提供国际标准化组织（ISO）的开放系统互联（OSI）系列标准，还包含通信和网络设备；③应用标准（C），包括信息产生、采集、处理、存储、检索、交换等全过程方面的标准；④信息管理与服务标准（D），包括业务流程标准、政府信息服务内容及运作方式标准、政务信息公开标准、人才培养标准、电子政务信息资源共享评估标准等，如表 8.6 所示。

（3）鼓励企业和其他社会组织参与信息标准化工作。电子政务信息标准化并不意味着是一种纯粹的政府行为，不需要社会其他方面人员的参与。相反，由于电子政务几乎

① 黄萃．中国电子政务信息资源开发的制度障碍分析［J］. 电子政务，2005（13）: 46.

② 杜占元．实施技术标准战略　加快推进我国新时期技术标准工作［J］. 高科技与产业化，2003（10）: 16.

表 8.6　电子政务信息资源共享的信息标准化体系构成图

<table>
<tr><td rowspan="16">电子政务信息资源共享的信息标准化体系</td><td rowspan="4">信息基础与技术支持标准（A）</td><td>网络通信设备及质量管理与质量保证</td></tr>
<tr><td>计算机硬件、软件</td></tr>
<tr><td>信息安全及数据库交换</td></tr>
<tr><td>分类与编码及术语</td></tr>
<tr><td rowspan="4">网络标准（B）</td><td>OSI 总体标准</td></tr>
<tr><td>OSI 基础标准</td></tr>
<tr><td>OSI 功能标准</td></tr>
<tr><td>OSI 一致性标准</td></tr>
<tr><td rowspan="4">应用标准（C）</td><td>科技管理及办公自动化</td></tr>
<tr><td>情报文献工作</td></tr>
<tr><td>缩微摄影及印刷技术</td></tr>
<tr><td>计算机图形</td></tr>
<tr><td rowspan="4">管理与服务标准（D）</td><td>业务流程标准</td></tr>
<tr><td>政府信息服务内容及运作方式标准</td></tr>
<tr><td>政务信息公开标准及人才培养标准</td></tr>
<tr><td>电子政务信息资源共享评估标准</td></tr>
</table>

涉及人们生活的方方面面，电子政务信息的标准化将直接牵涉相当一部分组织和个人的利益。因此，电子政务信息标准化建设就必须坚持广泛性、开放性的原则，鼓励社会各界人士尤其是企业及各种专业化社会组织的积极参与，让他们提出制定相关标准的建议，参加标准的制定过程，并认真地实施标准，及时反馈标准的实施情况，使整个过程在政府的引导下通过民主的方式共同完成。这样才能确保所制定标准的科学性和可行性，提高企业、组织和广大公众实施信息标准的积极性。

成立标准化联盟是鼓励社会力量广泛参与信息标准化工作的一种有效办法。其主要包括两个方面：一是要跟国外的信息标准化组织成立联盟。从目前来看，我国拥有的国际标准的领域少之又少，往往只能遵照国外的信息技术标准，这对我国的政务信息化发展是极为不利的。在这种情况下，我们必须加强与先进国家的交流，学习国外的先进经验，立足本国国情，争取早日使国内信息标准达到国际化水平。二是成立国内信息标准化联盟。我国当前也有类似的软件联盟，如永中、中文 2000 等企业与金山共同致力于制定中文格式标准。但是此种联盟目前数量太少，且成员也过于简单。因此，要成立国内的信息标准联盟，提高关键技术的攻关能力，从而突破前沿性信息标准规范。

3. 提高公务员综合素质

在任何情况下，人始终都是最重要的。电子政务信息资源共享的有效实现，行政人员的素质是一个非常关键的因素。政府信息资源的开发、加工、处理乃至交换的过程都离不开人的潜能的发挥。但是，我国政府信息化建设中人力资源状况不容乐观。整个公务员队伍的学历层次不高，即使一些学历较高的公务员，计算机操作和网络通信方面的技能也比较欠缺。[①] 大部分公务员在信息挖掘、整理、利用等方面的能力非常有限。因此，加强公务员队伍综合素质的培养，对于电子政务信息资源共享的发展意义重大。

（1）强化公务员的思想意识。一是要强化公务员的信息意识。从某个角度理解，政府治理过程就是对信息的搜集、加工及处理的过程，政府依靠准确、适时的信息来有效履行职能。也可以说现代政府的神经系统就是信息及其网络。因此，对公务员正确信息观念的培养非常重要，公务员必须有一种"信息就是财富"、"信息就是资源"、"信息就是力量"的强烈意识，缺少准确、及时的信息，百姓将难以为继，政府将举步维艰。二是要强化公务员的共享意识。信息资源共享观念已经被很多人了解并接受，但是大多数人所了解的信息资源共享观念仍然还停留在传统技术阶段，而这种传统观念在当今快速发展的网络环境下已经显得格格不入了。文献载体共享是传统观念下信息共享的最显著特征，但是这种载体进行异地传播时往往需要花费不少的人力、物力与财力，当共享行为的成本高于预期收益的时候，共享也就不会发生，于是共享被局限于一定的区域和部门范围内。而在信息技术高度发达的今天，信息资源共享除了文献载体的共享外，还包括电子载体、多媒体载体等的共享。在网络环境下，要充分实现信息资源共享，就必须进一步强化信息资源共享的意识。三是要强化公务员责任意识。根据塞米斯·米勒对责任的解释，责任一定程度可以看做是某个行为者自己的主观选择，也就是说某人愿意对某种行为负责任，首先是他根据自己的主观想法，在前者基础上理性的履行某一责任。在行政组织中，所有行政人员都要根据自己的角色承担相应的责任。行政人员的责任被分为两个部分，其中一部分的责任来自制度结构，另一部分责任则来自非制度性责任[②]。培养行政人员内在道德是增强行政人员责任感的关键。当个人内心被"输入"行政责任时，个人自身的责任能力会与之相结合，因此常常出现个体行政人员"输出"行为因为道德能力差异而有所不同。由此可见，培养行政人员的道德操守，对于实现信息资源共享目标来说意义重大。

---

① 刘焕成．电子政务信息资源开发策略研究［J］．图书情报知识，2005（4）：61.

② 黄新伟，蔡岚．论个体行政人员职业道德能力的培养［J］．湖南省社会主义学院学报，2004（6）：57.

（2）培养多层次的公务员信息人才队伍。伴随着电子政务的逐步发展，我国现存的政府管理模式将会产生重大变革，将被一种全新的、建立在信息资源和现代信息技术基础上的管理模式取代。因此，要对公务员进行以计算机网络教育为基础的信息技术教育，使其能拥有熟练应用并驾驭信息技术的能力，使全体公务员都能熟悉计算机、善于运用计算机和喜欢运用计算机。要根据不同人员在电子政务信息资源共享建设过程中承担的服务层面与职能任务的差异进行多层次的人才培养，具体来说包括顶层设计者、中层管理者和基层技术人员三个层次。所谓顶层设计者，是指那些能掌握电子政务信息资源共享的发展全局与发展方向的，且具有决策、协调能力的各级领导者及为其提供决策依据的专家顾问。所谓中层管理者，是指掌握电子政务信息资源建设的任务、目标及技术标准，熟悉相关方针政策及法规，并具有决策执行、协调能力的各级管理者。所谓基层技术人员，是指不仅熟悉政务业务、信息技术相关知识及其操作技能，而且能提供解决方案给技术开发机构的具有实际应用能力的基层工作者。

三、从组织维度上实现电子政务信息资源共享模式的优化

共享动力不足、部门间的利益冲突以及条块分割严重、各自为政等问题在当前我国电子政务信息资源共享中还比较突出。因此，从组织维度看，电子政务信息资源共享模式的优化主要涉及电子政务信息资源共享的市场机制、立法保障、利益协调等方面。

（一）深化电子政务信息资源共享市场机制

市场机制拥有其他机制无法替代的资源配置手段。它能以价格为主要内容使每一个参加经济活动者获取简明、高效的信息；它能促使生产者与消费者随着供求变化做出灵敏的反应。通过进一步深化电子政务信息资源共享的市场机制，将有助于强化信息市场的自发调节和资源配置能力，推动电子政务信息资源分布的科学化与合理化，从而有效保障信息共享的时效性与有效性，最大限度提高共享水平。

1. 科学建立多元化的电子政务信息资源共享投融资机制

电子政务信息资源共享发展需要源源不断的资金作为保障，而资金通常都是有限的。因此，建立多元化的投融资机制对于电子政务信息资源共享尤其重要。目前要重点做好三方面的工作：一是要合理地壮大投资主体，以形成政府主导，企业及其他各类社会力量共同参与的多元化投资主体体系。例如，经济效益相对较高的数据库，可以采用国家牵头，企业与其他社会机构适当参与投资，运用市场的力量集资的多元参与方式进行开发建设，在效益显现后进行分成，并继续推动其发展。一方面，各级政府为现有的投资

主体，在投资中缺少明确的有关投资风险与利益的约束。通常政府的成本意识不高，相应的监督机制又不够健全，政府经常会出现盲目投资或盲目加大投资力度的情况。因此，适当地引入市场主体，不仅能非常有效地解决政府的资金短缺问题，而且有利于建立投资风险体系，增强成本意识，增大投资效益。另一方面，政府工程不仅仅关系社会利益，常常里面还有政治利益的影子。当政府作为电子政务事业的唯一投资主体时，在政治利益的诱导下，类似政绩工程、“面子工程”的现象将难以避免。因此，适当允许一部分市场主体介入其中能在一定程度上淡化工程的行政色彩。二是要拓宽合法融资渠道。要形成以政府财政为主，金融融资为辅的合理合法融资渠道。电子政务工程建设所需的资金巨大，如果仅仅依靠政府投资是难以为继的，因此应该合理地利用其他融资渠道，如发行债券、股票，向社会租赁土地、向金融机构贷款等方式。三是相关部门对于电子政务信息资源共享项目的建设和维护的资金投入，要注重灵活性。根据经济、社会等各种环境因素的变化情况做出适当的调整，对于重要的建设项目，要将其列入相应的财政科目。通过以上措施，可以为电子政务信息资源共享构建科学的资金来源体系，如图 8.6 所示。

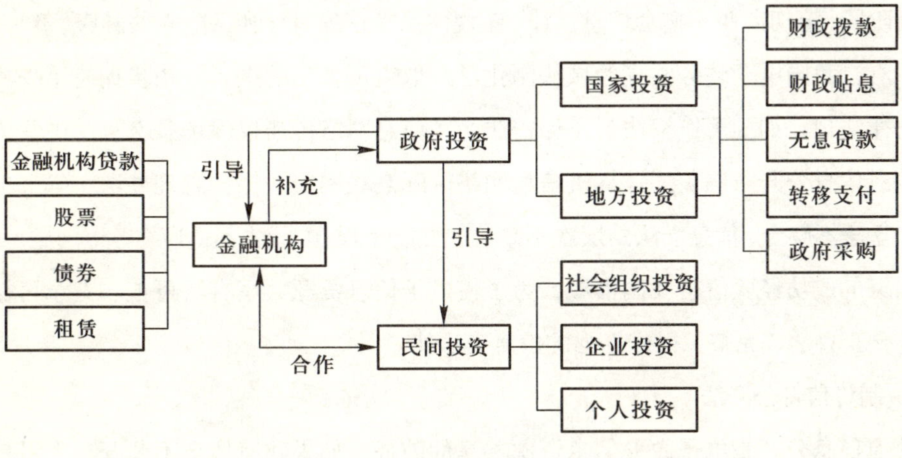

图 8.6　电子政务信息资源资金来源结构体系图

2. 合理处理政府与其他建设主体之间的关系

在运用市场机制实现电子政务信息资源共享的过程中，一方面要正确处理政府与企业的关系。根据信息资源的公共物品属性，对于纯信息资源或自然垄断性较高的准信息资源，信息资源的使用者无须付费就可以享受该信息资源，我们提倡由政府来主导。而对于一些准信息资源，信息资源的使用者须付费才可以享受该信息资源，我们主张市场来进行共建。政府应该把建设的主导权交给企业，坚持“政府搭台、企业唱戏”的角色定位。政府负责宏观协调，创建良好的政策环境与法制环境，并对建设进行有效监管，而企业在公开招标后承接信息资源共享的建设、运行、维护等工作。合理地界定政府与企业的角色，避免出现政府既当裁判又当运动员的局面。政府过多地参与信息资源共享模式，将会束缚企业的积极性与主动性，不利于信息资源共享建设，结果可能退回到政府独揽信息资源的局面。政府应该采取各种有效激励措施吸引投资商，并且要给企业一定的利益空间，使企业能积极从事信息资源共享的建设。另一方面，要正确地处理企业与社会公共机构的关系。社会公共机构主要包括社会团体、第三部门、社区。对于一些竞争性不强、排他性成本不高的准信息资源，政府可以把它交给社会公共机构。政府在该类信息资源共建过程在中担任辅助者的角色而不是主导者。政府的作用是监督社会组织的共建行为，并在建设的过程中给予一定的辅助，保持组织和个人的相对独立性。

（二）健全电子政务信息资源共享的法律保障机制

运用法律手段调整信息资源共享活动中各类社会关系，并对各参与主体的信息行为进行约束是保证电子政务信息资源共享的重要措施。尤其是我国正处于政府信息化发展的初期阶段，迫切需要一整套信息法律、法规体系来正确引导和保障它的健康、有序发展。总的来看，我国电子政务共享领域法制化已经取得了长足的进步，初步拥有了一些基础性的法律法规，如《著作权法》、《保密法》、《信息网络传播权保护条例》、《中华人民共和国政府信息公开条例》、《计算机信息网络国际互联网安全保护管理办法》等，但仍然存在“立法不健全、信息立法的层次不高、立法滞后、与国际法不适应”[①] 等问题。因此，发达国家的成功经验值得我国借鉴，为了使电子信息资源共享有法可依、有章可循，要制定一整套科学、完整、操作性强的信息类法律。

1. 制订信息公开法

政府信息公开是电子政务信息资源共享的前提，如果政府信息不公开，大量信息封闭在政府的档案柜里，信息共享将是纸上谈兵，无水之源。因此，应制定政府信息公开法，坚持信息公开原则（除《中华人民共和国政府信息公开条例》规定的有关国家安全、公民隐私、商业秘密等豁免提供的信息）。获取政府公开信息没有资格的限制，任一公民都可依法申请。要使各级政府部门及工作人员认识到政府部门所拥有的信息不归管理部门或个人所有，而是国家资源、共有财产，全体公民都依法享有获得政府信息的权利，公

① 马海群．信息法学［M］．北京：科学出版社，2000：22.

开政府信息是政府各部门的职责及义务。但必须要以法律作保障，不然很难进行信息共享。这是因为受以前计划经济的影响，我国各级政府部门长时间以来是轻服务、重管理，甚至由于利益或保守的原因，有些政府部门总是将本部门拥有的信息当做自己的私有财产而不愿公开。

2. 制定信息市场法

随着电子政务信息资源共享的不断深入发展，信息市场在信息共享过程中的地位和作用显得日益突出。然而，市场机制也存在很多自身难以解决的问题和弊端，因此，有必要建立一套完整的信息市场法律来引导和保障信息市场的良性运行。首先，必须对信息的产品、市场、交易、价格、管理等定义做清晰的法律规定，确认信息市场的法律地位，界定信息产品和信息交易的范围，确定信息产品价格的法律依据。其次，要解决信息市场的公平竞争问题。要确保所有的市场参与主体在同一起跑线上竞争，决不允许欺行霸市、信息垄断等恶性竞争行为。再次，要对信息消费者进行立法支持。受信息消费行为的分散性以及信息的不对称性等因素的影响，信息消费者相对于信息资源的供给者来说绝大部分情况下都处于一种相对劣势的地位。因此，为了保证交易公平，使信息资源的质量和服务水平能得到提高，政府需要给信息消费者提供相关的组织与法律支持，使消费者有更多筹码与供应者博弈。同时要对制造假冒伪劣信息产品以及坑蒙拐骗的行为给予严厉的法律制裁，以确保信息消费者的合法权益。

3. 制订网络信息安全法

信息共享越充分，社会收益就越大，同时受到的安全威胁也就越大。随着网络信息技术的迅速发展，信息共享变得前所未有的方便和快捷，但随之而来的网络信息安全问题也越来越严重，计算机病毒感染和黑客入侵，信息数据被任意篡改、窃取、滥用和破坏等现象时有发生。针对上述问题，许多国家相继制定了一系列信息安全方面的法律法规来确保信息共享的安全，例如美国的《隐私法》、俄罗斯的《联邦信息、信息化和信息保护法》、英国的《官方信息保护法》等。同样，我国要加快网络信息安全法的制定进程，运用法律手段对信息数据的安全、信息系统的安全、计算机的安全、国家的信息主权以及个人的信息权等进行保护，打击信息犯罪行为。

（三）完善电子政务信息资源共享利益协调机制

利益难以协调是我国在电子政务信息资源共享过程中遭遇重重阻力的重要原因。因此，如何加强共享主体之间的利益协调，便成为优化电子政务信息资源共享模式的重点与难点之一。

1. 优化组织结构，保障信息资源共享在组织结构上的利益协调

传统的组织结构是机械化的刚性组织，有着固定的职位和严格的层级关系，与之相对应的是权力的高度集中。垄断是传统组织机关进行管理的明显标志，这在我国信息资源建设中尤为突出。工业社会时期，无论是信息技术，还是人员素质都相对较低，组织往往追求最优化的权力控制与管理，因此与当时社会条件相对应的传统组织诞生了。但是随着时间的推移，网络与信息技术的快速发展，传统的组织结构所依存的理论基础与物质基础都已经不复存在，所以其弊端在当今完全显露出来，如层级协调困难、职能部门孤立、结构形式单一等。因此，必须优化组织结构。首先，大幅缩小直至消除中间管理层次，使组织纵向结构呈扁平化，以缩短组织高层与基层的距离。一方面，这样有利于组织高层与基层的双向信息交流，高层的信息可以快速的传达到基层，基层的执行信息可以迅速反馈到高层。信息资源共享与信息资源的关系好似人与血液，血液若不能在人体内顺畅流动，人就不能健康生存与发展。另一方面，这样有利于下级与上级统一思想、合理协调、科学管理、增强合力，也能减少利益目标差异造成的信息共享障碍。相同的信息可能存在于对此有需要的不同职能部门，冗余度较高；部门间信息因未能共享，各职能部门不得不费时费力收集、整理其他部门产生的信息，“高办事成本、低工作效率”的现象成为常态，难以满足政府本身工作及公众的需要。其次，使组织横向结构趋于一体化。部门间沟通不畅、扯皮推诿甚至各自为政等问题，往往是由传统组织机构的职能分工造成的。在当今网络环境下，要真正实现组织对公共利益的维护与提升，组织就必须运用电子工具及手段突破地区之间、部门之间的阻碍，创建并使用一体化的、跨部门的政务平台，这样才能消除信息障碍，使信息资源广域共享、跨部门的协同办公等真正实现。

2. 再造行政流程，保障信息资源在业务流程上的利益协调

传统的行政流程一般与职能部门的划分相适应，当一个流程横跨多部门时难免会出现信息资源的流失与失真。再造组织流程，实现业务流与信息流的高度重合，是实现信息资源共享的一种有效方法。再造行政流程，“实现业务流与信息流的高度整合[①]”，也是避免组织部门因业务流程而产生利益冲突一种有效方法。再造行政流程，首先得科学界定组织流程的边界。即在网络环境下，要搞清楚组织到底需要拥有哪些工作流程，各个流程的起点与终点又是什么。这样既能明确组织人员的职责范围，也能方便广大人民群

① 王长胜．中国电子政务发展报告［M］. 北京：社会科学文献出版社，2003：124~126.

众对职能部门工作的监督。其次得系统整合组织流程的内容。也就是根据组织流程的性质、目标、活动方式进行重新组合，科学合并、删减，使组织流程能达到整体优化、高效精干、功能整合。具体包括：①剔除阻碍组织运作的流程。如重复活动、反复审批等。②简化组织流程。整合管理环节、流程作业线，缩减中间环节，以使组织高效、集约、综合化。③合并相似的流程。应合并因组织机构设置中权力划分、职能重复等造成的在若干职能部门存在的同类工作流程。④重新整合破碎的流程，建立首尾相接、完整连贯的一体化工作流程模式。再次要以制度确保各行政流程环节畅通[①]。道格拉斯·诺斯认为制度是一组被制定出来的并且成体系的规则、守法程序以及行为道德伦理规范[②]。针对组织流程再造的制度构建体系是由两个部分组成。第一是流程保障制度，通过严格规范操作程序来保障流程指向正确和路径、步骤的畅通。第二是具体行为实施法，在组织流程上规范组织及其职能部门的权利和义务，实现依法办事。

3. 建立多元化调节机制，保障信息资源共享在多元主体上的利益协调

信息资源共享中所表现出来的利益冲突现象，实质反映的是信息生产者、服务者及信息用户等各方对信息权利的让渡与占有，这属于多元主体的利益冲突。建立多元化调节机制，对于消除多元利益主体间的利益冲突效果明显，是保障信息资源共享长远发展的有力武器。建立多元化调节机制，是把公益机制、行政机制、竞争机制等运用到信息资源共享中，并对参与共享的多个主体之间的利益关系进行共同调节。信息资源共享是有条件的，它的实现必须具备两个前提条件：第一，信息资源的共享是建立在对信息资源拥有支配权的组织将信息资源贡献出来与他人分享的前提条件下的，只有当这种情况发生时，信息资源共享才能实现。第二，信息资源共享是有限范围的共享，它必须在法律法规允许的条件下进行，不能对国家、社会、人民的利益造成侵害。因此在信息资源共享过程中应正确处理信息形成者、管理者、所有者和利益者之间的关系，正确处理开放与保密的关系，正确处理全局利益与局部利益的关系等。组织对信息的监控权要适宜，太弱会造成信息资源的流失，太强会侵犯集体和个人的利益。戴维·奥斯本对竞争机制在提供（公共）服务中的优势进行过详细的分析：竞争对于提高效率作用十分明显。垄断组织由于缺乏竞争，往往忽视需求，忽视消费者的感受，甚至会阻碍革新。然而在引入竞争机制后，垄断组织被迫关注需求，被迫不断地创新来吸引顾客。对消费者来说，“维

① 顾丽梅．信息社会的政府治理［M］．天津：天津人民出版社，2003：165.

②［美］道格拉斯·诺斯．经济史中的结构与变迁［M］．陈郁，罗华平译．上海三联出版社，1994：225~226.

护自己作为消费者利益的关键实际上不是所有制，而是竞争”。[①] 公益机制是区别于市场机制和行政机制的驱动，主要是对社会用户特别是弱势群体的利益进行维护。公益机制、行政机制和竞争机制之间能相互作用。从公益角度说，组织在提供信息资源、追求效率的同时，如果能密切联系公众需求，可以大大提高信息产品和服务的整体质量。可见，信息资源共享的实现是多元协调机制共同作用的结果。

① [美]戴维·奥斯本，特德·盖布勒．改革政府——企业精神如何改革着公营部门[M]．上海译文出版社，1999：54~62.

参 考 文 献

外文译著

[1] [美]安东尼·B. 阿特金森，约瑟夫·E. 斯蒂格里茨 . 公共经济学[M]. 蔡江南，等，译 . 上海：上海三联书店，1992.

[2] [日]白井均，城野敬子，等 . 电子政府[M]. 陈云，蒋昌建，译 . 上海：上海人民出版社，2004.

[3] [美]保罗 .A. 萨缪尔森，威廉 .D. 诺德豪，经济学（十四版）[M]. 胡代光，等，译 . 北京：北京经济学院版社，1996：1194.

[4] [美]布坎南 . 公共财政[M]. 赵锡军，等，译 . 北京：中国财政经济出版社，1991.

[5] [美]布坎南 . 自由、市场与国家[M]. 吴良健、桑伍、曾获，译 . 北京：北京经济学院出版社 .1988.

[6] [美]查尔斯·M. 萨维奇 . 第五代管理[M]. 谢强华，等，译 . 珠海：珠海出版社，1998.

[7] [美]戴维·奥斯本，等 . 改革政府：企业精神如何改革着公营部门[M]. 周敦仁，等，译 . 上海：上海译文出版社，1996.

[8] [美]戴维·奥斯本 . 摒弃官僚制 . 政府再造的五项战略[M]. 谭功荣，等，译 . 北京：中国人民大学出版社，2002.

[9] [美]道格拉斯·霍姆斯 . 电子政务[M]. 詹俊峰，李怀璋，等，译 . 北京：机械工业出版社，2003.

[10] [美]道格拉斯·诺斯．西方世界的兴起[M]．厉以平，等，译．北京：华夏出版社，1999.

[11] [美]盖依·比得斯．政府未来的治理模式[M]．吴爱民，等，译．北京：中国人民大学出版社，2001.

[12] [美]哈尔·R. 范里安．微观经济学现代观点[M]．费方域，译．上海：上海人民出版社，2007.

[13] [美]卡尔·夏皮罗，哈尔·瓦里安．信息规则：网络经济的策略指导[M]张帆，译．北京：中国人民大学出版社，2000.

[14] [美]劳利·温厄姆，等．网络困境与商务新规则[M]．胡开宝，译．北京：华夏出版社，2001.

[15] [美]理查德·A. 斯皮内洛．世纪道德．信息技术的伦理方面[M]．刘钢，译．北京：中央编译出版社，1999.

[16] [英]马克思·H. 布瓦索．信息空间：认识组织、制度和文化的一种框架[M]．王寅通，译．上海：上海译文出版社，2000.

[17] [美]麦克尔·巴泽雷．突破官僚制：政府管理的新愿景[M]．孔宪遂，等，译．北京：中国人民大学出版社，2002.

[18] [美]曼昆．经济学原理[M]．梁小发，译．北京：北京大学出版社，1999.

[19] [美]曼瑟尔·奥尔森．集体行动的逻辑[M]．陈郁，等，译．上海：上海三联书店，上海人民出版社，1995.

[20] [英]尼斯·麦奎尔．公众传播模式论[M]．祝建华，等，译．上海：上海译文出版社，1987.

[21] [美]乔治·弗雷德里克森．公共行政的精神[M]．张成福，等，译．北京：中国人民大学出版社，2003.

[22] [美]R. J. 斯蒂尔曼．公共行政学[M]．李方，等，译．北京：中国社会科学出版社，1988.

[23] [美]斯蒂芬·哈格，等．信息时代的管理信息系统[M]．严建援，等，译．北京：机械工业出版社，2000.

[24] [美]西蒙．管理行为(珍藏版)[M]．詹正茂，译．北京：机械工业出版社.2013：28.

[25] [美]晓宗．信息安全与信息战[M]．北京：清华大学出版社，2003.

[26] [美]约翰·布郎，等．信息的社会层面[M]．上海：商务印书馆，2003.

外文著作

[1] Avignon，Allan.Exploring the Use of E-government Services in Social Service Settings [M]. Canada：McGill University，2004.

[2] B.R.Ricks and K.F.Gown.Information Resources Management [M]. Cincinnati，OH：South-Western-Publishing，1984.

[3] B.R.Ricks and K.F.Gown.Information Resources Management [M]. Cincinnati，OH：South-Western Publishing Co.，1984

[4] D.A. Marchand，F.W. Horton. Infotrends：Profiting from Your Information Resources[M]. New York：Wiley Press，1986：27~28.

[5] D.Frit Elman.Price Theory [M].Cincinnati，OH：South-Western Publishing Co，1986.

[6] Hans Mann.H.the Role of Nonprofit Enterprise [M]. Danvers，MA：Yale Law Journal，1980.

[7] Jeffrey Roth Eder.Privacy for Sale [M].New York：Simon and Schuster，1992.

[8] Kieran Walsh，Nicholas Dakin，Paula Smith，Peter Sporran，and Neil Thomas. Contracting for Change [M]. London & New York：Oxford University Press，1997.

[9] Martin E W，Differed D W，Hoofer Jetlag.Managing Information Technology [M]. New York：MacMillan，1991.

[10] Nyquist，Corinne E.Sharing and Accessing Electronic Information：Case Studies from New York State and Local Government [M].State University of New York at Albany，2004.

[11] Salmon，L.M.Partner in Public Service：The Scope and Theory of Government—Nonprofit Relations [M].Newhaven：Yale University Press，1987.

[12] Tim Jordan,Cyber power.The Culture and Politics of Cyberspace and the Internet[M]. London & New York：Rout ledge，1999.

外文论文

[1] Goldin.Kenneth D.Equal Access VS.Selective Access：A Critique of Public Goods

Theory [J] .Public Choice.1979.

[2] Joshua, Dean.E-government Evolves [J] .Government Executive, 2000.

[3] Klischewski R, Wetzel I .Service flow Management: caring for the Citizen 担 Concern in Designing E-government Transaction [J] .Proceedings of the 35th Hawaii International Conference on System Science, 2002.

[4] Lawrence M Olivia.21st Century Challenges to Sharing Information [J] .Information Resources Management Journal, Hershey: 2005 (4) .

[5] Mary Roth,Dan Wolfson. 从数据管理到信息集成：自然的演变[EB/OL].[2009-10-19]. http: //www.uml.org.cn/zjjs/200910193.asp#cache.

[6] Mower, Mark.The Electronic Evolution in Local Government [J] .Management Services, 2001.

[7] Peterson W, Embers W, Dinky J V. Personalization in the Organization and User Obstacles towards Personalization of Electronic Services in the Public Sector [J] . Government Information Quarterly, 2007 (1): 145–156.

[8] Raul, Alan Charles, Privacy and the Digital State: Balancing Public Information and Personal Privacy [J] .Law Library Journal, 2002.

[9] The Previous Government's Responses to Comments on the Green Paper Government [EB/OL] . [2000-06-22] .http: //www.par.com.tw /pais/egovuk.htm.

[10] UNDESA. United Nations E-Government Survey 2010 [EB/OL] . [2012-9-25] . http: //www2.unpan.org/egovkb/global_reports/10report.htm.

[11] Whitson T L, Davis L.Best Practices in Electronic Government: Comprehensive Electronic Information Dissemination for Science and Technology [J] .Government Information Quarterly, 2001-18.

[12] Xu, Amanda.Metadata Conversion and the Library OPAC [J] .The Serials Librarian, 1998.

[13] Zhi tian Zhou, Fei peng Gao.E-government and Knowledge Management [J] . International Journal of Computer Science and Network Security, 2007 (07) .

[14] 广乾译：英国政府电子政务互操作框架 (e-GIF) [EB/OL] [2009-08-21] . http: // dianzigood. blog.sohu.com/68330410.html.

中文著作

[1] 2004年中国互联网络信息资源数量调查报告[M]. 国务院信息化工作办公室发布，2005.

[2] 蔡立辉. 电子政务应用中的信息资源共享机制研究[M]. 北京：人民出版社，2012.

[3] 蔡文辉，李绍嵘. 社会学概要[M]. 北京：世界图书出版公司，2007.

[4] 陈庆云，等. 电子政务行政与社会管理[M]. 北京：电子工业出版社，2002.

[5] 郭咸纲. 共享利益分享模式[M]. 北京：清华大学出版社，2005.

[6] 国家行政学院，编著. 建设中国特色公共服务型政府[M]. 北京：中央文献出版社，2005.

[7] 国务院信息化工作办公室. 中国信息化发展报告2005[M]. 北京：电子工业出版社，2005.

[8] 国务院信息化工作办公室. 中国信息化发展报告2006[M]. 北京：电子工业出版社，2006.

[9] 何振，蒋冠. 电子政务环境下政府核心信息资源整合与共享——以湖南省档案信息化建设为例[M]. 湘潭：湘潭大学出版社，2007.

[10] 何振. 电子政务信息资源的共建与共享研究[M]. 北京：中国社会科学出版社，2009.

[11] 何振. 网络环境下政府信息资源共享机制研究[M]. 北京：新华出版社，2007.

[12] 华平澜，等. 电子政务概论[M]. 北京：清华大学出版社，2003.

[13] 黄恒学. 公共经济学[M]. 北京：北京大学出版社，2002.

[14] 黄卫东，瞿丹妮. 电子政务系统分析与设计[M]. 北京：北京大学出版社，2006.

[15] 荆林波. 信息服务与经营模式[M]. 北京：经济科学出版社，2005.

[16] 荆林波. 信息服务与经营模式[M]. 北京：经济科学出版社，2005.

[17] 句华. 公共服务中的市场机制：理论、方式与技术[M]. 北京：北京大学出版社，2006.

[18] 李述一，姚休. 当代新观念要览[M]. 杭州：杭州大学出版社，1993.

[19] 李绪蓉，徐焕良. 政府信息资源开发与管理[M]. 北京：北京大学出版社，2005.

[20] 刘邦凡. 电子政务建设与管理. 北京：北京大学出版社[M]. 2005.

[21] 刘家真. 电子政务述语汇释[M]. 北京：高等教育出版社，2007.

[22] 刘晶炜，闰健卓，朱青. IBM信息集成技术原理及应用[M]. 北京：电子工业出社，2004.

[23] 刘文富. 电子政务[M]. 北京：中国人民大学出版社，2010.

[24] 刘永祥，汤俊，李晖. 电子政务[M]. 武汉：武汉大学出版社，2007.

[25] 吕晓阳，谭共志. 电子政务理论与应用[M]. 北京：清华大学出版社，2010.

[26] 罗贤春，文庭孝，张新宇．电子政务资源共享与社会化服务研究［M］．北京：人民出版社，2012.
[27] 马费成．信息资源的开发与管理［M］．北京：电子工业出版社，2004.
[28] 孟广均，霍国庆，罗曼，等．信息资源管理导论［M］．北京：科学出版社，2003.
[29] 倪金生，董宝青，等．电子政务技术［M］．北京：电子工业出版社，2007.
[30] 彭国甫，等．地方政府绩效评估研究［M］．长沙：湖南人民出版社，2005.
[31] 彭国甫，等．公共管理 MPA 简明读本［M］．海口：海南出版社，2006.
[32] 彭国甫，等．中国行政管理新探［M］．长沙：湖南人民出版社，2006.
[33] 彭国甫，颜佳华．现代行政管理新探［M］．北京：北京燕山出版社，1998.
[34] 彭国甫．地方政府公共事业管理绩效评价研究［M］．长沙：湖南人民出版社，2004.
[35] 彭国甫．县级政府管理模式创新研究［M］．长沙：湖南人民出版社，2005.
[36] 邱泽奇．社会学是什么［M］．北京：北京大学出版社，2006.
[37] 孙学玉．企业型政府论［M］．北京：社会科学出版社，2005.
[38] 覃正，李艳红，黄骁嘉．中美电子政务发展报告［M］．北京：科学出版社，2008.
[39] 汪玉凯，赵国俊．电子政务基础［M］．北京：中软电子出版社，2002.
[40] 王长胜．中国电子政务发展报告（蓝皮书）［M］．北京：社会科学文献出版社，2005.
[41] 王名．中国非营利组织：定义、发展与政策建议［M］．上海：上海人民出版社，2003.
[42] 吴吉义．电子政务实践、前沿与案例［M］．北京：中国电力出版社，2007.
[43] 夏书章．行政管理学［M］．广州：中山大学出版社，2002.
[44] 徐双敏．电子政务概论［M］．北京：科学出版社，2012.
[45] 颜佳华．公共决策研究——文化视野中的阐释［M］．长沙：湖南人民出版社，2005.
[46] 颜佳华．行政哲学论［M］．长沙：湖南师范大学出版社，1998.
[47] 杨安．电子政务理论与技术［M］．北京：清华大学出版社，2007.
[48] 杨小微．中小学教学模式［M］．武汉：湖北教育出版社，1990.
[49] 曾峻．公共管理新论［M］．北京：人民出版社，2006.
[50] 赵国俊．电子政务发展流程［M］．北京：中国人民大学出版社，2004.
[51] 中国电子政务技术与应用大会秘书处，编著．典藏 2004 中国电子政务应用成果集［M］．北京：中国财政经济出版社，2004.
[52] 周毅．信息资源宏观配置管理研究［M］．北京：中国档案出版社，2002.
[53] 朱光磊．当代中国政府过程［M］．天津：天津人民出版社，2002.

中文论文

[1] 曹学艳、韩婧，等．基于成本计量的电子政务信息流程再造研究［J］．成都大学学报（社会科学版），2012（6）：26.

[2] 查先进．电子政务信息共享的障碍及对策研究［J］．江西社会科学，2006（7）：45~49.

[3] 陈婧．政府公共信息资源协作管理研究［D］．南开大学，2010：10.

[4] 陈俊洁，陈亚林，黄立娜，沈艳芳．天津滨海新区 G2C 电子政务的问题与对策研究［J］．图书情报工作，2008（8）：24~27.

[5] 陈艳珍．中国与西方国家公民参与公共政策之比较分析［J］．中共山西省委党校学报，2007（6）：55~57.

[6] 程明光，徐立，金一．从美国电子政务运营模式看信息技术外包服务［J］．信息网络，2003（6）：28~30.

[7] 崔运武．论当代公共产品的提供方式及其政府的责任［J］．思想战线，2005（1）：2~7.

[8] 戴昌桥．美国电子政务建设模式探析［J］．中国行政管理，2010（6）：100~102.

[9] 邓国胜，李一凌．公众网上评议政府：有效性及改进策略［J］．统计与决策，2006（20）：54~56.

[10] 丁全．网络信息资源检索方法［J］．中国经济，2013（12）：95.

[11] 丁艺，王益民，胡红梅．中国电子政务发展环境分析［J］．电子政务，2013（10）：82~88.

[12] 董礼胜，雷婷．国外电子政务发展概况及发展前景分析［J］．电子政务，2009（11）：97~109.

[13] 范丽莉．政府信息资源供给的市场机制研究［J］．图书情报工作，2008（5）：133~136.

[14] 方芳，秦天保，吴光伟．我国网络信息资源供给分析［J］．上海海运学院学报，2003（3）：274~276.

[15] 方世南．公共管理与政府十大管理理念的转换［J］．管理世界，2002（9）：140~141.

[16] 符晓薇．如何走出电子政务信息孤岛［J］．商业时代，2006（13）：81~82.

[17] 付雅慧．信息公平问题研究［J］．科技情报开发与经济，2008（3）：78~80.

[18] 高歌，王钰雷，王倩倩，王天勇．大部制政府信息资源共享视角下我国电子政务推进研究［J］．图书情报知识 .2013（5）：42.

[19] 高洁，张辉，宋丽萍，张庆一．基于知识管理思想的电子政务信息资源共享模式研究——

天津市电子政务信息资源共享体系建设对策思考［J］. 电子政务，2008（11）：62~74.

［20］高昆，汪文敏 . 武汉电子政务建设的市场化研究［J］. 武汉交通职业学院学报，2004（1）：32~35.

［21］高文飞，赵新力 . 我国政务信息资源主题分类研究［J］. 情报科学，2008（9）：1340~1343.

［22］龚花萍，刘帅 . 关于政府信息资源规划的研究和思考［J］. 图书馆学研究，2013（5）：57~61.

［23］谷遇春 . 西部地区政府信息资源共建共享研究［J］. 吉首大学学报（社会科学版），2008（3）：165~169.

［24］关于发布气象部门专业服务收费的通知［EB/OL］.［1992-03-23］.http：//www.people.com.cn/item/flfgk/gwyfg/1992/215207199206.html.

［25］郭娟 . 电子政务环境下政府信息资源共享的实现途径研究［J］. 办公室业务 .2012（6）：96~97.

［26］郭琪 . 政府信息资源共享的障碍因素分析与对策研究［J］. 特区经济，2008（3）：229~230.

［27］海南省人民政府［EB/OL］.［2012-07-26］. http：//www.hainan.gov.cn/hn/zt/jsfzl/xxznd/gzdt/201207/t20120726_732143.html.

［28］何振 . 电子政务信息资源共建共享的模式建构与优化［J］. 现代图书情报技术，2005（6）：70~75.

［29］何振，贺佐成 . 电子政务信息资源共享与公民知情权的实现［J］. 湖北社会科学，2005（3）：49~50.

［30］何振，蒋冠 . 试论电子政务信息资源的内涵与特点［J］. 图书情报工作，2005（2）：64~67.

［31］何振 . 试论电子政务信息资源共享的政府主导模式——电子政务信息资源共享模式之一［J］. 研究生时代，总第 31 期（校庆特刊）学术版 .

［32］何振，唐荣林，张玉亮 . 电子政务公共服务功能的定位与实现［J］. 电子政务，2006（9）：65~70.

［33］何振 . 我国电子政务信息资源共建共享的必要性和可行性［J］. 情报杂志，2004（11）：33~35.

［34］何振 . 我国电子政务信息资源共建共享的基石——信息标准化问题分析［J］. 档案学通

讯，2003（11）：598~601.

［35］何振，熊先兰，许峰．试论电子政务信息资源共享的市场主导模式［J］．软科学，2008（4）：82~87.

［36］何振．政府信息资源共享的制约因素分析［J］．中国科技论坛，2007（12）：84~88.

［37］何振，周伟．电子政务信息资源共建共享的经济特性及其效率分析［J］．情报杂志，2005（4）：10~13.

［38］何峥嵘．公物供给中的市场与政府［EB/OL］．［2009-02-27］.http：//www. studa.net/ jingji/090227/ 0461911. html.

［39］贺恒信，王冰．我国政府网站服务能力初探［J］．生产力研究，2008（4）：88~90.

［40］胡冉，武继山．电子政务与政府信息资源管理［J］．图书馆理论与实践，2005（3）：40~41.

［41］胡小明．电子政务信息资源共享的经济学研究之二——四种不同的信息资源共享模式［J］．中国信息界，2004（9）：14~16.

［42］胡小明．电子政务信息资源共享的经济学研究之三——减少信息共享的行政阻力［J］．中国信息界，2004（10）：15~17.

［43］胡小明．电子政务信息资源共享的经济学研究之四——政府信息资源的市场化服务［J］．中国信息界，2004（11）：15~17.

［44］黄慧君，等．基于 Web Services 的虚拟企业信息系统集成框架研究［J］．中国制造业信息化，2010（17）：13~17.

［45］黄以宽．浅谈应急信息系统的功能需求和规划［J］．信息化建设，2005（6）：12~14.

［46］姜金利．电子政务环境下的政府信息资源共享问题研究［D］．山东师范大学硕士论文，2013：33.

［47］姜晓旭．云计算环境下军校信息资源共建共享模式研究［D］．第四军医大学硕士论文，2013：18.

［48］蒋永福．论公共信息资源管理［J］．图书情报知识，2006（5）：11~15.

［49］蒋永穆，李丽．“5•12”大地震抗震救灾新模式：政府集成［J］．天府新论，2011（2）：1~4.

［50］金善尉．政企信息共享建设中的政府职能研究——以温州机场边检站与航空公司联网为例［D］．浙江师范大学硕士论文，2010：12~13.

［51］李靖华．电子政府公众服务的机制分析［J］．科研管理，2003（4）：122~126.

［52］李俊，蔡宇宏．促进多元治理构建和谐社会——论统一战线在推进公共管理模式转变中的作用［J］．社会主义研究，2006（2）：86~89.
［53］李曙光．论电子政务信息资源的共享与保密［J］．大学图书情报学刊，2006（1）：44~46.
［54］李伟．电子政务与知识管理［J］．科技信息（学术版），2006（9）：401.
［55］李阳晖，罗贤春．国外电子政务服务研究综述［J］．公共管理学报，2008（4）：116~121.
［56］李义松，周小云．我国网络型公用事业民营化研究［J］．电子测试，2013（11）：250~251.
［57］李云燕．论市场机制与政府行为在循环经济发展中的地位与作用［J］．中央财经大学学报，2006（1）：64~68.
［58］李运才．关于国家秘密确认机制的思考——对修订后的《保密法》的再思考［J］．东南司法评论，2012（8）：139~146.
［59］刘焕成，孙晓玲．电子政务信息资源开发中的知识管理与信息共享［J］．情报科学，2006（11）：1651~1656.
［60］刘家真．数字媒介给信息资源管理带来的新课题［J］．图书情报知识，2004（3）：31~33.
［61］刘静．中美公共信息资源再利用比较［J］．四川图书馆学报，2012（6）：7.
［62］刘可夫．中国特许经营发展现状、优势与运作管理模式研究［J］．商场现代化，2007（10）：58~59.
［63］刘延滨，魏洪雨，廖作芳．政府信息资源开发利用的市场化探讨［J］．科技创业月刊，2012（5）：86~88.
［64］刘友华，何振．论电子政务信息公开与隐私权冲突之协调［J］．甘肃政法学院学报，2005（2）：120~125.
［65］刘渊，张涛．政府公共信息资源开发利用的市场化战略选择［J］．信息化建设，2005（9）：38~39.
［66］娄策群，刘光容．国外电子政务发展的经验及其对我国电子政务发展的启示［J］．图书情报工作，2006（6）：51~54.
［67］卢娜．国外电子政务外包的经验与启示［J］．时代经贸，2008（3）：49~53.
［68］陆敬筠，邵锡军．电子政务集成技术［J］．电子政务，2005（1）：18~24.
［69］陆小成．公共政策执行中的社区自治探究［J］．湖南工程学院学报，2004（6）：19~22.

[70] 罗贤春，等．社会化服务导向的电子政务信息资源共享目录[J]．图书情报知识，2009(3)：83~89.
[71] 罗贤春，李阳晖．我国电子政务信息资源共建共享模式[J]．图书馆理论与实践，2006(4)：45~46.
[72] 罗忠恒．我国公共服务社会化发展趋势探析[J]．湖南社会科学，2002(4)：38~40.
[73] 明燕飞，谭水平．公共服务外包中委托代理关系链面临的风险及其防范[J]．财经理论与实践，2012(3)：104~107.
[74] 倪燕．健康信息的积极获取行为：一个基于网络空间的研究[J]．现代传播（中国传媒大学学报），2010(1)：159~160.
[75] 宁家骏．关于加强我国新时期电子政务信息安全保障体系建设的一些争议[J]．电子政务，2010(7)：22.
[76] 潘卫．政府信息化建设中的外源化模式分析[J]．情报方法，2001(12)：45~47.
[77] 彭国莉．政府信息资源的构成与公开研究[J]．科学管理，2006(6)：40~41.
[78] 齐明山．有限理性与政府决策[J]．新视野，2005(2)：27~29.
[79] 钱一舟．关于中小学校长培训模式的建构及其取向探析[J]．江苏教育学院学报（社会科学版），2005(9)：28~31.
[80] 秦琪．加强办公自动化建设提升公文流转效能[J]．管理观察，2013(34)：190~192.
[81] 邱均平．网络信息资源的经济管理研究（II）——论我国互联网信息的有效配置[J]．情报学报，2002(2)：386~394.
[82] 山红梅．电子政务信息资源共享的制约因素分析与对策研究[J]．现代情报，2008(1)：56~58.
[83] 宋晓雯，王仁武．电子政务系统的信息资源建设与共享[J]．情报科学，2003(9)：963~965.
[84] 苏新宁，朱晓峰．电子政务环境下政务信息资源研究[J]．情报学报，2006(1)：99~108.
[85] 谭远宏，赵家文．基于规模经济的电子政务信息资源共享研究[J]．科技与经济，2006(6)：156~159.
[86] 王冬梅．突发公共事件应急管理[J]．改革与开发，2009(8)：125.
[87] 王家耀，刘嵘，成毅力，孙力楠．让城市更加智慧[J]．测绘科学技术学报，2011(28)：41~42.

[88] 王维颖 . 地方政府部门间信息资源共享模式及推进机制研究[D]. 华东政法大学硕士论文，2012：13.

[89] 王文亮 . 试论我国政府部门信息资源开发和利用的问题及对策 [J]. 秘书，2003（5）：6~8.

[90] 王晓光 . 信息资源共享效率初探 [J]. 情报科学，2003（11）：1125~1128.

[91] 王艳 . 服务型政府的异化与转型 [J]. 云南行政学院学报，2004（4）：41~43.

[92] 魏琼，张玉亮 . 电子政务信息资源共建共享的理念思考 [J]. 甘肃行政学院学报，2005（2）：10~12.

[93] 我国网民规模达到 5.64 亿 . [EB/OL]. [2013-01-15]. http：//news.xinhuanet.com/fortune/ 2013-01/15/c_114378202.htm.

[94] 吴永臻 . 信息资源有效配置中帕累托最优理论的适用性问题 [J]. 中国图书馆学报，2002（2）：29~31.

[95] 武大吉奥打造智慧政务新典范，推进“智慧武汉”建设 [EB/OL]. [2011-11-18] http：//www.geostar.com.cn/index.php?m=content&c=index&a=show&catid=18&id= 2191.

[96] 武汉市智慧城市建设示范项目授牌暨新闻发布会成功召开 [EB/OL]. [2011-11-14]. http：//www.whbii.gov.cn/d/a/a/2011/11/141516502.html

[97] 夏显波，李靖华 . 政府电子服务机制运行的基本模式分析 [J]. 经济体制改革，2004（2）：161~163.

[98] 夏义堃 . 政府信息资源管理与公共信息资源管理比较分析 [J]. 情报科学，2006（4）：531~536.

[99] 向东 . 我国电子政务的进展、现状及发展趋势 [J]. 电子政务，2009（7）：44.

[100] 向军，戴树根 . 我国非政府组织的发展如何走出困局 [J]. 求索，2007（10）：78~79.

[101] 向立文 . 电子政务信息资源共建共享的保障机制 [J]. 中国信息导报，2006（6）：48~50.

[102] 项靖，杨观耀 . 电子政务的未来：以民生为中心的服务 [J]. 电子政务，2014（1）：34~42.

[103] 肖拥军，姚磊，李宏伟 . 我国电子政务发展研究 [J]. 中国信息界 . 2012（2）：5~9.

[104] 行政服务中心信息系统建设中标结果 [EB/OL]. [2011-8-15] http：//www.bidcenter.com.cn/newscontent-8469791-4.html.

[105] 徐君，张凯．基于信息化的循环经济发展途径[J]．统计与决策，2009（16）：60~61.

[106] 杨吉江，刑春晓．国外典型电子政务顶层设计的比较研究[J]．电子政务，2006（3）：5~24.

[107] 杨明伟．当前我国公共政策的制定与公民参与[J]．成都行政学院学报，2007，15（13）：3.

[108] 杨贤成．政府信息资源共享问题与对策分析[J]．法制与社会，2007（4）：414~415.

[109] 杨扬，何一乐，王筱纶，李潭，钱嘉瑜．英国政府信息化战略变化分析——文件、知识与信息管理的相关战略及实施[J]．北京档案，2010（6）：35~37.

[110] 姚云鹏，沈建京，周烈强，吕东锋．逐级扩展的非关系数据库分布策略[J]．信息工程大学学报，2013（4）：499.

[111] 俞化，苏新宁，胥家鸣．我国电子政务发展战略的实证研究[J]．情报科学，2004（2）：135~142.

[112] 原伟泽，耿建军．网络资源用户付费应用的研究[J]．生产力研究，2009（11）：87~88.

[113] 曾宇航．地方电子政务：美国的经验与启示[J]．特区经济，2010（9）：94~96.

[114] 张成福．信息时代政府治理：理解电子化政府的实质意涵[J]．中国行政管理，2003（3）：13~16.

[115] 张鸿．公共物品的特许经营[J]．新疆财经学院学报，2004（3）：14~16.

[116] 张启祥，李慧．政府信息资源库：电子政务的基石[J]．信息化建设，2002（5）：26~28.

[117] 张少锋，万春蓉：电子政务环境下政府知识管理探析[J]．情报探索，2010（2）：44~46.

[118] 张勇进．我国电子政务服务外包模式比较[J]．中共浙江省委党校学报，2008（2）：29~35.

[119] 张月英，陆长民．民间资本介入图书馆服务——基于公共物品理论的视角[J]．图书馆杂志，2008（8）：7~12.

[120] 张子杨．电子政务的兴起及实际应用[J]．工程与建设，2008（2）：282~284.

[121] 张祖培．政务信息资源分类思考与实践[J]．电子政务，2007（7）：25~27.

[122] 中国科学信息化工作网[EB/OL]．[2012-03-16]．http：//www.ecas.cas.cn/xxkw/kbcd/201115_85640/ml/xxhcxyyy/glxxh/201203/t20120316_3511151.html.

[123] 中国行政管理学会政务公开课题研究组．中央政府政务公开研究报告[J]．中国行政

管理，2005(11): 86~91.

[124] 钟明．论公共服务型政府制度平台的构成要素[J]．天津社会科学，2003(6): 56~60.

[125] 周毅．资源流动：信息资源配置的基本形式[J]．图书情报工作，2001(7): 36~39.

[126] 周映华．公共决策中的公民参与[J]．四川行政学院学报，2006(3): 13~15.

[127] 朱丽荣，臧丽红．政府网站建设的现状及问题分析[J]．辽宁行政学院学报，2008(1): 17~17.

[128] 朱小峰，王忠军．政府信息资源基本理论研究[J]．情报学报，2005(1): 10~13.

[129] 朱星星，魏捷先．电子政务信息孤岛的成因与对策[J]．江苏省社会主义学报，2008(1): 69~70.

[130] 朱颖芳．广州数字林业多系统集成研究[D]．中南林业科技大学硕士论文，2012: 4.

索　引

Y

Z